思考领导力
Thinking about Leadership

〔美〕南纳尔·O.基欧汉 著

马玲 译

中央编译出版社

图书在版编目（CIP）数据

思考领导力 /（美）南纳尔·O. 基欧汉著；马玲译. —北京：中央编译出版社，2019.5
ISBN 978-7-5117-3533-1

Ⅰ. ①思… Ⅱ. ①南… ②马 Ⅲ. ①领导学 Ⅳ. ①C933

中国版本图书馆 CIP 数据核字（2019）第 064998 号

Originally published under the title THINKING ABOUT LEADERSHIP
Copyright 2010 by Princeton University Press
We have been authorized by Princeton University Press to use this content through BARDON-CHINESE MEDIA AGENCY.
Simplified Chinese edition copyright：
2019 CENTRAL COMPILATION & TRANSLATION PRESS
All rights reserved.

思考领导力

出 版 人：葛海彦
出版统筹：贾宇琰
责任编辑：王　琳
执行编辑：闻　睿
责任印制：刘　慧
出版发行：中央编译出版社
地　　址：北京西城区车公庄大街乙5号鸿儒大厦B座（100044）
电　　话：（010）52612345（总编室）　　　（010）52612352（编辑室）
　　　　　（010）52612316（发行部）　　　（010）52612346（馆配部）
传　　真：（010）66515838
经　　销：全国新华书店
印　　刷：北京文昌阁彩色印刷有限责任公司
开　　本：710 毫米×1000 毫米　1/16
字　　数：262 千字
印　　张：19
版　　次：2019 年 5 月第 1 版
印　　次：2019 年 5 月第 1 次印刷
定　　价：79.00 元

网　　址：www.cctphome.com　　　邮　　箱：cctp@cctphome.com
新浪微博：@中央编译出版社　　　微　　信：中央编译出版社(ID: cctphome)
淘宝店铺：中央编译出版社直销店(http://shop108367160.taobao.com)
　　　　　(010)55626985

本社常年法律顾问：北京市吴栾赵阎律师事务所律师　　闫军　　梁勤
凡有印装质量问题，本社负责调换，电话：(010) 55626985

献给罗伯特·O. 基欧汉

目 录

中文版序 ·· I
前言 ·· I

绪论 ·· 1
  我们该如何思考领导力？ ·· 2
  为何另写一本领导力的书？ ······································ 4
  领导力的目的和特点 ·· 8
  领导者个人能有多大的影响力？ ································ 11
  本书的论点 ·· 13
  我将如何论证我的论点？ ······································ 15

第一章 何为领导力？ ·· 18
  领导力由什么构成？ ·· 22
  目标和动机 ·· 31
  不同环境中的领导力 ·· 36
  评价领导者 ·· 41
  结论 ·· 47

第二章　追随者有多重要，为何重要？ …………………… 49
　　领导者和追随者 ……………………………………………… 52
　　组织中的领导力 ……………………………………………… 58
　　领导者和追随者的关系是何性质？ ………………………… 67
　　追随者的影响 ………………………………………………… 71
　　抵抗 …………………………………………………………… 76
　　结论 …………………………………………………………… 81

第三章　决定你成为领导者的是什么及哪些领导者会成功？ …… 82
　　判断力 ………………………………………………………… 86
　　多数场合对领导者有用的技能 ……………………………… 93
　　哪些个性特征与领导力相关？ …………………………… 103
　　领导者的复杂性格 ………………………………………… 113

第四章　性别有影响吗？ ……………………………………… 119
　　在何种环境下女性会成为领导者？ ……………………… 119
　　男性领导风格与女性领导风格 …………………………… 127
　　社会科学和社会化 ………………………………………… 148
　　结论 ………………………………………………………… 155

第五章　领导力如何在民主制度中发挥作用？ ……………… 158
　　民主制度的含义 …………………………………………… 159
　　领导力与民主制度之间的矛盾 …………………………… 165
　　民主与平等 ………………………………………………… 174
　　该如何去做？ ……………………………………………… 187
　　结论 ………………………………………………………… 193

第六章　性格、道德品质与领导力之间如何相互影响？ …… 194
   权力的魅力 …… 197
   领导力之于领导者的不利 …… 201
   权力的诱惑 …… 204
   权力容易腐化掌权者吗？ …… 208
   公德与私德 …… 211
   "脏手"现象 …… 214
   领导者如何守信重诺？ …… 219
   结论 …… 221

结语 …… 224
   领导力是否能够教授？ …… 225
   我们该学习领导力的哪些内容？ …… 229
   领导力与相关问题 …… 232

参考文献 …… 235
索引 …… 253
译后记 …… 286

中文版序

《思考领导力》中文版即将出版，我真是感到万分荣幸，同时也怀着欣喜之情，写下此最新版本的简序。很久以前，我就对中国的历史、美景和艺术推崇不已，而我作为一名社会学家，也以莫大的兴趣密切关注着中国等汉语国家的发展。我写此序旨在为即将阅读此书的新读者提出一些有益的指引。

在本书最后章节，我提出了两大问题。第一，在有关领导力的各种困惑中，哪些问题对现在的我们来说最为迫切？又是哪些最值得全球社会学家和政治学家关注？第二，我们如何培养出各个社会中智慧、能干又富有思想的新一代领导者？我建议读者在阅读本书的过程中，能在脑中记着这些问题。

我在写《思考领导力》之前，对于领导力能够教授的观点，多少有点怀疑。在解释领导者的成长和领导方式时，领导天赋、领导经验以及马基雅维利所谓的幸运，似乎比师生相传的任何抽象知识，都来得更有说服力。然而，着手撰写本书，以及教授书中涵盖的某些课程，却逐渐改变了我的认识。我发现，除了上述提到的三个要素，经过精心设计的领导力课程，对有志于成为领导者的人也同样助益颇多。

《思考领导力》的一大主旨，就是为对领导力感兴趣的师生们提供切实有用的领导力知识。我在普林斯顿大学公共政策系的硕士生教学研讨会上，经常用《思考领导力》作为教材。而我们围坐在桌旁就此进行的各种讨论也深入而且热烈，无论是我，还是我的学生们，都觉得深受启发。我希望，这本书也同样能帮助到中国及其他汉语国家的学生和老师们。

书中有三章，学生们通常格外感兴趣，也尤其值得重点讨论。首先是第三章，讨论了促成成功领导力的各种要素，还讨论了为什么有些人能够成为领导者，有些人却不能。其次是有关性别及性别是否对领导力构成影响的章节（第四章）。最后是第六章，领导者面临的道德挑战以及权力如何让使用权力的人变得腐败或崇高。

在第二学期的领导力研讨会中，我一直尝试让学生们在课堂中承担部分领导角色。他们总是反馈说，在同学中主持研讨会，本身就是一次宝贵的领导经历。学习一件东西的最好方式就是去教别人，这是不言而喻的事实。

我在书中频繁引以为例的领导者——伊丽莎白一世、亚伯拉罕·林肯、富兰克林和埃莉诺·罗斯福、简·亚当斯、林登·贝恩斯·约翰逊、玛格丽特·撒切尔和纳尔逊·曼德拉，都对卓越兼有瑕疵的领导力做了丰富的诠释。虽然个别人（以曼德拉最为显著）的领导力堪称楷模，但他们没有一个人是完美无瑕的。无论你是在为走上领导之路做准备，还是在深思领导力对人类的意义，反思这些领导者哪些决策明智，哪些决策失误，思考他们的领导环境、追随者对他们的期望以及他们对追随者的态度，乃至他们面对的各种挑战，都是对你大有裨益的重要练习。

我在结语中，还着重提出了一些可能值得社会学家、政治学家和多智民众探究和反思的问题。这些问题包括领导与统治之间的区分；伴随社交媒体等科技的发展，越来越频繁出现的去传统意义领导力的自发活动；性别在领导力中的作用；领导力面临的有关道义的伦理挑战；以及我提到的"民主制度中领导力的难解之题"。

在这本书出版后的几年里，我又着笔深入探讨了伦理道德与领导力及领导力中性别的影响。同时，我对有关社交网络、信息技术的议题，及其发展对领导力的波及也越来越感兴趣。例如，惹人注目的（2011）"占领"运动①，让很多社会观察家都提到了"无领导"运动。我觉得"无领导"这个词具有误导性，因为我坚信，所有复杂的人类活动都需要一定形式的领导力：为一群人指明目标并动员他们的力量去完成这些目标。它可以以散漫低调的方式完成，当然也可以协作完成。社交媒体在这里发挥着非常重要的作用，这已经得到很多最新事态的验证。但是即便是社交媒体促成共同行动的人类活动，仍然需要领导力。这些都不是无秩序的自发活动。我们需要看到，这里面低调的领导力发挥了多大的作用，还要认识到这里面的弊端，这些弊端在所有这些运动的后续发展中都已有充分暴露。

另一个让我持续深入关注的问题，是领导力与民主之间的冲突。民主是基于集体成员之间的基本公平。而无论何种形式的领导力都会产生一种不公平，因为领导者难免会比追随者享有更多的权力，即使是在追随者也能发挥巨大影响力的环境中，也没有例外。那么，在什么样的环境中，在什么样的制度内，设定怎么样的前提，领导力才能与民主相兼容呢？我在《思考领导力》的第五章就此做了一定深度的讨论，但我也仅止步于探讨这一话题与民主政治之间的关联。目前我正在继续探究这一话题。

作为领导力方面的学生、老师和践行者，我更加清晰地认识到，无论是领导者一方，还是追随者一方，良好的判断力都至关重要。我希望本书的读者能不时地就此反省深思，并逐渐清楚意识到，判断力有好有坏，无论是在你们领导者的工作中，还是在你们自己的社交和政治生活中，它都发挥着重要的作用。

---

① 占领运动（Occupy Movement）是 2011 年 9 月起在国际上出现的反对社会和经济不平等的抗议运动。——译者注

前　言

这本书的创作，源于2005年2月我在哈佛大学肯尼迪政府学院所做的一次讲座。感谢邀请我去做这次讲座的同事，得益于此，我才开始了本书的创作之旅。这次讲座的论文，经修订后，发表在《政治学透视》① 上。剑桥大学出版社对我非常优待，允许我在本书中使用了该论文中的若干章节。书中的第三章，则是我几经修订的一篇论文：《跨越桥梁：女性与领导力》。2006年，我在肯尼迪政府学院的一次会议上宣读了这篇论文，随后，该论文收录在芭芭拉·凯勒曼与黛博拉·L.罗德主编的《女性与领导力：发展现状与改变策略》（Jossey-Bass，2007）一书中。感谢她们允许我在本书中使用该论文的一些段落。

在本书中，我结合了我的两种生活经历：近30年的高校领导工作以及作为政治思想家所进行的培训、教学和研究。我曾就任威尔斯利女子学院（1981—1993）和杜克大学（1993—2004）的校长，主持过这两所优秀高等学府的事务。在校董事会服务的这几十年中，我还同时观察了其他领域中的领导者，从IBM和波士顿的道富银行等跨国公司到一些非营利组织，包括殖民地威廉斯堡基金会、布鲁金斯学会、国家人文研究中心、哈佛大学、斯坦福行为科学高级研究中心和多丽丝公爵慈善基金会。

---

① *Perspectives on Politics*, Vol. 3, No. 4, December 2005, pp. 705–722.

我的大半生都是在研究政治学，政治理论的历史是我格外关注的领域。我曾接受过用政治哲学的分析工具来研究复杂问题的训练，并由此形成了我对这个世界的思考方式。我从事了长达 25 年的政治学教学工作，长期的教学工作让我得以引用几个世纪以来政治理论家们探究领导力的种种发现。

在本书的写作过程中，我得到了很多同事给予的宝贵意见。几位同事帮忙阅读了本书的一两章草稿，他们是约瑟夫·奈、斯蒂芬·马塞多、查尔斯·贝茨、斯坦利·卡茨、弗雷德·格林斯坦、彼得·鲁本、梅利莎·雷恩、乔治·卡提卜、安妮·施蒂尔茨、丹妮尔·艾伦、南希·罗森布拉姆、拉胡尔·赛格尔、琼·格古斯和南希·韦斯·马尔基尔。感谢詹姆斯·马奇、芭芭拉·凯勒曼、黛博拉·罗德、罗伯特·帕特南、玛丽·林登·尚利、戴维·格根和玛格丽特·利瓦伊，他们与我深度交谈，为我进行了许多批判性的分析。感谢普林斯顿大学以及学校人类价值研究中心的一些重要同事：杰弗里·图利斯、南希·赫希曼、艾伦·赖安、戴维·本纳塔、凯拉姆·康诺弗、菲利普·佩蒂特、维多利亚·麦克吉尔、劳拉·瓦伦蒂尼、拉里·巴特尔斯、休·普里斯和杰弗里·斯托特，他们启发了我对领导力的思考，而想起我在行为科学高级研究中心的一年，我要特别感谢约西亚·奥伯、乔纳森·本德尔、彼得与玛丽·卡岑施泰因夫妇、山姆·波普金、苏珊·舒尔克以及吉姆与谢莉·费歇尔·菲什金夫妇。我还要感谢我的同事马克·斯蒂尔斯、马克·菲尔普、奈杰尔·鲍尔斯、艾伦·伦威克、基思·格林特和弗朗西斯·凯恩克劳斯，在 2008 年秋季学期我暂住牛津大学时，他们给了我很多启发，让我收获颇丰。非常感谢伍德罗·威尔逊公共与国际事务学院公共管理和公共政策专业的硕士生们，尤其是参加领导力"528e 研讨会"以及 2010 年春季学期"领导力午餐会"的成员。

感谢普林斯顿大学出版社两位不知姓名的校对员，他们为本书的定稿提供了很多有益的建议。我还要热忱地感谢以下几大机构，在本书的写作过程中它们为我提供了假期研究的机会和舒适的工作环境：杜克大学、普林斯顿大学、斯坦福行为科学高级研究中心以及牛津大学的大学学院和政治学系。这些机构的众多专业人士也都给予我很多支持,其中我要特别感谢特里西娅·哈里斯、苏·蓬塔尼、西敏·古尔、黛博拉·科多尼耶和伯纳黛特·耶格尔。我还要格外感谢普林斯顿大学斯托克斯图书馆的南希·普雷斯曼·李维,她为本书提供了不少参考建议,还帮我整理了参考文献。

我非常有幸能和普林斯顿大学出版社负责本书编辑、设计和出版的各位专业人士共事,他们是:黛比·蒂加登、茱莉亚·利文斯顿、布赖恩·麦克唐纳德,尤其是主编查克·迈尔斯。查克鼓励我将《政治透视》上的那篇论文编成书,在我写书的每个阶段,他都给予我相当专业的指导。华特尔·利平科特和彼得·多尔蒂也给予我很多支持和帮助,感谢出版社中为本书最终完成付出努力的所有员工。

最重要的是,我要向我的丈夫罗伯特·O.基欧汉表达我无尽的感激之情,感谢他在我写书的每个阶段所提供的支持。作为一名深受尊敬且颇有成就的政治学家,他是最早鼓励我去做领导力讲座的人。当我不知该如何组织我的论述才能更具说服力时,他仔细阅读了各个章节的草稿,并提供了重要意见。正如我们在生活中总是相互扶持一样,他分享着我写作的喜悦,帮我克服写作中的困难。我满心喜悦,满怀感激,谨以此书献给我的丈夫。

绪　论

"首领钻出帐篷，迎接着铅灰色的曙光。"这是《纽约时报》一篇文章的开头。文章的主题可不是探访什么古老村落，文章里描述的是美国罗德岛州普罗维登斯的流浪者收容所，叫罗纳马科营。近50人的罗纳马科营以粗糙简单的民主维系着它的管理，而管理的核心人物无疑便是约翰·弗雷塔斯首领。"大家一直把我当作领导，当作首领，"弗雷塔斯先生说，"大家总是问我'我该在哪儿搭帐篷？'"后来，有人质疑，凭什么发号施令的是弗雷塔斯。于是，弗雷塔斯就不再过问营里的事情。但是随后，"大家争执不断。食物也被偷了"。其中一位居民提到，"大家没有了主心骨。于是，又把他（弗雷塔斯）选了回来"。①

2008年金融危机期间，在美国政府尚未采取任何措施解决危机之前，报纸头条经常会批评白宫和国会"领导力失败"或"领导力缺失"。同样，在1930年，当富兰克林·罗斯福②再次竞选纽约州州长时，就曾这样诘难

---

① Dan Barry, "Living in Tents, and by the Rules, under a Bridge," *New York Times*, July 31, 2009, A1, 15.
② 富兰克林·罗斯福（Franklin Roosevelt，1882—1945），第32任美国总统，荷兰裔美国人，是美国20世纪二三十年代经济危机和第二次世界大战时期的中心人物之一。从1933年至1945年，他连续四届出任美国总统，且是唯一连任超过两届的美国总统。——译者注

赫伯特·胡佛①："华盛顿政府正是因为缺乏领导力，才导致国家面临严重的失业问题和经济萧条。"② 在这两个案例中，"领导力失败"或"领导力缺失"的意思是，没有人站出来出谋划策以解决共同的问题，而职责所在的领导者，又没有履行职责。

我们该如何思考领导力？

上述截然不同的例子清楚地说明，领导力几乎无处不在。即便我们未曾寻求领导力，领导力的缺失或突然出现都是引人注意的。大法官波特·斯图尔特在解释何为"淫秽"时曾说"我们看到了就知道"，我们同样也可以说，领导力是"看到了就知道"。但我们该如何更系统地思考领导力呢？

领导力与权力相关，却不能简单地等同于拥有权力。持枪的强盗恶霸，强迫我们为所不欲为，或阻止我们为所欲为，从某种意义上说，即是拥有了权力，但我们不会称这些强盗恶霸为领导者。领导力往往涉及权力的行使，一些领导者还会在机构中担任正式职位。然而，很多我们愿意以"领导者"冠之的人，却既无正式职位，也无合法权力；还有很多权威人士更是不曾参与任何堪称"领导力"的活动。正如约翰·加德纳所指出的："领袖们不能带领一群七岁的孩子去冰激凌柜台，也不是什么稀罕事。"③

我们在表达对领导力的期望时，往往设想我们所获得的领导力将是有

---

① 赫伯特·胡佛（Herbert Hoover，1874—1964），第31任美国总统。除从事政治外，他还是采矿工程师和作家。曾任沃伦·G. 哈定和卡尔文·柯立芝两届总统的商务部长，曾打出"经济现代化"的旗号推动政府干预经济。——译者注

② Frank Freidel, *Franklin Roosevelt: A Rendezvous with Destiny*, Boston: Little, Brown, 1990, p. 65.

③ John Gardner, *On Leadership*, New York: Free Press, 1990, p. 2.

绪 论

益的、令人钦佩的、有效的。我们很容易将领导力理想化，并期望领导者能带来救赎，能以身作则，树立良好的榜样。但我们又非常清楚，权力会如何让掌权者堕落，领导力带来的诱惑及机遇又是多么可观。而领导者发挥作用的方式也是多种多样，或直截了当，或神秘莫测，或叫人敬佩，或令人愤慨，或碌碌无为，或游刃有余。

人类在各种组织机构中工作、娱乐、学习、表达敬仰、建设和破坏，而领导者则是所有人类组织结构的一部分。我们中的很多人，在工作乃至很多非正式环境中，都充当着领导者，例如自发临时地解决一些问题。但我们在思考领导力时，大脑中最先想到的往往是较高层次的人物——总统、总理、州长及首席执行官之类。我们由领导力想到的是手握重权，是非常制度化的环境，是各种层次的上下级关系，是对重要资源的掌控。专制统治下的臣民常常将他们的君主等同于高深莫测的神或凶猛的野兽。莎士比亚的戏词"一个君王是有神灵呵护"，捕捉了几个世纪里许多民众的内心想法。他们有的将其君主视为所有世俗恩惠的源泉，有的则坚信，要获得世俗的恩惠，最好是尽可能地躲开王室的任何关注。①

即使是在现代的民主国家，多数公民也都只是盲从那些遥不可及的当权者。更遑论去了解这些领导者看待世界的方式和他们的所作所为呢？纵然了解了，高度复杂机构中的正式领导力与我们日常接触的非正式领导力又有什么共同点？

这些都是本书中我们将予以关注的问题。我将论证：在几乎所有的社会集体活动中，领导力都是核心内容。毋庸置疑，这种普遍而多层面的领导活动，势必会造成追随者的茫然与各种复杂情绪，从害怕或憎恶到喜爱和敬畏，从妒忌或愤怒到否认和贬低，不一而足。我们期望领导者能造福社会，工作兢兢业业且胜任有余。我们拥戴这类造福社会的领导者，但我们不能容忍领导者品行不端和玩忽职守。多年来，为了遏制滥用权力，政

---

① Shakespeare, *Hamlet*, act Ⅳ, scene 5.

治理论家与宪法起草者乃至普通民众们共同努力，投入大量的注意力来建设有效的制度屏障和文化屏障。这一努力在理论和实践上都是非常重要的。但是，除了思考如何约束领导者潜在的不良行为，思考如何利用领导者的领导能力，我们还应尝试换位思考，以便更好地了解领导者可能面对的机遇和挑战。此外，如果我们想要了解领导者在社会中的作用，了解如何有效负责地发挥领导力，我们还应避免美化或丑化我们的领导者。

为何另写一本领导力的书？

多年来，以领导力为主题的著述纷繁庞杂。管理顾问们编纂"实战"手册，供读者在机场随手翻阅；报纸和商务杂志上经常刊登有关领导力的文章；种类繁多的博客以各种领导力为话题每日更新；小说家和剧作家则让我们领略历史上领导者的境遇和风采。围绕领导力的传记、历史反思、回忆录和自传也数不胜数。历史、公共政策、社会学、政治学、心理学、管理理论以及所谓的"领导力研究学"领域的学者们，更是让我们得以多视角地认识领导力。在这些学者们中，仅在我所研究的政治学学科中就有詹姆斯·麦格雷戈·伯恩斯、罗伯特·C.塔克、理查德·E.诺伊施塔特、詹姆斯·戴维·巴伯、弗雷德·I.格林斯坦、芭芭拉·凯勒曼、约瑟夫·S.奈和詹姆斯·G.马奇。他们审慎地研究着这一主题，深切而清晰地剖析着领导力。

那么，我为什么另写一本论述领导力的书？我希望能做出什么突出的贡献呢？

在着手思考领导力这一主题时，我结合了我与领导力相关的两种生活经历：担任两所高等学府的校长（威尔斯利女子学院和杜克大学）以及作为政治思想家所进行的学习、教学和研究。我的目的是结合我

绪 论

在两项能力——积极领导和探究政治——中的经验，捕捉领导力的某些方面。而这些方面，可能是欠缺上述两者中任一背景的人都尚未注意到的。

有关领导力的书籍中，最具影响力、备受挞伐而又发人深省的当属尼科洛·马基雅维利的精炼之作《君主论》①，出版于近五百年前。在一封致统治者洛伦佐·德·美第奇②的信函中，马基雅维利说道："正如那些描绘风景的人一样，为了考察山岳的性质和高地的高度，就置身平原；而为了考察平原则必须高踞顶峰。同样的道理，要真正认识人民的本质，就必须站在君主的位置上；而要真正认识君主的本质，则需站在人民的位置上。"③他主张的是，我们应从追随者的"外部"视角，而不是领导者的"内部"视角，来完全理解领导力。

马基雅维利的见解在某些方面确实是正确的。我们从外部来观察领导者，相比领导者从内部视角来自省，似乎往往能更清楚地看到他们的成就与不足。在苏斯博士④有关小童仆巴塞洛缪·库宾斯的故事中，开始时，巴塞洛缪站在他家小屋的外面，小屋位于山谷中，仰视临近城镇的高楼，而国王的宫殿则高耸在山顶上。当巴塞洛缪仰望宫殿时，他觉得自己特别渺小；但是，随着《巴塞洛缪·库宾斯的五百顶帽子》和《巴塞洛缪和欧

---

① 意大利文艺复兴时期政治思想家马基雅维利所有著作中最短小的一册，共分26章，主要讨论了君主国是什么，它有什么种类，怎样获得，怎样维持以及为什么会丧失等。——译者注

② 洛伦佐·德·美第奇（Lorenzo de' Medici, 1449—1492），意大利政治家、外交家，同时还是学者、艺术家和诗人的赞助者，也是文艺复兴时期佛罗伦萨的实际统治者。被同时代的佛罗伦萨人称为"伟大的洛伦佐"。他生活的时代正是意大利文艺复兴的高潮期，他的逝世也意味着佛罗伦萨黄金时代的结束。——译者注

③ Niccolò Machiavelli, "Letter to the Magnificent Lorenzode' Medici," in *The Prince*, ed. Quentin Skinner and Russell Price, Cambridge: Cambridge University Press, 1988, p. 4.

④ 苏斯博士（Dr. Seuss, 1904—1991），本名叫Theodor Seuss Geisel，苏斯博士是他的笔名，他其实并没有真正读完博士学位，他是美国最受欢迎的儿童文学作家和插图画家，也是20世纪最卓越的儿童文学作家之一。——译者注

布勒克》中故事的发展，巴塞洛缪却表现出，他比迪迪王国的老德温国王①自身都更了解他。因此，当国王自私地追求荣耀，给王国带来灾难时，巴塞洛缪能够应付这些灾难。

诚如故事所述，外部的观察者可能更能认识到领导活动的影响，能更清楚地看到领导行为如何影响到其他人。因此，领导力的某些方面，可能真的只有那些生活为领导者决策所左右的人才能充分了解。然而，领导力还有些重要特征，是在你亲历领导工作或曾与当权领导亲密共事相当长一段时间后，才能更好地了解的。马基雅维利自己就曾身居几个重要的外交职位，也曾仔细观察过很多领导者。所以，我们也需要从内部来观察领导力，才能全面地评价领导力的内涵。

很少有人在担任过领导后，还作为专业的历史学家、政治学家或哲学家来论述领导力。领导者通常会写回忆录或自传，他们的自述为学者和其他观察家提供深思领导力的材料。但是这些领导力实践者却鲜有时间系统地描述自己的领导行为，也缺乏这方面的意愿。

除马基雅维利外，其他一些曾经当权或亲近当权者的政治哲学家和社会学家也曾论述过领导力。其中，马克斯·韦伯是观察最敏锐的社会学家之一；马库斯·图留斯·西塞罗也堪为一例。这些作者在写作中充分利用了自身经历，我在本书中对他们做了颇多引用。而其他有过领导经历的政治理论家——托马斯·杰斐逊、詹姆斯·麦迪逊、亚历西斯·德·托克维尔——则没有任何有关领导力的类似著述。他们在当权以前，就已经写出了他们重要的政治理论著作，卸任后再没有返回去系统地深思领导力。而在几个世纪中，其他哲学家们虽然也写出过富有创见的政治论述，但却鲜有人担任过领导者或亲近过领导者。因此，政治理论家在思考领导力时，普遍是从"外部"视角来观察领导力；他们出于心目中值得考虑的目的，关注的是控制领导者的行为。领导者的实际作为，掌权的感受，掌权对个

---

① 《巴塞洛缪·库宾斯的五百顶帽子》中的人物。——译者注

人的影响，领导者如何达到目的，如何滥用权力，如何与参与执行其决策的人们相互关联——所有这些问题都成为政治哲学中的"黑匣子"。

我在本书中的目的就是打开"黑匣子"，从理论家和实践者的双重角度来阐明领导力。文中直接涉及我自身领导经历的仅有几处，毕竟这不是我的自传。但我的这些经历将作为写作背景贯穿全书。而且，虽然我也只是偶尔以轶事的形式叙述我的领导经历，但书中的每个结论都经过了我自身经历和观察的检验。我将自己的经历作为过滤器，评定有关领导力的结论和假设，确定哪些有关领导力的陈述言之有理，哪些不太现实、流于肤浅，哪些又确实有误。在这一理论研究工作中，我个人对国家方面的熟悉应该能为我的论述增加有价值的细微差别和深度。我在书中多为描述性分析，试图获悉的是本真的事实，而非诸事的规范。当然，本书在描述性分析外，也不乏部分规范性的论述。

安德鲁·萨博曾特别提到："领导力研究，通常作为上呈君主的建议，应始终能引发如下问题的思考：何时该全力辅佐君主，以助其成功；何时又该予以鼓励，令君主从失败中振作。领导力研究在避言统治目的和原则的时候，其实是在暗中偏袒其所服务的政治家。"① 我个人虽然才开始"领导力研究"领域的探索，但在数个世纪以来，政治理论家们早已讨论过"统治目的和原则"，他们的著作已经相当清晰地阐述了这些根本问题。作为一名政治理论家，我从他们的这些讨论中受益颇丰，他们为我通篇的论证提供了背景资料。我们深入探究统治，希望通过统治实现共同体社会的和谐、抱负、稳定、道德品质和创新性愿景，以及对个人权利和自由的保护。我的观点是，社会要实现这些重要目的，人们（包括领导者）需要更加深入地了解领导者的实际作为，领导者如何确定目标、如何开展工作，以及领导者面临的困难和挑战。我的目的既不是全力辅佐君主，也不是鼓励君主振作，而是向大家更全面地展现领导者的目的和活动，同时就如何

---

① Andrew Sabl, *Ruling Passions: Political Offices and Democratic Ethics*, Princeton, NJ: Princeton University Press, 2002, p.6.

评价领导者的表现给出建议。

一些学习领导力的学生，感叹缺少领导力的总括性理论，坚持认为我们应该着手建立这样的一套理论。虽然本书中有不少理论性的论述，但我的目的却并不是建立一个全面解释领导力的综合性理论系统。相反，我希望能借助约翰·洛克①的方法论，劈开思维的荆棘丛，更清晰地了解所研究的领导力学科；借助苏格拉底的方法论，提出一些需要解答的领导力问题。

领导力的目的和特点

人类组织志在达成的目标，其范围之广，种类之多，令人瞩目。亚里士多德是众多政治理论家中观察最敏锐者之一，他说："所有组织都有其美好宗旨"，但不同组织想要实现的具体宗旨却各不相同。② 由此，这些组织中领导者的角色也就相应地各异。例如，跨国公司的 CEO、阿富汗的军阀、美国总统和团体负责人，他们管理的方式就截然不同。各个组织建立时追求的目标也是千差万别的。结果，领导者所面临的挑战、追随者的期望以及最重要的能力要求也明显不同。

由此，我们在思考领导力时就面临这样的问题了：有关领导力的实例各种各样，从表面判断几乎没有任何共同点。那么，使用同一个词去意指军队的四星上将、爱荷华州小镇的镇长、大学校长和流浪者安居所的首领，

---

① 约翰·洛克（John Locke，1632—1704），英国哲学家，经验主义的开创人，与乔治·贝克莱、大卫·休谟同被列为英国经验主义的代表人物，同时也是第一个全面阐述宪政民主思想的人，在哲学以及政治领域都有重要影响。——译者注

② Aristotle, *Politics*, ed. Ernest Barker and R. F. Stalley, Oxford: Oxford University Press, 1995, book Ⅰ (1252a).

是否欠缺妥当呢？这些领导实例之间具有非常显著的差别，如果在领导案例中再纳入少年联盟、童子军、少年帮会、田园俱乐部和公寓管理会，这些案例间的差别就更加显著了。探讨领导力的论文通常关注的是特定环境中的领导力——企业、政府、高等教育机构或国际组织。然而，我们都是使用同一个词来称呼所有这些不同环境中的"领导力"活动。我们该如何理解存在于如此迥异的环境中的这一多层面现象呢？

同样——尤其在我们使用几个世纪以来政治理论家们提供的资料来理解领导力时，我们必须要问，现代的"领导者"如何与意大利文艺复兴时期的"君主"、部落的首领、近代早期的"国王"、不同语言和不同时代中的"统治者"相关联？是否所有这些词语都指的是同一种现象，又或者是在各种情况中各有所指呢？而在大型组织中处于权力中层的所有人员、政府机构内部部门的领导官员或公司内部部门的高管以及小型组织的领导者，又该做何理解呢？按照常识推断，我们可以说，这些实例一定存在某些共同特征，因为所有这些不同的角色和职位，我们都用"领导者"一个词来冠名，但是这些共同的特征又是什么呢？

路德维希·维特根斯坦①为我们提示了思考上述问题的一个好方法。在思考我们为什么用"游戏"一词去指示诸如棋类游戏、纸牌游戏和球类游戏等活动时，维特根斯坦说，找出它们全部共同拥有的某一元素是无望的，因为没有哪个单个的特征是它们所共有的。然而，它们之间却存在"某些乃至一系列相似之处"。我们虽然没有找到单个的相同特征，却能发现"一整套复杂的、相互重叠交错的相似点网络"。② 维特根斯坦用"家族相似"（family resemblances）一词来描述这些相似点。在本书中，我也使

---

① 路德维希·维特根斯坦（Ludwig Wittgenstein, 1889—1951），哲学家、数理逻辑学家，语言哲学的奠基人。他生于奥地利，后入英国籍，是20世纪最有影响的哲学家之一。——译者注

② Ludwig Wittgenstein, *Philosophical Investigations*, trans. G. E. M. Anscombe, Englewood Cliffs, NJ: Prentice Hall, 1958, Vol. I, pp. 65–67.

用"家族相似"的概念来思考领导力。正如我们发现有血缘关系的家庭成员之间存在共同特征一样,我们也可以在领导力的实例之间发现相互重叠的相似点,即使这些实例截然不同。指出这些相互重叠的相似点是本书的主要目的之一。

约瑟夫·罗斯特指出,直到19世纪,字典中才出现了"领导力"一词。由此,罗斯特认为:"正如我们所知,领导力是一个20世纪的概念,在思考领导力时追溯至西方文明(更遑论其他文明)的先前时代,就好比暗示早期文明的人们知道诸如何为计算机化一样,大错特错。"其他学者也发现,在希腊语和拉丁语以及由其演变而来的现代罗曼语中,都没有可以简单地翻译为"领导力"的某个词汇。但是,罗斯特同时还指出,"领导"一词可以在古英语中找到其对应的词根,意思是"让……去做""指导"和"领路"。① 而且,虽然柏拉图和亚里士多德的生活环境与21世纪的民族国家完全不同,但他们在讨论治理、权力和统治时,所描述的人类行为与我们今天所观察的领导力之间存在很多可辨识的共同特征。

在本书中,我反复提到,领导力的性质和带来的挑战因环境不同而迥异。在思考何种领导力最有可能成功时,组织的规模和文化、追随者的期望、组织追求的宗旨及其历史和传统都应作为相关信息纳入考虑。领导者在某些环境中看似完全恰当的行为,可能在别的环境中就大大不妥。恰如约翰·加德纳所言:"俾斯麦在19世纪中期的普鲁士行之有效的风度、仪态和谋略,却不能让他当上洛杉矶的市长。"② 加德纳还进一步指出,"俾斯麦了解到这一点也许会觉得欣慰",而洛杉矶的人们估计也有同感。

然而,我也认为,发现领导力的"家族相似"是可能的,从而我们可以将领导力作为人类社会生活的一方面做出富有意义的概括。我们可以在不同的环境、文化和历史时期看到"领导力",尽管每种情况中描述领导

---

① Joseph C. Rost, *Leadership for the Twenty-first Century*, Westport, CT: Praeger, 1991, p. 38, 43.
② John Gardner, *On Leadership*, p. 165.

力的具体语言不甚相同。在本书中，我将主要关注大型组织的领导者，尤其是现代民族国家首脑。但我也会偶尔提到历史中其他时期和其他领域的领导者，包括公司、高等院校及小型非正式组织的领导者，乃至非正式情况下主动担当领导的人员。

领导者个人能有多大的影响力？

19世纪的众多作家，包括黑格尔、马克思、斯宾塞和托尔斯泰，提出了很多权威性的历史理论，其中包含各种历史决定论。历史决定论认为，人生是循着上帝、阶级斗争、社会发展或历史本身预先注定的方向不可阻挡地前进着。在这一世界—历史观中，领导者只是附带现象，是历史长河中溅起的浪花：他们认为领导者虽然具有影响，但也仅仅是在折射比他们本身远远强大的力量。① 对于19世纪早期的很多观察家来说，拿破仑·波拿巴是以个人意志和远见决定时代命运的典型案例。但在列夫·托尔斯泰的《战争与和平》中，拿破仑只是一个被古老俄国母亲的无声力量和库图佐夫将军②理智的耐心给打败的小人物。马克思的理论基调与上述观点截然不同，但他在探究人类个体作为行动者参与其描述的伟大斗争时，理论却不太充分（列宁在其短篇著作《怎么办？》及自身的领导行为中都弥补了这一不足）。

---

① Sidney Hook, *The Hero in History: A Study in Limitation and Possibility*, London: Martin, Secker & Warburg, 1943. 第四章和第五章详细论述了这些理论及这些理论对理解领导力的重要性。

② 米哈伊尔·伊拉里奥诺维奇·戈列尼谢夫－库图佐夫（Mikhail Illarionovich Golenishchev-Kutuzov, 1745—1813)，俄国元帅、著名将领、军事家，1812年曾率俄国军队击退拿破仑的大军，取得俄法战争的胜利。——译者注

另一个版本的观点，也是我们现在比较熟悉的一个观点，认为领导者并不重要。它强调追随者在我们通常定义为领导力的事务中所发挥的重要作用。在这一观点中，那些我们称之为"领导者"的人只是回应其他人的激励和愿望，反映的是其追随者的渴望和拥护。这种观点是对19世纪另一种理论的回应，即历史伟人论。历史伟人论认为，一些才能卓越、力量强大且富有魅力的人物决定了我们的生活。托马斯·卡莱尔①在《论英雄和英雄崇拜》一书中大力推崇了这一观点。用历史伟人论来解释人类活动，显然让人无法接受。然而，摒弃这一理论也不是让我们忽略领导力。历史形成的制度引导并约束着领导者，追随者的活动也必定在塑造和影响领导者行为中发挥着作用，但领导者个人也很重要。

为了说明这一观点，可以2000年竞争激烈的美国总统大选为例。一些次要因素都很有可能带来不同。佛罗里达州的棕榈滩县在选举投票中，若不采用蝴蝶选票②，阿尔·戈尔③的得票可能会更高。而阿尔·戈尔如果愿意利用比尔·克林顿的人气来为自己助威，则可能会赢得阿肯色州。又或者，在一两个关键的州，再多几个选民不投票给拉尔夫·纳德，结果又会有所不同。我们可以一直进行这样可能性的假设；揣摩各种假设，是我们在思考各种历史决定性时刻时所惯用的方法。我想表达的是，一个微小的变数都会导致2000年总统大选结果的不同。阿尔·戈尔很可能就会成为21世纪最初四年（也可能是最初八年）的美国总统，经历"9·11"事件及其后续影响。

---

① 托马斯·卡莱尔（Thomas Carlyle，1795—1881），苏格兰评论家、讽刺作家、历史学家。他的作品在维多利亚时代甚具影响力。代表作有《英雄与英雄崇拜》《法国革命史》《衣裳哲学》《过去与现在》。曾于1865—1868年间担任爱丁堡大学校长。——译者注

② "蝴蝶选票"指的是美国总统选举中打孔选票上的人名和相应的打孔圈不处于一条直线上，而是处于上下两位候选人的中间。这种选票容易发生选民本来是要选下面的候选人却误打了上面候选人的圈的情况。2000年戈尔与小布什的总统竞选就出现了如此风波。——译者注

③ 艾伯特·戈尔（Albert Arnold Gore Jr.，一般称为阿尔·戈尔），1948年3月31日出生于华盛顿。美国政治家，曾于1993—2001年担任副总统。2000年与布什竞争总统之位。——译者注

我们没办法确切知道随后会发生什么；但在很多重要方面，事态肯定会非常不同。戈尔应对阿富汗的举措可能不会与乔治·W.布什有什么大的不同。但几乎可以肯定，他不会入侵伊拉克，而仅由这点来看，今天的世界也会有所不同。除此之外，我们也有足够的证据证明，戈尔在执政时将奉行截然不同的一套政策，尤其是环境政策以及总的国际国内政策。考虑到国会由共和党人所掌控这样的限制，戈尔也许未必能实现很多政策；但他肯定不会走和布什完全一样的政治路线。

然而，也有些时刻，领导人个人不会有太大的影响，而且可以清楚地看到，即使换成别的领导者，事情的发展路径也别无二致。环境、形势、运气、机会、追随者的愿望和能力——所有这些都会产生影响。但是领导者个人的性格和能力、目标和经验也同样重要。

本书的论点

我著述本书的目的，是诚邀读者与我一起，就需要梳理的一些领导力难题进行透彻的思考，从而更充分地了解领导力。在接下来的章节中，我们将探究有关领导力的各种问题。第一章讨论一些基本问题：我们如何定义领导力？领导力一词表达什么意思？我给出的定义虽然有其独特内容，但仍有些特征与其他作者提出的定义相同。第一章的一大主题是回答问题：领导者做什么？我们将研究各种各样的领导行为，努力发现领导力的独特特征。第一章还讨论了领导者的影响和道德状况，根据领导力的成功与否，或领导力在道德层面是否值得称赞，我们如何确定"良好"领导力。

在第二章中，我们研究领导者和追随者之间的联系。领导者不可能没有追随者，但两者之间的联系因组织和文化的不同而有所差异。我以同心圆为模型来思考领导者和追随者之间的联系，首先讨论领导者最亲近的伙伴,然后是普通追随者,最后是我称之为"非追随者"(non-fellows)和积极抵制领导者指令的人。如今,人们经常用"关系"(relationship)一词来描述领导者和追随者之间的联系。在思考领导者与其最亲密伙伴之间的联系时,"关系"一词尚说得通,但针对大型机构内互不相识的人们,再用"关系"来思考领导者与追随者之间的联系,就不太恰当了。不过,在组织中不同层次的追随者,其影响领导者行为的方式,对了解领导者的作为至关重要。

根据针对领导者工作的诸多讨论,第三章确定领导者在不同环境中展现的个性特征和能力,并探究这些特质有助于领导力的原因。虽然并非所有的领导者都具有适宜领导工作的一系列独特个性,但确有一些人,相比其他人,更乐意担负领导工作,在进行领导时也更得心应手。从这些个体中,我们能够发现哪些特质?而从我们视为潜在领导者的个体身上,我们又如何能识别出这些特质?在第三章中,我特别关注"判断"能力,我认为判断能力对几乎所有环境中的成功领导力都很重要。

第四章提出一个更具体的问题:性别对领导力是否有影响?女性的领导方式是否不同于男性?不同于我们思考的其他问题,这是19世纪之前的政治哲学家们不会探究的一个问题(大多数其他人也一样)。领导——意味着行使职权,为整个共同体决策,引导一群不分性别的成年人——是男人的工作。女性则可能以影响他人的方式,来发挥影响和握有权力;但在大部分文化中,当权的女性都是极其不同寻常的,人们对她们的评价也总是很激烈,且多为负面评价。在当今时代,越来越多的女性在各种环境中担任领导,让这一论题的内容变得更加不同,更加复杂。

第五章讨论的是民主制度下的领导力。随着越来越多的国家采用民主体制,其他非民主国家的民众也追求这种民主环境,这个问题在现今尤其具有针对性。很多民主理论家完全忽略领导力,或将领导力视为危险的异常现象,主张应严加控制,以保护人民主权和人民参与。一些民主理论家甚至认为,如果民主国家幅员适度,容易控制且运转正常,则不存在什么领导者和追随者。然而，领导力在民主体制中的重要性不亚于在其他任何社会中的重要性。美国为防止领导者滥用职权，给领导者设立了重重阻挠和障碍。领导者经常面临的难题，是冲出重重阻挠和障碍，采取有效政策。另一个同等重要的两难之境，是既要在民主制度中发挥领导力，同时又要避免某些人专权擅权，比其他公民享有"更多平等"。这就是我所说的"民主制度中领导力的难解之题"，我将在第五章中思考如何解决这一问题。

第六章将我们的视角再度延伸至性格、道德品质与领导力之间复杂的相互影响。我讨论了掌权加诸领导者身上的各种影响，也思考了伴随权力而来的隐患和负面影响。第六章还讨论了领导者面临的独特诱惑，并探究了阿克顿勋爵有关权力腐败影响的名言。我想知道，公共道德与个体道德是不是不同的道德规范。我认为，在很多环境中，勇气、正直和可靠等都是领导者非常可贵的品质。我还举了一些例子，有些领导者不仅没有因为掌权而腐败，反而变得更加高尚。

结语部分又回到了提问上，并试图阐明前面章节中略微提及的一些问题。我还将讨论让两类读者特别感兴趣的两个论题。第一个论题是，是否可以教授或学习领导力，特别针对想要成为领导者以及负责发现和培养领导者的人。第二个论题是如何设计领导力研究，以便我们更好地解答本书中的一些问题。第二个论题是专为研究政治科学的同仁们（包括政治理论家）所设计的。在讨论上述两个论题时，我集合了本书中论述的很多重要观点，同时，还对未来做了相关展望——一方面服务于领导者个人，另一方面便于大家进一步理解本书中所提出的问题。

我将如何论证我的论点？

本书的各个章节都包含定义性内容、理论性观察、引自政治理论家的论据和领导力实例。整本书中都有关于现世领导者的简单论述，他们的经历为我的论点提供了实例说明。我没有进行正式的实例研究，作为替代，我使用领导者轶事来强调我所提出的观点。有时，我会直接采用我自身的经历；但大多数情况下，我都是引证其他领导者的经历。仿效马基雅维利在《君主论》中所示范的做法，我引证的多为多数读者比较熟悉的领导者，因而省去了大量的背景介绍。马基雅维利在书中提到的都是诸如切萨雷·波吉亚①、法国路易十二之类的领袖，或者是历史或神话故事中赫赫有名的领导者，例如汉尼拔②和阿喀琉斯③。虽然今天我们大部分人都需要脚注才能了解这些人物，但马基雅维利却是为了让他的读者（统治者）无需借助任何背景资料就能知道这些人物。同样，我引证最多的也是亚伯拉罕·林肯、林登·贝恩斯·约翰逊、玛格丽特·撒切尔、富兰克林·罗斯福等耳熟能详的领导者。

  我的大部分实例都取自庞大统治集团最高领导者的工作经历。我取例的对象不是公司总裁、大学校长、军队领袖或非正式领域的领导者，而是国家领导人。我这样选例是基于好几个原因：作为一名政治学家，这是我最熟悉的领域；在国家领导力领域，社会学家能够掌握领导者如何发挥作用方面最充分的证据，且这些证据既取自实践者，也来源于观察者。我的不少例证是取自美国总统的经历，因为最近几十年中，有大量有关美国总统如何取得领导权的有趣分析。而且，正如我前面提到的，我的大部分读者无需借助冗长的传记介绍，也许都已经知道我举的这些实例。然而，我偶尔也会引证其他领域的领导者，包括大型正式组织首脑之外的领导者。

  我在写这本书时抱有这样一个愿望，我希望这本书有益于各种读者：

---

① 切萨雷·波吉亚（Cesare Borgia，1475—1507），瓦伦提诺公爵，教宗亚历山大六世与情妇瓦诺莎·卡塔内之子，是文艺复兴时期一位颇令人恐惧的野心家、强权者和完美的阴谋制造家。他极端残忍冷酷，一生都想用暴力统治意大利乃至周边国家。——译者注

② 汉尼拔·巴卡（Hannibal Banca，前247年—前183年），迦太基统帅。——译者注

③ 荷马史诗《伊利亚特》中的著名人物，海洋女神忒提斯（Thetis）与国王佩琉斯（Peleus）的儿子，以勇气、俊美和体力著称。——译者注

领导者或想要成为领导者的人,以及想要理解、评价其领导者的追随者。人类有关社会群体中人类生活的探讨,可追溯至柏拉图和亚里士多德之前,虽历经数百年,但仍激烈地继续着。我希望这本书能对此略有贡献。

第一章 何为领导力？

我们要从最基本的层面来了解领导力，可以做此设想：一群毫无亲属关系的人要完成一个共同目标。绪论中提到的那些无家可归的人，他们来到罗纳马科营，是想要得到庇护，远离盗窃等欺凌行为，保证周围的生活环境能维持最起码的秩序和整洁。我们比较熟悉的例子是，一群素不相识的人遭遇船只失事，流落荒岛。他们拥有同一个根本目标：脱险获救。与此同时，他们还要熟悉陌生的环境，寻找食物、水和庇护之所。

每一个人都可以尝试独自应对这些挑战：考察地形，搭建小棚屋，燃起篝火，寻找食物，以及在海边向过往船只挥手求救。但这是不太可能出现的结果。最有可能出现的情况是，遇难的众人聚在一起，形成一个比较松散的团体，商量下一步对策。因为大家既有对未知的恐惧，同时又不愿意舍弃相对熟悉的人类同伴，而去单独面对可能出现的危险。法国作家贝特朗·德·儒弗内尔①指出："人类在面对所有危险和恐怖时的反应，都跟动物相似：紧紧相靠，挤作一团，互相温暖。他们从数量上找到力量的源泉和自身的安全感。"② 而且，遇难的人们也意识到，只有他们群策群力，才更有可能找到食物，想出得救之法。

---

① 贝特朗·德·儒弗内尔（Bertrand de Jouvenel, 1903—1987），法国哲学家、政治经济学家和未来学家，著有《左拉传》。——译者注
② Bertrand de Jouvenel, *Power: The Natural History of Its Growth*, London: Hutchinson, 1948, p.69.

第一章 | 何为领导力？

如果这些人确实彼此陌生，不是家人、朋友，也不是来自同一个国家，那他们当中也就不存在预先决定的"领导者"。但是实际情况却需要一些人采取我们称之为领导力的行动。要拟定获救方案，确定寻找食物和水的方法，了解荒岛地形，保护众人，应对潜在的危险，这些人没有足够的时间坐下来慢慢思考，直到正确答案像吗哪[1]一样从天而降，也没有时间让每个人各自苦思对策，然后再凑到一起商量解决方案。往往是其中一个站出来，建议大家如何完成其中的一两个目标。如果其他人觉得他的想法可行，大家就按他说的去做，开始一致行动。

上述是一个"起源故事"，是政治理论研究中的常用手法。跟其他同类故事一样，荒岛情节是一个思考试验，是设计用来突出人类生活的一些基本方面的——在本书中，是为了突出领导力的"起源"。但与人类生活众多其他基本方面不同的是，这里提到的情况却发生在各个历史阶段和各种文化中（包括现在电视节目中的情景游戏）：不预先指定任何领导者，让一群人共同去解决一个问题或完成一个目标。

我所描述的简单行为是领导力的核心内容。领导力的主要内容是：为共同问题提供解决方案，或就如何完成共同目标给出建议，并动员其他人按其建议的方案采取行动。第二点跟第一点同等重要。为完成群体目标提出意见是领导力的一个方面，统领群体成员按其建议行事是领导力的另一方面。而领导力的所有其他常见方面——不同权力类型的各种分类、权力头衔和象征的历史、滥用权力和领导成就——都基于这些核心行为。

跟其他所有类似手法一样，荒岛情节极大地简化了领导力的概念。在复杂组织中，领导者在发布命令或颁布有法律约束力的规章制度时，"给出意见"就比语言本身更具权威性和指导性。而"统领群体成员"则可能不仅仅是说服，还可能涉及强迫或威胁。领导力的很多情况可远比我所设想的荒岛情节要粗暴；有时，追随者服从领导者，并不是因为他们喜欢领

---

[1] 圣经中古以色列人经过荒野所得的神赐食物。——译者注

导者指出的方向，而是因为不服从就意味着惩罚或死亡。

群体该如何行动，发表看法的很可能不止一个人。而群体的任务就是权衡各种行动建议，确定值得追随的潜在领导者。在荒岛情节中，有些人可能提出寻找食物和水的办法，而其他一些人则更善于想出造船或吸引救援人员的办法。群体中的某些成员可能仗着年长、性别优势或经验丰富，或自恃才智过人，认为自己比其他人更善于做出好的决策，继而觉得自己更有权领导大家。而最自信的人往往都有机会领导整个群体，即使相对于具备专长的领导者，她①所提出的方案存在缺陷。菲利普·海曼描述了出现这种情况的原因。在一个模拟游戏中，让一群外交政策专家确定应对一起恐怖事件的最佳对策。专家们都听从了一位自信男士的建议（而结果证明，该男士建议的方案存在严重缺陷），这是因为"当人们深感迷茫，踌躇不定，但又亟须行动时，会强烈地倾向于听从某个更自信而不是更谨慎的人。由此便产生了促成该游戏如此发展的社会现实"。②

与荒岛情节类似的一个故事是戈尔丁的《蝇王》③。《蝇王》讲述了一群流落到孤岛的唱诗班男孩。④ 很多读者认为，他们一步步滑向野蛮和暴力，表明人性本恶，需要"成人"来教导我们是非曲直。但《蝇王》的主线却是主人公拉尔夫与另一位领导者杰克对领导权的竞争。在聪明但不受欢迎的猪崽子的支持下，拉尔夫逐渐肯定，男孩们只有齐心协力才能获得生存，才能有机会获救。他带领大家进行简单的劳动分工，一些男孩去采集野果，一些男孩去寻找水。同时，他还决定在孤岛的至高点上持续燃烧篝火，吸引可能的救援人员。他的建议都非常明智。后来，

---

① 在本书中，没有特别指定某个人时，我随机使用"他"或"她"来表示。这样做是为了避免让人产生领导者都是男性的误解，也免除了用"他/她"的别扭。

② Philip B. Heymann, *Living the Policy Process*, New York: Oxford University Press, 2008, p. 141.

③ 威廉·戈尔丁的小说，内容梗概：一批唱诗班的孩子乘飞机躲避战乱，飞机失事，大人都死了，孩子们流落在一个荒岛上，一开始，他们相互扶持，最后，他们变成了互相残杀的野蛮人。——译者注

④ William Golding, *Lord of the Files*, New York: Penguin, 1954.

一次偶然中，他使用海螺来召集大家，这使他的权威（源于他第一个指出如何在这陌生的困境中求生存）得到了进一步巩固，而拥有海螺也变成了合法权力的象征。于是，拉尔夫成了大家的首领，并得到大家的投票肯定。

与拉尔夫竞争的领导者是杰克。杰克一开始也没有走向罪恶的阴险动机。是对拉尔夫的妒忌和对权力的欲望驱使了他，因为他坚信，作为唱诗班的班长——这个群体的重要成员，他才是合法领导者。这些都是领导者在权力竞争中的常见动机——妒忌、权力欲、群体竞争、对统治权的自信。在这个案例中，追随者都是青春期的男孩，而杰克建议的活动也不是简单无趣的采野果和挖厕所等任务，而是刺激的新体验，像野人一样把脸涂花，围绕着篝火跳舞，捕杀危险的野兽。这一建议吸引了越来越多的男孩，他们逐渐舍弃了理智的拉尔夫，投入其竞争者的队伍。杰克的领导与拉尔夫的领导截然不同。杰克动员大家进行的活动，最终伤害甚至害死了其他一些男孩。

我们可以沿着无数个不同的方向去延伸我们的荒岛故事，从而说明领导者之间的竞争、领导者与追随者之间的互动等因素是如何产生并影响领导结果的。权力的来源和遵从，领导者和追随者的动机，次级领导者的位置，以及象征和传统、习惯和惯性的力量，在我这个基本故事中都不存在。在本书中，我们探究了这一系列问题，从而更细微地了解了不同维度不同形式领导力的差别。但倘若不先从领导力的概念上剥除掉各种各样的外衣，我们就很难明白，是什么让迥异的各种实例都成为叫作"领导力"的同一种事物。在绪论中，我提到了路德维希·维特根斯坦所创造的词汇——"家族相似"，而这些活动——为群体活动提出建议和动员群体成员执行建议——都是鉴定领导力实例核心的"家族相似"。这是领导者所做的工作，对完成任何复杂程度的共同目标都至关重要。

领导力由什么构成？

领导力是解决共同行动问题的关键因素。领导者集合群体成员的力量来完成个人单独或随意行动无法达到的目标。如果我计划和一群朋友聚餐，而我们又忘记指定碰头的地点，那么直奔我们经常聚餐的餐厅，或是依靠社交网络设备来找出众人的所在地，都是可行的。但在结构复杂的企业或新企业中，这种协调就很难有效。如果某个村庄的村民，想在一条河上修建一座桥，遵循规范或习惯是无法达成这一目标的。而在我们所讨论意义范围内的领导力，对达成这个目标就至关重要。熊彼特提到："集体几乎只有接受领导才能采取行动——领导力几乎是所有超出反射运动的集体行为的主导机制。"[1]

在这一背景下，构成本书框架的领导力定义便是：

> 领导者为一群个体指明目标，并集聚该群体成员的力量完成这些目标。

这一定义还包含了这一事实：领导力不是人类所独有的行为。克里斯托弗·贝姆[2]从黑猩猩身上发现了这一定义明显适用的行为迹象。[3] 伊恩·库辛、西蒙·莱文、黛博拉·高登等进化生物学家和行为生物学家，研究

---

[1] Joseph Schumpeter, *Capitalism, Socialism and Democracy*, 3rd ed., New York: Harper & Bros., 1946 [1942], p. 270.

[2] 克里斯多佛·贝姆（Christopher Boehm, 1931— ），哈佛大学哲学博士，主要研究冲突解决、利他主义、道德起源及争斗与战争等问题。——译者注

[3] Christopher Boehm, *Hierarchy in the Forest: The Evolution of Egalitarian Behavior*, Cambridge, MA: Harvard University Press, 1999.

第一章 何为领导力？

了昆虫、有蹄类动物等社会性动物以确定活动方向和活动时间的方式。①尽管不太适合将所有这些行为（包括蚁群的行为）都归为我所定义范畴内的"领导力"，但可以将侦察蜂的"摇摆舞"这种低级的发信号形式，视为一种原始形式的领导力。目前，科学家们做了很多非常有趣的研究工作，不仅研究人类之间通过科技建立的社会网络和指导机器人活动的原则，还研究动物的行为。但我肯定不是这些领域的专家。在本书中，我们只关注人类的领导力。

定义中还表明了，特定的群体可能会有不止一位领导者。不仅如此，这个群体本身也是存在界限，且可供辨别的。它可以小至一个侦察小分队，大至一个民族国家；但这个群体有其界限或明确的协定，让其可供识别，且不时地行动一致。最后，虽然在世界范围和历史长河中，一些人会赢得大家的敬重，并激发众人去效仿他们，但这与我所定义的领导力不同。举个例子，"首席科学家"影响了其他人的行为，但并非有意识地去动员明确的一群追随者去追求特定的目标。②

领导者所在群体的规模和复杂程度，可以从随意凑在一起的几个陌生人，扩展至多宗教多种族聚居的幅员辽阔的帝国。不同的环境为领导者提供了特定的机遇，也设置了约束，大型稳定组织中领导力的某些方面就截然迥异于非正式接触中的领导力。我们从不同环境的领导者中发现的"家族相似"，不应弱化他们之间极其显著的差异。然而，我们可以在各种环境和文化中发现领导力行为的共同特征。这是我纵观全书的一个核心目的；

---

① Iain D. Couzin, Jens Krause, Nigel R. Franks, Simon A. Levin, "Effective Leadership and Decision-Making in Animal Groups on the Move", Vol. 433, No. 3, *Nature*, February 2005, pp. 513 – 516; Deborah M. Gordon, *Ant Encounters*: *Interaction Networks and Colony Behavior*, Princeton, NJ: Princeton University Press, 2010; Natalie Angier, "Even among Animals: Leaders, Followers and Schmoozers", *New York Times*, April 6, 2010, D1.

② 哈沃德·加德纳将领导者定义为"显著影响一大批追随者之行为、思想和情感"的人，而且他在《领导智慧：领导力剖析》（New York: Basic Books, 1995, 8 – 9）的论述中将爱因斯坦和玛格丽特·米德等智慧先驱也列为领导者。

在接下来的章节中，我在讨论领导者的活动、领导力与权力之间的联系以及领导者为达成目标所采用的方法时，就这一话题阐述了我的一些基本想法。此外，其中的若干问题在第三章中还有更深入的论述。

正如菲利普·塞尔兹尼克（Philip Selznick）[①]所观察到的，"领导力是一种满足社会情境需要的工作"[②]。罗伯特·C.塔克（Robert C. Tucker）采用功能研究方法，将领导者定义为"为集体活动下达指令的人"。他借鉴柏拉图的领导力概念，尤其是柏拉图在对话录《高尔吉亚篇》中的领导力概念，在领导力的定义中直接采用了"指令"一意。[③] 塔克主张，要了解领导力，我们应"首先从这些问题开始：领导者在其领导能力范围内，做什么或要做什么，他们所起的作用又是什么？"

要回答这些问题，我们可以先问问领导者如何花费时间。我们始终看到的都是领导者付出努力的结果。但他们正在做的事是什么？他们的行为属于何种类别？领导力是如何发挥作用的？

领导者如何完成工作？

领导者**做决策**。决策包括从一系列相关问题中挑出关键问题，选择可行的措施来解决问题，决定实施措施的人员，以及思考实施政策过程中的资源利用。西奥多·C.索伦森（Theodore Sorenson）[④] 在《白宫中的决策》中对决策进行了最佳分析。索伦森说："总统的存在就是一个连续的决策

[①] 菲利普·塞尔兹尼克（Philip Selznick, 1919—2010），加州大学伯克利分校社会学和法学教授，组织理论、法律社会学和公共管理方面的著名作家，同时也是"二战"之后美国法律社会学界的主要代表人物。——译者注

[②] Philip Selznick, *Leadership in Administration: A Sociological Interpretation*, Berkeley: University of California Press, 1984 [1957], p. 22.

[③] Robert C. Tucker, *Politics as Leadership*, Paul Anthony Brick Lectures, rev. ed., Columbia: University of Missouri Press, 1995, pp. 1 – 3, 15.

[④] 《肯尼迪》一书的作者，他先后当过肯尼迪的参议员助理（1953—1961）和总统特别顾问（1961—1963），追随肯尼迪达十一年之久，是肯尼迪的头号亲信兼捉刀人，曾参与美国政府的重大决策，掌握许多重要的第一手材料。——译者注

过程——不做决策和不采取措施的决策也包括在内——决定说什么话,见什么人,签什么文件,提名什么人以及做什么事。"而每一次选择"只是一个开始。因为每个新的决定都开创一个先例:促成新的决策,排除其他决策,产生需要中和的反应"。① 恰如詹姆斯·麦格雷戈·伯恩斯的描述,行政决策是"一个过程,是一连串的行为,既回溯到阴暗的过去,又延展至更阴暗的未来"②。

领导者**制定并实施策略**来达成他们的目标。这就意味着要高瞻远瞩,要预测可能会发生的事情,衡量各种因素的重要性。领导者要从众多事务中理出轻重缓急,确保后续工作更加可控,他们不会眉毛胡子一把抓。成功的领导者通常不会只做孤立的决策或只发布命令:他们制定并执行行动方案。组织理论、领导理论大师沃伦·本尼斯③将战略性思考比作是准备登山:你必须知道终点的位置,保证装备齐全,提前绘制登山路线,找出潜在的危险和备选路线。④ 制定策略包括决定怎样阐述问题以便让追随者了解你的想法。威廉·里克⑤对"决策策略"的论述也阐明了这一观点。他认为"决策策略"就是操控追随者的判断力,为追随者安排可供选择的策略,也就是他所说的"操控游说"。⑥

---

① Theodore Sorenson, *Decision-Making in the White House*: *The Olive Branch or the Arrows*, New York: Columbia University Press, 1963, p. 6, 20.

② James MacGregor Burns, *Leadership*, New York: Harper & Row, 1978, p. 379.

③ 沃伦·本尼斯(Warren G. Bennis, 1925—2014),麻省理工学院博士,美国当代杰出的组织理论、领导理论大师。他曾是四任美国总统的顾问团成员,并担任过多家《财富》500强企业的顾问。1993年及1996年两度被《华尔街日报》誉为"管理学十大发言人",被《福布斯》杂志称为"领导学大师们的院长",《金融时报》则赞誉他是"使领导学成为一门学科,为领导学建立学术规则的大师"。——译者注

④ Warren G. Bennis, *On Becoming a Leader*, Reading, MA: Addison-Wesley, 1994, p. 135.

⑤ 威廉·里克(William Harrison Riker, 1920—1993),美国20世纪最重要的政治学家之一,开创了理性选择理论中的"罗彻斯特学派"。——译者注

⑥ William Riker, "Political Theory and the Art of Heresthetics", in *Political Science*: *The State of the Discipline*, ed. Ada Finifter, Washington, DC: American Political Science Association, 1983, pp. 47-67. 又见George C. Edwards, *The Strategic President*: *Persuasion and Opportunity in Presidential Leadership*, Priceton, NJ: Princeton University Press, 2009, pp. 61-77。

领导者之间常常为了达成各自的目的而相互妥协。妥协很容易沦为机会主义，也容易让人混淆，被看成是缺乏原则。然而，政治行动常常迫在眉睫，领导者为了获得切实可行的结果，往往不得不迁就其他人的观点，放弃自己的一部分最初立场。总统或总理面对立法机构，高校校长与全体教员共事，外交官试图结束一场棘手的谈判，往往都需要适当妥协才能取得成功。诚如罗伯特·卡罗①所言，"立法领导"②是特定形式的领导力，需要"具备妥协的才能"，通过仔细聆听"各种观点，择其精华"，然后"梳理观点的不同之处，找出一致之处，继而再通过协商，让意见相左的双方达成一致"。林登·约翰逊善于妥协的领导技巧就达到了精湛非凡的地步。③

领导者也会听取其他人的建议或请愿。他们裁决下属间的冲突。有时，为了公布各种紧急事务，为了给某一问题比较明了的解决方案扫清道路，为了确保他们自己的主导地位，他们会故意激化冲突。他们还会集中各种资源，利用各种激励措施，奖罚并举。针对他们已经做出的决策或必须面对的问题，他们会征询别人的意见并发表声明。为了凸显和支持自己的立场，他们会坚持己见。此外，为了让其他人遵照他们确定可行的方案行事，他们还会尝试着去说服、要求或强迫他人。至于具体的做法是说服、要求还是强迫，则要视领导者的为人、集体的处境和组织类型而定。

领导力与权力

领导者使用权力，各种各样的权力。即使是在收容所里或是发生停电

---

① 罗伯特·艾伦·卡罗（Robert A. Caro, 1935— ），美国记者、作家。他以其所撰写的美国政治人物罗伯特·摩西和林登·B. 约翰逊的传记而闻名，著有《参议院的主人：林登·约翰逊时代》。——译者注

② 交易型领导的五种类型，包括舆论交易型领导、群体领导、政党领导、立法领导、行政领导。——译者注

③ Robert A. Caro, *The Years of Lyndon Johnson: Master of the Senate*, Vol. 3, New York: Alfred A. Knopf, 2002, p. 911, 944.

的情况中，领导者指挥和协调其他人的行动，也是一种基本形式的权力。

领导力与权力之间的关系既密切又复杂。正如伯恩斯所言："领导力是一种特殊形式的权力。"① 权力的多数定义都侧重于一种能力——通过某种手段，影响或迫使其他人遵照你的意愿行事。② 马克斯·韦伯这样区分权力（*Macht*, power）和权威（*Herrshaft*, anthority or leadership）：权力"是指某一社会关系中的行动者身居要位，可以不顾反抗地执行自己的意愿"，而权威是"特定背景中下达的命令为特定的一群人所遵守"。③ 肯尼斯·琼达④认为，当群体成员确信，"某个群体成员可以根据群体活动，合法地规定他们应该遵守的行为模式"时，"领导力现象可与其他权力现象相区别"。⑤ 我们将在第四章更深入地讨论领导力的合法性。

能够执掌大权，往往是吸引人们从政的一个因素，也是让人们醉心于权力的一个诱因。韦伯称执掌权力是政治生涯带来的第一大"内在享受"。恰如韦伯所言："能够影响民众，参与管理民众，尤其是能够拨动重大历史事件的神经，会让职业政客不自觉地生出优越感，无论他在日常政务中表现得有多么正式与谦逊。"⑥

领导者往往对各种范围的权力都很敏感。他们善于发现权力的来源，善于行使权力。很多领导者都享受行使权力，这不足为奇。但令人震惊的

---

① James MacGregor Burns, *Leadership*, New York: Harper & Row, 1978, p. 12.
② 弗兰克·洛维特在《当代政治哲学的比较》（ed. Robert Goodin, Philip Pettit, and Thomas Pogge, 5: 891, 2nd ed., Oxford: Blackwell, 2007）中对"权力"做了非常有用的概述。汉娜·阿伦特在《论暴力》(in *Crises of the Republic*, New York: Harcourt Brace Jovanovich, 1969, pp. 135–155) 一文中阐明了另一种观点，她将权力定义为一种集体现象。
③ Max Weber, *The Theory of Social and Economic Organization*, ed. Talcott Parsons, New York: Free Press of Glencoe, 1964 [1947], p. 152.
④ 伊利诺伊州芝加哥市的西北大学（Northwestern University）政治学教授。——译者注
⑤ Kenneth Janda, "Towards the Explication of the Concept of Leadership in Terms of the Concept of Power," *Human Relations* 13, no. 4 (1960): 355.
⑥ Max Weber, "Politics as a Vocation", in *From Max Weber: Essays in Sociology*, trans. And ed. H. H. Gerth and C. Wright Mills, New York: Oxford University Press, 1958 [1946], pp. 77–128.

是，即使背景、经历和性情完全迥异的领导者也同样如此。一位观察家肯定地说："玛格丽特·撒切尔获得权力、维持权力、操控权力的能力，令人非常钦佩。她将权力理解为一种手段和武器。她远比常人要看重权力，一般人如果对权力的认识不及她，就只能沦为权力的受害者。"① 一位观察巴拉克·奥巴马的人最近这样评价他："他了解到的一点是，他喜欢而且享受权力——用他自己的形象和光芒去改变现实的能力……发现一位总统自我感觉适合权力，实在不算是惊人的观察，但奥巴马如此陶醉于权力……与他广受欢迎的公众形象如此矛盾，实在令人迷惑。"② 纳尔逊·曼德拉曾就南非的未来与德克勒克进行协商，在协商中，曼德拉曾说道："我是个政治家，而政治差不多就是权力。"③ 林登·约翰逊也曾对一位助手如此说道："无论旁人怎么评价我，但我确实了解权力。我知道去哪儿寻找权力，也知道如何使用权力。"④ 布兰奇·威森·库克描写埃莉诺·罗斯福⑤时说："她了解权力，追求权力。她超出同时代公共生活中的所有女性，她是站在权位上影响政策。"⑥ 而布兰奇·威森·库克在论及一位极为不同的领导者时说："（1917年）2月至10月间，相较于其对手所追求的整个领域，列宁知道他想要的是权力。"⑦

---

① Bruce Arnold, *Margaret Thatcher: A Study in Power*, London: Hamish Hamilton, 1984, p. 269.

② Jon Meacham, "What's He Like Now? A Conversation with Barack Obama", *Newsweek*, May 25, 2009, p. 36.

③ 出自1992年8月《开普时报》上刊登的一篇采访，在《纳尔逊·曼德拉传》(London: HarperCollins, 1999, p. 464) 中有所引用。

④ Caro, *Master of the Senate*, p. xx.

⑤ 安娜·埃莉诺·罗斯福 (Anna Eleanor Roosevelt, 1884—1962)，美国第32任总统富兰克林·德拉诺·罗斯福的妻子。她做了12年的第一夫人，创了美国历史之最。她不是以传统的白宫女主人的形象，而是作为杰出的社会活动家、政治家、外交家和作家被载入历史史册。——译者注

⑥ Blanche Wiesen Cook, "Turn toward Peace: ER and Foreign Affairs", in *Without Precedent: The Life and Career of Eleanor Roosevelt*, ed. Joan Hoff-Wilson and Marjorie Lightman, Bloomington: Indiana University Press, 1984, p. 108.

⑦ Hook, *The Hero in History*, pp. 154–155.

然而，所有的领导者都会遭遇权力范围的限制，包括领导者自身的能力、其所在机构的环境乃至其他行动者的意愿和倾向。在很多情况下，限制领导者权力的有统治集团的上级权威；同事、竞争对手或下属的行为；以及选民的利益。如果领导者想要维持权力的话，选民的支持将非常重要。有些领导者必须定期号召全体选民；而其他领导者则需向任命他们的理事会或董事会汇报，因为理事会或董事会有权撤掉他们的领导职位。正如布莱恩·琼斯所言："原则上，任何社会力量或制度结构都可能限制领导者的行为——例如，经济现实、文化期望的模式、追随者的需要或政治机构施加的约束条件。"① 每一种限制都会给领导者带来不同的约束和机会，而成功的领导者必须根据实际情况采取相应的行动步骤。

领导方法

我们熟悉的大部分领导实例都包含共识行动，即领导者主要通过说服或正向刺激来达成其目标；但领导者所采用的方法绝不仅仅是说服或正向刺激。成功的领导者（包括军事领导）在很多情况下也会经常用到胁迫、威胁或制裁等手段。协调一群积极的追随者与执行独裁统治者的命令，是连续统一的。然而，如果要保持"领导"一词的含义，有些界限是领导工作不能跨越的。正如理查德·莫里尔所言："领导在何处终结，统治从何处开始，就变成了复杂而令人瞩目的历史与道德解读问题。"② 虽然精确解释这一界限并不在本书的目的范围内，但这的确是个值得深究的话题。

一般来说，通过劝导实施共同决定的目标和通过胁迫实施单方面强加

---

① Bryan D. Jones, "Causation, Constraint, and Political Leadership", in *Leadership and Politics: New Perspectives in Political Science*, Lawrence: University Press of Kannas, 1989, p. 5.

② Richard Morrill, *Strategic Leadership: Integrating Strategy and Leadership in Colleges and University*, Westport, CT: Praeger, 2007, p. 11.

的目标；不能把这两种情况混为一谈。"集合集体成员的力量"包含一系列的行为，从谈话中的巧妙说服到国家战争中的军纪。本书采用的领导实例中，领导者都没有采用上述两种极端手段，他们运用的都是说服、战略性算计、榜样模范、激励、威胁、制裁和奖赏的多变组合。"聚集"集体成员的力量只是片面地描述领导者的工作。不管她使用的是何种方法，哪条路有助于完成目标她就将追随者的注意力引向哪条道路，并进行必要的活动来维持这种注意力。

领导者可能运用积极的有目共睹的方法，也可能实行隐秘的幕后领导。例如，有些将军始终坚持身先士卒，以鼓舞军队士气，表现其勇气与决心。而其他一些将军则倾向于稳坐军帐之中，不露声色地调兵遣将。第二种风格的领导力还有一种版本：官僚机构中身居高位的官场老手，既不发布命令，也不发表声明，只是低调地明确目标，动员各种力量，支持最高领导人，并左右最高领导人的行为。① 有时，这种低调的领导会比积极明显的领导更有效；而"幕后领导"有时描述的就是这种领导方式。

纳尔逊·曼德拉小时候曾观察他们的首席摄政王主持部落议事会。② "我一直记得摄政王的领导原则。"曼德拉说，"他说，领导者就像一位牧羊人。牧羊人走在羊群后面，让最机智的羊带头，领着其他的羊往前走。而其他的羊则始终不知道后面有人在指挥。"几十年后，理查德·施腾格尔③观察曼德拉总统与其"智囊团"在一起的情景：曼德拉鼓励每个人畅所欲言，而他自己只是倾听。"当他在会议室最终发言的时候，他缓慢而有条不紊地总结出每个人的观点，然后再说出他自己

---

① 林真理子向我提供了这个例子。2010 年我在伍德罗·威尔逊公共与国际事务学院举办领导力研讨会，林真理子是其中一员。在构思本章时，该研讨会上的另一位成员马特·拉文也给了我非常有益的建议，在此向他们表示感谢。

② Nelson Mandela, *Long Walk to Freedom: The Autobiography of Nelson Mandela*, New York: Little, Brown, 1994, p. 22.

③ 理查德·施腾格尔（Richard Stengel, 1955— ），美国编辑、记者兼作家，曾于 2006 年至 2013 年间担任《时代》杂志的执行编辑。——译者注

的想法，巧妙地按照他想要的方向引导决策，没有任何强迫……他说：'说服人们去做事，但又让人们觉得那是他们自己的意思，这是智慧。'"① 与之相似的是詹姆斯·麦格雷戈·伯恩斯引用的老子《道德经》中的一段话：

> 生而不有，
> 为而不恃，
> 长而不宰，
> 是谓玄德。②

然而，虽然曼德拉非常推崇他们的摄政王，但他自己却是典型的实干型领导者。他与南非政府展开独立的谈话，最终为南非争取了自由。曼德拉的领导活动常常依赖极具象征意义的形象，"黑色海绿花③的代号，向部落表达热爱的民族盛装，担当游击队总指挥时的卡其色军装"④。他说："有时候，领导者必须身先士卒，朝着新的方向前进，并坚信他引导人们走的是正确道路。"⑤

目标和动机

领导者注重的是触及集体成员利益的共同目标。他可以明确指出多数

---

① Richard Stengel, "Mandela: His 8 Lessons of Leadership", *Time*, July 9, 2008, p. 44.
② James MacGregor Burns, *Transforming Leadership: A New Pursuit of Happiness*, New York: Grove Press, 2003, p. 240.
③ "黑色的海绿花"为曼德拉的绰号。——译者注
④ Sampson, *Mandela: The Authorized Biography*, p. 199, 579. 施腾格尔也阐述这一观点。
⑤ Mandela, *Long Walk to Freedom*, p. 526.

集体成员所持有的共同目标,也可以提出一个其他人也能参与实现个人目标的共同目标。领导者可以让追随者广泛参与来确定这种目标,也可以自己设定这种目标,但不参照某些人的特别偏好。然而,为了实现有效的领导,一些集体成员必须与领导者有共同目标,或者至少愿意支持领导者去实现目标。观察不同的领导实例,其中一个显著特点就是追随者和领导者的不同动机。

追随者的动机

即使是在高度专制的国家,专制的君主也没办法强制使用每个人的力量。他需要助手来帮他确保集体的其他成员遵循他决定的路线。这些心腹可能是出于原则性的承诺、传统的忠诚、对报复的害怕或个人利益而听命于君主;但是,无论出于什么原因,他们协助君主实现其目标。许多政治理论家都曾提及上述观点,其中就包括蒙田的朋友埃蒂安·德·拉波哀西①。拉波哀西在《自愿奴役论》中描述了连接暴君与其亲信以及转而连接暴君亲信与其意愿实施者的一个庇护关系网。② 熊彼特也指出:"没有哪个帝王或独裁者或政治寡头是绝对独断的。他们的统治不仅会受制于实际的国家形势,还有许多事情要为之:必须与一些人共同行动,必须与一些人友好相处,必须压制一些人,必须驯服一些人。"③

总得有一些集体成员来推进领导者提出的目标,以促成共同行动。但是领导者提出的目标不一定就是追随者自己选择(或会选择)的目标。在

---

① 埃蒂安·德·拉波哀西(Etienne de la Boetie, 1530—1563),法国法官、哲学家和作家,"法国现代政治哲学的奠基者",蒙田伟大而亲密的朋友。——译者注

② Published as *The Politics of Obedience*: *The Discourse of Voluntary Servitude*, ed. Murray Rothbard, New York: Free Life Editions, 1975. Nannerl O. Keohane, *Philosophy and the State in France*: *The Renaissance to the Enlightenment*, Princeton, NJ: Princeton University Press, 1980, pp. 95 – 96.

③ Schumpeter, *Capitalism, Socialism, and Democracy*, p. 245.

领导力的定义中经常会用到"共同目标"一词。① 但我想说明的是，共同目标不一定就意味着追随者内心认可这一目标。有时（例如在荒岛情节中），集体寻求的共同目标可能实际上指的是所有参与者都为了共同目标本身而去实现共同目标，并且至少受到这个愿望的部分激励。但是大家在追求共同目标时，也可能各有各参与的理由。有些人的动机可能与最终目标毫无关联，却能由不同的出发点汇聚到一起来支持领导者指挥的共同行动。

当追随者认为自己的个人利益也能在领导者设定的目标中得到满足，或者坚信他们有义务去服从领导者时，即使共同目标并不是他们个人所选择的，他们也可能会心甘情愿地参与集体行动。他们这样做可能是为了寻求他们自身的利益，也可能是为了履行义务。以 19 世纪英国工厂或 20 世纪中国工厂中的工人为例。这些工人为了谋取更好的营生来养家糊口，便离开农场，进入新的城市环境。一名工人来到大城市的工厂中工作，她听从工头的安排完成工组的生产目标。但是她的个人目标却是寄钱回家。为了达成这个目标，虽然为伦敦的富人制作靴子或为美国的青少年制造运动鞋不是她自己的选择目标，但她也愿意为千里之外的某人制作鞋子。再以国家领导对邻国宣战为例。一些公民认为战争无可非议，但其他公民则不认同，但是为了表明他们的爱国之心，或者为了履行公民义务，又或者为了避免不愉快的后果（例如遭到社会排斥），他们也会表示支持战争。

然而，假如有一位年轻的工人，招聘方在招聘她时，假称招聘她为老师，随后将她禁锢在工厂宿舍，强迫她进行体力劳动，限制她离开，那么从任何意义上说，她都是不赞成这个目标的。她决定留在那儿，可能是出于害怕，也可能是不知道该怎么逃跑，为了生存而配合工头的指挥。然而，这种处境下的她就像是南方种植园中为棉花锄草的奴隶或古代战舰上的苦役犯。而奴隶主只能说是欺凌弱小的暴徒，不能说是领导者。在可称为

---

① Joseph Nye, *The Powers to Lead*, Oxford: Oxford University Press, 2008, p. 18; John Gardner, *On Leadership*, 1; and Burns, *Leadership*, p. 18.

"领导力"的活动中，完成目标的过程中追随者必须是自愿的个人，而不是被捆绑的傀儡、受害人或奴隶。正如马克斯·韦伯所言，引导人们服从命令或听从指挥的动机各种各样，从"简单的习惯到对利益所做的最纯粹的理性计算"。如果认为某种情况存在权威或领导力，则在这种情况中一定存在"某种最起码的自愿服从。"①

在很多情况中，一些追随者相比其他人会更加充分地参与实施领导者的目标。一群匠人共同建造中世纪的大教堂，有的匠人可能会认为，他们正将自己的宗教信仰融入主教指示他们建立的这座宏伟建筑；有的匠人可能只是以匠艺挣取报酬；还有的匠人则可能害怕拒绝服务会对自己不利。然而，他们所有人都在追寻一个需要他们运用技能和付出精力的共同目标。如果追随者能够积极地认同领导者的目标，那么追随者对共同事业的投入将大大支持领导者的工作，让领导者的工作大大轻松。但是我们也会看到第二章中出现的情况：什么是完成目标的最佳方式，参与的追随者很可能会有他们自己的想法，而且往往会试图在实施目标的过程中发挥更大的影响力；还有些"追随者"可能会反对领导者所确定的目标，给予领导者的不是支持而是抵抗。

领导者的动机

将领导力定义为为集体明确目标并动员集体成员去追寻这些目标，并不意味着领导者（比起追随者）必须完全无私，只考虑集体利益。对于领导者来说，雄心常常是他们的主要动力，有时候仅仅是攫取权力就已经足够打动雄心勃勃的人们。有时候驱使领导者的也可能是某个极其自私的目标，例如增加其银行账户中的存款。然而，大部分领导者也渴望利用权力来为其负责的组织或团体实现一些共同目标。而领导者青睐领导力的部分原因可能是，领导经历让她有机会得偿所愿，

---

① Weber, *Theory of Social and Economic Organization*, p. 324.

完成一些事情。

保罗·康金指出,林登·约翰逊由衷地想去帮助贫困的弱势民众,但他同时也怀有一种"高涨的无法抑制的雄心壮志"。① 他具有强烈的好胜心,他想超越所有的前任总统,成为美国有史以来最好的总统。康金认为,这两方面是相关的,"他强大的自我和无法实现的期望决定了他想要达到的宽度和深度。没有这种自我,没有这种自负的抱负,他'伟大社会'的梦想也会变得叫人难以理解"。达莱克②引用罗伯特·科尔斯的话,称约翰逊是一个"不安定、挥霍无度、唯我独尊、粗野自大、爱操纵人、爱嘲弄人的狡诈家伙,但他又确实充满热情,关心成千上万经济极其拮据的劳动阶层,注重让他们生活得更轻松更体面……他关心的不仅仅是他自己和他在历史中的地位"③。林登·约翰逊身上各种复杂的动机相互促进,使他干劲十足地去帮助那些需要帮助的人。约翰逊代表希尔县担任国会众议员时,让该选区实现了电气化,改善了那些承受着沉重体力劳动的贫困农民的命运,而这些农民的命运是国家的其他地区长久以来所忽略的。但当约翰逊走向更大的政治舞台,需要赢得与之前农民属于完全不同阶层的强大既得利益集团的支持时,他似乎不再关心贫民的命运,开始变成公民权利和经济改革的反对者。正如罗伯特·卡罗所指出的,在约翰逊的大部分政治生涯中,他对"被压迫者和弱势群体"的同情和怜悯都"因为他对权力的追求而遭到压制"。④ 及至1957年约翰逊促使参议院通过《民权法案》时,他身上的这两种动机才再次趋于一致。他作为多数党领导人执掌大权后,

---

① Paul Keith Conkin, *Big Daddy form the Pedernales: Lyndon Baines Johnson*, Boston: Twayne Publishers, 1986, p. 193.

② 罗伯特·达莱克(Robert Dallek, 1934—),美国历史学家、传记作家。其所著《肯尼迪传》被《纽约时报》评为最佳畅销书之一,所著《尼克松与基辛格:权力的伙伴》于2008年获得普利策历史奖。——译者注

③ Robert Dallek, *Flawed Giant: Lyndon Johnson and His Times*, 1961–1973, New York: Oxford University Press, 1998, p. 6, 9.

④ Caro, *Master of the Senate*, p. 862.

才再一次释放他的同情心，推进公民权利立法。

要求领导者只为他人着想，就像期望所有公民都能主动为公共利益放下私利一样，是很不现实的。我们钦佩那些为公共利益做出牺牲的公民，鄙弃那些盗取公款或损坏公共财产的公民。我们赞美那些关心他人、相对不太看重个人福利或事业发展的领导者。但是，我们大部分人，在大部分时候，都是在一系列复杂动机的驱使下行事，其中既包括集体层面的动机，也有属于私利范畴的动机。无论是领导者还是追随者，纯粹为了共同目的和纯粹为了私人目的都是韦伯所说的"理想类"特例，是假设统一体的两个极端，是不可能实现的纯粹状态。[1] 既为公又为私不能成为被谴责的理由。利用个人抱负的力量追寻更加崇高的理想，或许能两全其美。

不同环境中的领导力

有效领导因环境的正式或非正式程度以及领导事业的公私性质而有所差别。文化、地域、种族、历史、所追寻目标的特点——所有这些因素都会影响有效领导。在后面章节中，我们将研究领导力在不同环境中的一些具体形式。

领导者如何不同于管理者、统治者？

研究领导力的学生经常关注领导与权威、职位、管理等其他同类行为的区别。所有这些实践都与领导力相关，但又各有其显著特征。有些领导者担任指定职位，有明文规定的身份，担负着很多规定的职责。[2] 有些领

---

[1] Weber, *Theory of Social and Economic Organization*, pp. 12 – 13, 89 – 92.
[2] Hugh Heclo, *On Thinking Institutionally*, Boulder, CO: Paradigm Publishers, 2008), pp. 136 – 142, 对"官职"的概念做了发人深思的探讨。

导者不担任权威性职位,其领导工作不那么正式;还有些领导者只是制定行动方针,但不从事组织人员的日常工作。领导者不限于是否具有头衔或担任职位,例如管理者或统治者。但是管理者和统治者未必就实施领导。正如约瑟夫·奈所言,"担任正式的领导职位就像持有钓鱼执照,但持有钓鱼执照并不保证你会钓到鱼"①。

约翰·普拉蒙纳兹"从词语的广义层面"区分了三种类型的领导力:管理、统治和领导。② 他所做的区分主要是基于各种环境中领导者与追随者之间的联系。如他所见,领导者拥有的是追随者而不是臣民或下属,领导者"不是他们的统治者,也不是指挥他们工作的人",他是追随者的代言人,激励他们去寻求共同的目标。管理者支配其下属的工作,管理者和被管理者同属一个组织,一起工作,或联系非常密切。而统治"与管理的不同不在于指挥他人工作,而是制定其他人引为指导的规则并用规则来约束他们"。

普拉蒙纳兹的分类很有启发性,提示了"领导力"最显著的特征。但他的分类否定了领导者指挥工作或设定规则的作用,对我们益处不大。区分"领导者"和"管理者"的常见方法确定了两者之间不同的行为或人格类型。亚伯拉罕·扎莱斯尼克③区分管理者与领导者的著名论文举例说明了这一观点。他将领导者和管理者分成两种独立的类别:管理者主要参与日常管理行为,所具有的人格类型特征是勤勉、坚定和务实,不是有远见、有魄力和有领袖魅力。领导者勇于冒险,对混乱也坦然处之;他们要么完全游离在组织之外,鄙弃官僚机构的墨守成规,要么凌驾于组织之上。他们设定目标,代表其他的所有人发言;而管理者是执行领导者的指示,管

---

① Nye, *The Powers to Lead*, p. 19.

② John Plamenatz, *Democracy and Illusion: An Examination of Certain Aspects of Modern Democratic Theory*, New York: Longman, 1973, pp. 85–86.

③ 亚伯拉罕·扎莱斯尼克(Abraham Zaleznik, 1924—2011),组织心理动力学和领导力心理动力学方面重要学者,哈佛大学商学院教授。任教40年,撰有著名论文《管理者与领导者:二者有何不同?》(*Managers and Leaders: Are They Different?*)。——译者注

理其他人的行为，促使他们完成这些目标。① 这种鲜明的划分富有启发性，但我认为，它最终会产生误导，因为领导者也经常参与管理，经常指挥他人，而成功的管理者也经常表现出我们称为领导力的行为，包括设定目标和动员人员。②

领导者与制度机构

在荒岛情节或罗纳马科营那样松散集合的群体中，领导力都是在不固定非正式场合中发生的。然而，大部分的领导者都领导着有组织的正式团体，容易找到或培养合作伙伴来推进他们的目标，拓展他们的能力，让组织更加合法更加正规。有时候，领导者会精心打造更持久的组织结构，维持更长久的组织实践，为其他人的行动奠定坚实基础。我们尤其敬佩那些创立持久性制度机构、惠泽其机构成员的领导者。菲利普·塞尔兹尼克说明了"组织"随着时间的推移逐渐转变成"制度性机构"的过程，并极其敏锐地研究了领导者参与引导这种转变的方式。③ 而这些制度文化和制度结构则会转而为继任的领导者们设定限制和提供机遇。

领导者与制度机构相联系的方式多种多样。有时候，领导者是机构的创始人，负责建立起新的机构，或将非正式组织转变成正式组织。有时候，领导者是在现有机构中发挥有效领导，遵循机构惯例去完成集体目标，发展并延续现有机构。还有的时候，领导者可能需要应对失败的机构，调整无法完成目标的制度，修整或彻底变革机构。

才能和动机不同的领导者都能找到适合自身的领导活动。创始型领导者不太能忍受已经存在的组织结构，尤其想要有所创新。维修型领导者则

---

① Abrahan Zaleznik, "Managers and Leaders: Are They Different?" *Harvard Business Review* 70, no. 2, March-April 1992, pp. 126 – 135.

② 约翰·加纳德持有相同观点："大部分管理者都具备一些领导能力，而大部分领导者偶尔也实施管理。"(*On Leadership*, p. 14.)

③ Selznick, *Leadership in Administration*, ch. 1. Heclo, *On Thinking Institutionally*, 其讨论了社会公共机构以及领导者在社会公共机构中的角色。

对运行良好的机构不感兴趣，不愿去应对这种机构中的限制和机遇，最吸引他们的是需要补救的机构。而那些我们可以称之为延续者的领导者则倾向于领导健康的历史悠久的机构，因为他们尊崇并忠于这些机构。

公共领导力的特点

公共领导力，包括政治领导力和非营利机构中的领导力，与现代工商企业中的领导力有着微妙而重要的不同。（我们将在第六章看到，政治领导力也有其鲜明的特点，将其与其他两种领导力区分开来。）传统方法主要是根据经济基础和组织目标来划分公私领导力。无论是公共环境中的领导者，还是私有环境中的领导者，关心雇员的需求和处境，都是令人赞许的，但商业领导者主要还是偏重于底线，即让组织获利。通过比较，公共组织的领导者则没有这样一个底线，所以对他们的评估也就没有那么直接。公共环境中领导者主要关注的应是集体，而非一群匿名的股东。

政治领导者和非营利组织领导者的追随者反感"贪婪"——至少是比较明显的贪婪，所以在这些环境中，领导者谋取一切可以谋得的金钱或夸耀自己的薪酬，都是不太好的。社会上曾掀起对银行家奖金的谴责，这说明，在私有企业中，对贪婪的这种反感也不是完全不存在的；但是，这两种情况的标准和刺激是不同的，而且普通人身上具有的野心、骄傲和贪婪，也会出现在公职人员身上。但是这里还存在着一定程度的自我选择；没有人会为了敛财而去担任贫困社区的中学校长。我们期望公共环境中领导者所展现的诸多特质里，管理的意义正呈现得愈加明显。

高等教育领域的领导力显示出上述所有特点，但同时又具有其他鲜明特点。高校中尤其强调目标和方法的清晰明了，将领导者的思想和口才列在第一位。高校通常都有光辉的历史和远大的愿景，可供领导者理解和借鉴。教育机构中的领导者一定要与他人进行广泛协商，不能依仗职权来独断专行。很多企业领导者也认为，多咨询他人会有利于他们做出更好的决策。美国心理学家哈沃德·加德纳①指出，通用汽车 CEO 艾尔弗雷德·P. 斯隆②"主要的运营方法是委员会管理与协商一致做决策"。但是斯隆是非常善于驾驭委员会的，能"在特定时刻，引导委员会做出决定"。③ 在营利组织中，协商的程度和方向更多地掌控在领导者手中。而在研究型大学中，没有特定团体（尤其是高级教员和理事会成员）的参与，校长单独确定某个行动方案，是不太可能成功的。

我在国际商业机器公司（IBM）的董事会任职多年，IBM 的一次董事会议让我清楚地认识到了这一点。路易斯·郭士纳④是一位非常成功的 CEO，敢作敢为。在这次董事会议上，他报告了他初为总裁的一个决定。为了让 IBM 的经营更加有效，他决定关闭为 IBM 电脑制作零部件的一家美国工厂（位于佛罗里达州博卡拉顿市）。他虽然也咨询了他麾下主将的意见，但这基本上是他自己的决定。这是非常大胆的一步，因为 IBM 素以职业保障和就业稳定著称；但公司正面临着严重困难，比较适合采取大胆的措施。郭士纳向董事会简单地宣布了关闭计划，并给出了实施的时间表：何时发出关闭通知，何时告知工厂员工公司可以提供的其他就业机会和遣散安排。

当时，我不禁深思，如果在大学校园里采取同类行动，那将会引发多么不同的反应。那时候，杜克大学有一个小学院，几乎每次行动都会滞后。我和教务长、辅导主任都曾考虑或振兴或合并或干脆改革这个学院。但是

---

① 哈沃德·加德纳（Howard Gardner, 1943— ），哈佛大学发展心理学家，于 1983 年提出了多元智能理论。著有《领导头脑：领导力剖析》（*Leading Minds: An Anatomy of Leadership*）。——译者注

② 艾尔弗雷德·P. 斯隆（Alfred Pritchard Sloan, Jr., 1875—1966），通用汽车公司的第 8 任总裁，事业部制组织结构的首创人，被誉为 20 世纪最伟大的 CEO。——译者注

③ Howard Gardner, *Leading Minds*, p.139, 引用了艾尔弗雷德·P. 斯隆在《我在通用汽车的岁月》中的自述。

④ 路易斯·郭士纳（Louis Gerstner, 1942— ），曾于 1993—2002 年期间担任 IBM 董事长兼首席执行官，被誉为"IBM 的铁血宰相"。——译者注

若我只是简单地向校理事会宣布要关闭该学院,绝对会迎来教职工们惊雷般的质疑声;学院最基本的管理程序也会遭到公开的扰乱。想要不经过充分的协商就实施这一计划,可谓困难重重,其难度不亚于在杜克大学里"开除"终身教授。在这类大学里,除非某个终身教授确实品行不端,臭名昭著,否则断难开除。但是,我认为,充分协商的程序和规范有利于大学的健康发展——而且,我也不想触犯众怒——所以我从不认为,IBM的例子能与杜克大学相提并论。然而,对于企业领导者能够如此轻易地完成一项决定,我确实神往不已。

评价领导者

我对领导力的定义——为集体明确目标,并动员集体成员的力量去完成目标——既涵盖了宗旨令人赞赏的领导力,也涵盖了我们将其共同目标视为邪恶的领导力,包括发动扩张集体版图的侵略战争,引发内战或进行种族灭绝。如果按照绪论中亚里士多德的言论,将上述邪恶目标也看成是集体追寻的"美好"宗旨,就有点违背常理了。但如果追随者自愿参与这些集体活动,那么且不论他们是何动机,我们都可以说产生了领导力。通常,领导者所追寻的是何种目标,便暗示了领导者可能会采用的方法和实施行动的质量。而领导者所定目标的类型也会有助于我们从共时和历时的历史角度去评价一个领导者。

论好领导与坏领导

一些观察家坚持认为,领导者从定义上说就是为其他人谋福利。只有那些改善了其追随者处境的"领导者"才名副其实。这种观点具有长远而崇高的传统,至少可以追溯至柏拉图时期,在基督教神学中特别显著,同时也是众多文艺复兴时期人文主义者的见解。与马基雅维利同时代的伊拉斯谟①曾坚定地提出："只有那些献身国家而不是让国家为他服务的人，才当得起'君主'之名。因为如果一个人的统治只是为了让自己称心如意，评价诸事也是以个人的便利是否受影响为根据，那么无论他享有什么样的称号，他实际上当然只是个暴君，而不是君主。"②

在当代学者中，詹姆斯·麦格雷戈·伯恩斯是这一观点最强有力的支持者之一。伯恩斯在其权威性巨著《领袖》③中肯定地说，"领导者"和"当权者"不一样。领导者是"一种特殊的当权者"，但"并非所有的当权者都是领导者"。④伯恩斯坚定地认为，"领导力不只是一个描述性词语，还是一个规定性词语，包含了道德乃至激情层面的规定。"⑤有鉴于此，则当我们在呼吁领导力的时候，根据其定义，我们就是在祈盼美好的领导力；在伯恩斯的观点中，"坏"领导力就"意味着没有领导力"。因此，伯恩斯非常明确，希特勒和斯大林都不是领导者，他们只能称为当权者。此外，伯恩斯还援引了卡尔·弗里德里希的一句话，并深加赞许："对政治学家来说，'合理地'区分路德式领导力和希特勒式领导力是至关重要的。"⑥但请注意，费里德里希在这里用"领导力"一词表述了上述两类领导。区分这两类领导力的根据也不是：路德是领导者，而希特勒不是领导者。

芭芭拉·凯勒曼的《糟糕的领导力》和琼·李普曼-布鲁门⑦的《有害

---

① 伊拉斯谟（Desiderius Erasmus，1946—1536），15—16世纪初荷兰思想家、哲学家，欧洲人文主义运动主要代表人物。于1524年撰写了《论自由意志》，并同马丁·路德通信，批评路德。他知识渊博，忠于教育事业，一生始终重视追求个人自由和人格尊严。——译者注

② Desiderio Erasmus, *The Education of a Christian Prince*, ed. Lisa Jardine, Cambridge：Cambridge University Press, 1997, p. 25.

③ 《领袖》作为伯恩斯领导学研究的代表作，被领导学界视为经典，书中提出的交易型领导和变革型领导的区分，至今仍被热烈讨论。——译者注

④ Burns, *Leadership*, p. 18.

⑤ Burns, *Transforming Leadership*, p. 2.

⑥ Ibid., p. 207.

⑦ 加州德鲁克/依藤管理学院（Drucker/Ito School of Management）教授。——译者注

领导者的诱惑》两书提出了另一种观点,她们认为领导者有好坏之分。如凯勒曼所言,"不良领导是非常普遍的现象,但奇怪的是,有关不良领导的书籍却寥寥无几"。我们如果坚持认为,只有领导工作值得称赞的才堪称"领导者",似乎"领导者"一词就是授予品行良好者的尊称,那么我们将一无所获,更加迷惑。凯勒曼的观点是,存在很多种类型的"不良"领导。她确定了至少七种类型,而这七种类型也并非全像希特勒那么恶名昭彰;这七种不良领导是领导无方、顽固僵化、冷酷无情、放荡放纵、偏狭保守、邪恶歹毒和贪污腐败。①

约瑟夫·奈在他最近的一项研究著述《灵巧领导力》中,强调了"优秀领导力"一词两种含义之间的不同。优秀领导力可能是指领导工作有效或在道德上令人尊敬。② 而领导者"坏"也坏在这两种含义上——无能或邪恶。有些领导者(通常昙花一现)是众所周知地既无能又邪恶。约翰·加德纳同样支持领导力存在"好坏"之分。他将领导者分成"违背道德标准"的领导者和"领导力在道德上可以接受"的领导者。③ 他指出,从各种层面来进行衡量,希特勒在其部分领导生涯中是个卓有成效的领导者,他能够激励他的追随者——但他激励他们去作恶而不是为善。

有些领导者格外地腐败、残暴或有害,那么必然是道德意义上的"坏领导",用"邪恶"来描述他们的掠夺和暴行都不为过。涌进脑海的典型不只是希特勒,还有20世纪的其他专政者、近代个别非洲国家的独裁者以及几个罗马皇帝和俄国沙皇。与其相对的通常是品格高尚又卓有成效的领导者,例如纳尔逊·曼德拉或亚伯拉罕·林肯。但在大多数情况下,领导力的各方面纷繁复杂,紧密交织,让你很难根据道德或工作成效清楚地划分"好坏"领导者。好坏更适用于评价特定的领导行为或特定时期的领

---

① Barbara Kellerman, *Bad Leadership*: *What It Is*, *How It Happens*, *Why It Matters* (Boston: Harvard Business School Press, 2004), xv, p. 38.
② Nye, *The Powers to Lead*, ch. 5, esp. p. 111.
③ John Gardner, *On Leadership*, p. 68, 71–80.

导力。

正如李普曼-布鲁门所指出的,"即使是堪称典范的领导者也会有一些有害的弱点①。"富兰克林·D.罗斯福广受众人尊敬,他试图改组最高法院的努力也是出于想要解决经济萧条的问题。但是他的努力没有发挥作用,而他"塞满法院"的策略即使不能说是危险至极,但也被普遍认为是冷酷无情的。至于"胜任",同一个领导者的领导可能有时值得称赞,有时会造成极其不良的后果。约翰·F.肯尼迪的古巴导弹危机和猪湾事件②,林登·贝恩斯·约翰逊的民权法案和越南战争,都可见一斑。

领导者既追寻有价值的目标,也追寻无价值的目标,为达成这些目标既会采取令人钦佩的措施,也会使用令人厌恶的手段。在第六章中,我提出,正直、责任、守信等美德通常是领导者身上非常珍贵且值得尊敬的品质。但更广泛地说,我关注的是领导力的功能层面,是领导者的工作。我不认为只有品格高尚者"堪称"领导者。

变革型领导力和造时势型领导力

"变革型领导力"是詹姆斯·麦格雷戈·伯恩斯论述领导力的重要内容。伯恩斯将一般利益安排活动称作"交易型领导力",他强调变革型领导力与交易型领导力的区别。③ 顾名思义,"变革型"领导者以重要、积极而鲜明的方式改变时势,而不是进行"常规领导"。

这种区别可能只是仁者见仁,智者见智。伯恩斯评价伊丽莎白一世时,坚决地将她列为"交易型"领导者,因为"她采用实用策略来实行小变革,以求稳定(伯恩斯认为,稳定是伊丽莎白的主要目标,也是当时英国

---

① Jean Lipman-Blumen, *The Allure of Toxic Leaders: Why We Follow Destructive Bosses and Corrupt Politicians—and How We Can Survive Them*, New York: Oxford University Press, 2005, p.6.

② 猪湾事件:逃亡美国的古巴人在美国中央情报局的协助下于1961年4月17日向菲德尔·卡斯特罗领导的古巴革命政府进行的一次武装进攻。该事件标志着美国反古巴行动的第一个高峰。——译者注

③ Burns, *Leadership*, pp.19–20.

遗憾的后果。埃里克·埃文斯指出,"撒切尔的支持者宣称撒切尔改变了英国的历史进程,我们不能简单地将此驳斥为英雄崇拜或夸张的故作姿态……撒切尔虽然充满争议,而且具有很强的党派观念,但她却改变了英国的思想倾向"。但埃文斯也肯定地总结说:"在赢得选举后的十年执政中,她不当地使用国家权力,极力复兴脱缰的资本主义,贯彻的是撒切尔主义,让国家变得道德匮乏和麻木不仁。"① 对于埃文斯来说,这与伯恩斯定义的"变革型"领导力相去甚远。

悉尼·胡克使用"造时势"(eventing-making)一词来描述我们认识中的不具道德提升意义的"变革型"领导力。他的目的是研究在何种情况下,我们可以振振有词地说个人的领导具有重要影响。② 胡克将"造时势型"领导力等同于"事件型"领导力。事件型领导者决定事件的进程,但是其他人可以轻易复制他们的促成作用。例如,用手指堵住堤防的荷兰小男孩就是一个"事件型"领导者的角色,因为他避免了一场可能毁灭全村人的洪水;但事实上,任何处在同样境地的人都会做出同样的行为。相比之下,"造时势型"领导者是因为他个人的才能而影响了时势,改变了历史进程,而他所领导的群众却未必曾向往过这些改变。造时势的领导者"是事件型人物,他的成就是智力、意志和品质等优秀特质的共同结果,而不是领导职位的附带事件。"③ 恺撒、克伦威尔和拿破仑是胡克的首选例证,此外,胡克还用一个章节的篇幅来阐述,如果没有"列宁的直接领导",20世纪俄国和世界的进程都将截然不同。④

确定在什么情况下个人的行为会对时势产生或大或小的影响这一问题,

的迫切需要），不实行变革或至少避免较大的变革"。① 另一种观点认为，伊丽莎白一世实行的是变革性的富有德行的领导，缔造了一个更加和平、更加自信且更富活力的英国，这个国家没有被宗教仇恨所分裂，专注于商品制造和世界探险。另一个比较相似的例子是圣雄甘地在印度建国早期实行的领导。伯恩斯称赞"食盐长征"是一次"巨大的成功，动员了甘地领导之下的数百万印度民众"。更具深层次变革性影响的是，"这次长征戏剧化地呈现了非暴力不合作的政治策略，随后为世界上众多的道德领袖和抗议者所效仿，尤其是马丁·路德·金"。②

对于伯恩斯来说，变革型领导始终包含着价值标准：领导者将其追随者提升到"高层次的动机和道德高度"，激励他们将想象力和精力投入到能够扩展他们生活的事业上。但是同一领导者的领导生涯可能部分符合"交易型"定义，部分符合"变革型"含义。富兰克林·罗斯福和林登·约翰逊都是这样的领导者，详细原因我们将在后面的章节中予以论述。此外，确定什么是"高层次的动机和道德高度"也不太容易，特别是领导者仍在继续其领导生涯时。如果领导者出于其所声称的道德原因，将国家推向一个完全不同的方向，而其他人甚至不相信新的方向会给国家带来任何改进时，那么能否说他是一位变革型领导？

在玛格丽特·撒切尔慎重而强有力的推动下，英国走了一条与"二战"后截然不同的路线。正如乔治·爱德华兹所言，"撒切尔夫人无疑是引领了英国的公共政策变革"，而且她能成就于此，就是因为她"有效地利用了多数保守党人欣然向她提供的机会"。③ 她的目标不只是引入一个全新的经济指令，而是改变这个国家的整体性情和方向。然而，抛开她领导工作的积极层面，撒切尔的路线还是给英国公众和社会福利带来一些令人让弗雷德·格林斯坦很感兴趣。他让我们明白性格上的差异意味着行为者的品质会有助于决定事件的结果。① 格林斯坦在总结富兰克林·罗斯福的领导时，称罗斯福是"自然之力"。他描述了在罗斯福的领导下，美国逐渐变成世界强国和新兴福利国家的过程。罗斯福在上台后最初数月旋风式的行动，让国会通过了他提议的"空前规模的新立法"，让总统之职经历了"重要变革，取代国会成为美国政治系统的首要力量来源。罗斯福不只是系列变革的负责人，而是没有他，无论是当时的美国国情还是美国历史的大走向都会被改写"。②

结　论

本章内容覆盖范围非常广，从荒岛情节到现代民主国家，我们探究了领导力作为一种社会行为纷繁复杂的各个方面。同时，我还给出了如下五个问题的答案：我们如何定义领导力？领导者参与哪些独特活动？我们该如何思考领导者和追随者的动机？领导力如何因环境而异？以及我们如何恰当地评价领导者？

我们已经知道，领导活动是为集体明确目标并动员其他人的力量去追寻这些目标。领导者从事大量不同类型的活动来完成这项工作，包括决策、制定实施策略和整合资源。领导者运用权力，但并不是所有的当权者都是领导者。此外，虽然我们可以区分领导者、管理者和统治者，但是这三种行为却是紧密相连并相互交织的。公共领导力与高等教育机构中的领导力

---

① Fred I. Greenstein, *Personality and Politics: Problems of Evidence, Inference and Conceptualization*, Princeton, NJ: Princeton University press, 1987, (1969), pp. 47 – 55.

② Fred I. Greenstein, *The Presidential Difference: Leadership Style form FDR to George W. Bush*, 2nd ed., Princeton, NJ: Princeton University Press, 2004, p. 12, 19.

各具不同特征，但是"家族相似"将公私领导力都归于人类行为模式这一大框架下。领导者领导的事业有高尚和卑劣之分，我们可以根据领导事业的有效程度或领导者所定目标和所用方法的道德品质，来恰当地评价领导者的好坏。

在下一章中，我们将探究追随者如何在领导活动中发挥作用，以期更清楚地确定是什么将领导者同他们的追随者区分开来。

第二章　追随者有多重要，为何重要？

在威尔斯利女子学院的传说中，有一次，米尔德里德·迈克菲·霍顿①在审阅一名学生的入学申请时，看到这位学生的老师略带歉意地写道："玛丽不是一位领导者，但她是一位绝佳的追随者。"霍顿校长回复说："我们当然会录取玛丽，在一个有450位领导者的班级里，我们至少需要一位追随者。"

根据定义，领导者必须拥有追随者。正如布鲁斯·米洛夫②所言："如果用某个特征来作为领导力的标志，那么这个特征就是互动：不存在没有追随者的领导者。"③ 在小型非正式组织中，领导者和追随者之间的区分微乎其微；但在城市、国家或企业中，承担领导工作的是一群特定的人员，其他人则追随他们的领导。追随者向领导者提供支持，对领导者的决策表示同意或建议可供领导者选择的方向，以界定可行的领导工作。他们以沉

---

① 米尔德里德·迈克菲·霍顿（Mildred McAfee Horton，1900—1994），1936年担任威尔斯利女子学院的校长，在"二战"时期成为美国海军志愿紧急服役妇女队（WAVES）的第一位指挥官。——译者注

② 布鲁斯·米洛夫（Bruce Miroff，1945— ），美国奥尔巴尼纽约州立大学政治学教授。——译者注

③ Bruce Miroff, "Leadership and American Political Development," in *Formative Acts: American Politics in the Making*, ed. Stephen Skowronek and Matthew Glassman, Phildelphia: University of Pennsylvania Press, 2007, p. 36.

默或默许来为领导者提供机会，以强烈的消极反应来为可行之事设限。追随者也可能变成反抗者，收回他们对领导者的支持。莫里斯·菲奥瑞纳和肯尼斯·谢普瑟将领导力视为"综述一系列相互独立的预期、期望和选择的专业术语……**我们不可能只有领导者而没有追随者，进一步说，我们不了解追随力也就无法了解领导力。**"①

那么我们该如何理解追随者呢？芭芭拉·凯勒曼将追随者定义为"处于从属地位的人，缺乏上级所具有的权力、权威和影响力，因而他们通常但并非总是能与领导者保持一致。"② 她回顾了其他人对追随者进行的几种划分，包括索兹尼克、凯利③和夏勒夫④对追随者所做的划分。她自己对追随者所做的划分是基于一种"追随力连续统一体"的理论，统一体的一端是毫无感觉、完全无作为的追随者，另一端则是积极深入参与的追随者，其间各阶段角色分为：孤立者、旁观者、参与者、积极者、铁杆者。孤立者完全孤立；旁观者只观察，不参与。在这两种情况中，这种孤立和"缄默的支持"都能巩固领导者的地位，因为这两种追随者没有对领导者的行为造成任何限制。其余的三种追随者都有一定程度的参与。如果他们的反应是积极的，那么他们就能为组织的持续运转贡献力量；如果他们的反应是消极的，那么他们就变成了领导者必须应对的挑战。⑤

---

① Morris Fiorina and Kenneth Shepsle, "Formal Theories of Leadership," in Jones, *Leadership and Political Science*, p. 36. （原文强调）

② Barbara Kellerman, *Followership: How Followers Are Creating Change and Changing Leaders*, Boston: Harvard Business Press, 2008, pp. xv – xx.

③ 罗伯特·凯利（Robert Kelley），领导理论研究者，于1988年发表了《对追随者的盛誉》（*In Praise of Followers*）一文，他批评了当时领导力研究对追随者的忽视。——译者注

④ 伊拉·夏勒夫（Ira Chaleff），领导理论研究者，追随力领域的意见领袖，著有《与老板共舞》（*The Courageous Follower*，1995）。——译者注

⑤ Barbara Kellerman, *Followership: How Followers Are Creating Change and Changing Leaders*, Boston: Harvard Business Press, 2008, pp. 85 – 86. 想要了解追随者的其他划分，可参见 Ronald E. Riggio, Ira Chaleff, and Jean Liman-Blumen, *The Art of Followership: How Great Followers Great Leaders and Organizations*, San Francisco: Jossey-Bass, 2008, esp. chs. 1 and 6.

大部分对追随者所做的类型划分,例如凯勒曼所做的划分,都侧重于关注不同类型追随者的态度和参与度。但观察复杂机构中不同职位追随者之间的差异也很重要。我们可以将领导者与追随者的关系想象成一组同心圆,领导者居于中心,追随者按照若干不同的间距围绕着领导者。有些追随者与领导者距离很近,包括关系紧密的同事和后勤人员;另外一些追随者距离领导者稍远,可能是组织子单元的管理人员;其余追随者则只是和"中心"的领导者远远地存在联系。伯恩斯将这种关系描述为"领导力与追随力相互交织的结构,是社会大部分阶层中第二层、第三层乃至'较低层'领导力至关重要的同心圆"①。

我们所熟悉的大部分领导力都发生在结构性组织中,例如官僚机构和企业,在这种嵌套式环境中,领导者监督较小单元的领导者。在这种情况中,领导力通常是多层的;只有少量领导者居于所领导的组织或机构之上,担任总统、国王或首席执行官。这些领导者需要下属来协助他们的领导工作。这些下属接受组织体系中上级领导的指令,转而负责管理其他人员。从一个角度看,这些官员是追随者,但从另一个角度看,他们同时也是领导者。奈使用了不同的空间图像来描述"居于中心发挥领导",并指出大部分领导者都符合这种情况。奈采纳了理查德·哈斯②的罗盘比喻,有点类似伯恩斯的同心圆。"北方代表你为之工作的人。南方代表为你工作的人。东方代表组织内部与你共事的同事。西方代表组织外可能影响与你相关事务的人。"奈指出:"居于中心实现有效领导要求领导者从这个罗盘的四个方向都发挥领导作用。"③

---

① Burns, *Leadership*, 理查德·F.芬诺使用了类似的比喻来描述美国众议院议员与其选民的关系。Fenno, *Home Style: House Members and Their Districts*, Boston: Little, Brown, 1978, ch. 1.

② 理查德·哈斯(Richard Haass, 1951—),犹太人。曾担任美国对外关系委员会主席,在担任主席之前曾出任美国国务院政策规划主任和前国务卿克林·鲍威尔的幕僚。——译者注

③ Nye, *The Powers to Lead*, p. 35. 该引用出自 Richard Haass, *The Bureaucratic Entrepreneur: How to be Effective in Any Unruly Organization*.

针对历史学家重点关注领导者而忽略追随者的倾向，现代很多有关领导力的讨论都强调两者的相似之处。我们将在第五章中看到，界定民主国家中领导者和追随者之间的差别尤其困难。在民主国家中，终极权力掌握在全体公民手中，普通人也可以积极参与制定政策。即使领导者和追随者之间存在区别，这种区别有时也会面临挑战。沃伦·本尼斯预言说："十年后，领导者和追随者这样的措辞可能会像喇叭裤和尼赫鲁上装一样过时……在一个无名博客都能选举总统和推翻政权的世界里，领导力又意味着什么呢？"① 目前，区分领导者与追随者尚不算是多余之举，但这个问题也值得深思。

对于约翰·普拉蒙纳兹来说，领导者和追随者之间的区分简单明了："在规定和决定如何推进共同目标或期望中的共同目标时，领导者无疑比纯粹的追随者具有更大的发言权。这毕竟就是领导者们所寻求的。"② 同样，詹姆斯·麦克格雷·伯恩斯也提到，我们在思考领导者和追随者时，"两者的关系一开始显得很简单：领导者领导，追随者追随"。但伯恩斯也指出，领导者的提议常常会"受到其对追随者可能反应的判断的影响"。而且一项倡议能否成功也取决于追随者的行动。这致使伯恩斯提出他所命名的"伯恩斯悖论"："如果领导力和追随力相互交织且如此易变，那么我们如何从概念上来区分领导者和追随者？"③ 探究这个悖论将是随后章节中我们所关心的问题之一。

领导者和追随者

霍华德·加德纳如此描述"习惯性追随者"：他们总是在寻找权威，

---

① Warren G. Bennis, introduction (2008) to Riggio, Chaleff, and Lipman-Blumen, *The Art of Followership*, p. xxvi.

② Plamenatz, *Democracy and Illusion*, p. 87.

③ Burns, *Transforming Leadership*, pp. 171, 181–182；有关追随力的总论，亦可参见 Burns, *Leadership*, pp. 129–140。

并"通过他们对组织、等级和使命的共同需要",从概念上将自身与"天生的"领导者联系在一起。① 但是我们没有谁是一如既往的领导者或追随者。人们也没有分属于两个互不兼容的标有"领导者"和"追随者"标签的群体。在等级复杂的组织中,很多人既是领导者也是追随者。此外,一个人在一种环境中是领导者,在另一种环境中可能就是追随者。某工厂厂长的雇员可能是当地县委员会的委员,有权管辖该厂长。某宗教领袖热心的追随者也可能是一个大家庭的大家长,部队里某个谦卑的士兵会在空闲时间带头组织战友们光顾当地的酒吧。考虑到我们个体在领导者和追随者位置上的变移性,我们又是根据哪些行为、哪些后果或哪些象征性特征来区分领导力和追随力呢?

什么让领导力有别于追随力?

领导力在很多方面非常类似于生活。第一章中确定的领导类行为,我们大家都经常参与。我们做决策,整合资源,设定目标,制定策略,适时妥协,寻找合作伙伴。那么,领导力到底有什么特别呢?

相比于追随者的单独行动,领导者行动的范围更广,影响更大,波及的人数更多,影响的方式也更加复杂。领导者所做的决策往往会有多种影响,一些问题解决了,新的机遇和挑战又会出现。这在大型机构的领导力中尤为明显。然而,这种归纳也不是绝对准确。我们的世界相互联系如此之深,任何个人都能以不可预测的方式极大地改变其他人的生活。有时,追随者所参与的活动,比起很多领导者的行为,其影响范围更大,影响程度更深。想想2001年9月11日开着飞机撞向世贸中心的那些人。②

领导者的角色往往比较稳定,如此,领导者的影响才能由一个行为或

---

① Howard Gardner, *Leading Minds*, pp. 34–35.
② 针对这个例子还有众多其他见解,笔者的见解得益于罗伯特·O.基欧汉阅读本书初稿后给出的一些评价。

一个时间段延伸到下一个行为或下一个时间段。在某些情况下会出现新的领导力；但是当一个集体经过一段时间正式确定某人为领导者时，这个集体就会期望同一个人能够持续领导下去。领导力的这种延续可能是出于惯性和习惯，可能是因为领导者想要保留权力，也可能是源于特定机构的领导制度。这些机构将领导者视为集体指令的下达者。领导力多发生在制度环境中，制度环境赋予领导者权力或权威去做决策和整合资源，而不是让人人都享有相同的权力或义务。

通常，影响范围、复杂程度、延续性和制度环境都会使领导力区别于其他人类社会行为。然而，也不是每种领导力情况中都一定存在上述这些因素。也许捕捉领导力特殊性的最佳方式是关注领导者与追随者之间影响力的持久性不对等，由此，领导者影响或决定追随者行为的程度才会更甚于追随者影响或决定领导者行为的程度。这种持久性不对等即为领导者权力的核心。我们在思考暴徒或奴隶监工等例子时已经看到，不是所有的掌权者都是领导者。但是领导者和追随者影响力的不对等，在两者不同类型的活动中及两者与其他人的特定关系上表现得尤为明显，这种不对等是发现领导力独特之处的重要提示。

在这种背景下，我们可以说，虽然非正式和临时的领导也时常发生，但最常见的领导者还是那些担任机构职位者或营造条件建立有利于自身的不对等影响力（相对于其他人而言）的人。他们为集体设定目标，集合集体成员的力量去达成这些目标。

那么，我们可能就要问了，人们为什么会接受这种不对等？如果领导者能够给关系众人的事务及其结果带来更多影响，为什么不是每个人都争当领导者？

为什么有些人选择追随他人？

为什么人们寻求领导者而不尝试自己去实施领导，社会学家和哲学家们就此给出了各种各样的解释。琼·李普曼-布鲁门注意到几种"将我们推入领导者怀抱"的因素,其中包括"我们取信父母式权威人物的需要"以及我们对安全的渴求和对孤立的恐惧。① 人们往往乐得让旁人来解决棘手问题和保护集体。一些人可能觉得自己能力不足,不善于引领他人,无法胜任领导工作,而且可能也不太喜欢领导工作。很多公民都需要关注很多其他事情,我们中的大部分人最多只是偶尔思考思考政治问题而已。因此,即使在民主国家,很多人也甘愿让其他人来处理政治工作,乐得坐享其成。只要总体上国泰民安,他们并不介意一些人长期担当领导之职。

西塞罗提出,有很多原因会促使人们支持另一个人的抱负。他们可能是"出于友好,因为某种原因,他们喜爱他;或者是出于尊重,他们敬仰他的德行……或者是因为他们相信他,以便维护好他们自身的利益;或者是因为他们惧怕他的权力"。他们选择追随,可能是"害怕他会用暴力强迫他们服从;或者是他承诺了丰富的利益分配,打动了他们",又或者是西塞罗认为的最可耻的一种,"他付钱雇佣了他们"。② 凯勒曼在列出类似的原因时,强调了私利。"我们权衡利弊,发现追随比不追随受益更多,或反抗比追随的代价更大。"我们追随,是因为其他人都追随,又或者我们所认同的追随者构成了我们想要从属的集体。我们追随,是因为领导者有时向我们展示了行动或改进的可能,这种可能超出了我们的想象。③

出于上述种种原因,很多人会寻求他人来担当领导者或服从他人的领导,而不是自己成为领导者。但是,在特定的环境中,某些人又是如何超出其他人而被认可为领导者的呢?

领导者如何得到追随者的认可?

在启发我们展开讨论的荒岛情节或其他非正式环境中,某些人可能表

---

① Lipman-Blumen, *The Allure of Toxic Leaders*, pp. 29–30.
② Marcus Tullius Cicero, *On Duties*, ed. M. T. Griffin and E. M. Atkins, Cambridge: Cambridge University Press, 1991, II, sec. pp. 21–22.
③ Kellerman, *Followership*, pp. 53–59.

现得比其他人更权威更自信，以他们的自信吸引别人的服从。在集体成员看来，某些人的想法相比提出的其他建议，更利于达成共同目标，也更加吸引他们。又或者某些人可能尤其能言善辩或招人喜爱。肯尼斯·让达指出，在非正式集体中，"一个人可能由于他的性格、能力、资源、专业知识等而成为领导者。简而言之，集体成员认为他的行为要求与集体目标相一致，并且在确定这些行为要求的过程中，形成共识，认为这个人有权规定集体成员的行为模式"。然而，让达还进一步提出，在"长期发展性集体"中，还有另外两个因素比较重要——在正式组织机构中担任职位和获得"合法人员授予的合法地位"。如果一个人通过这种方式获得了合法权力，他需要的只是"利用这个权力基础去展示他的领导能力"。①

这种合法权力通常是从"权威"方面来理解的。汉娜·阿伦特将权威（authority）与权力（power）、强力（force）和暴力（violence）归于一个系列，她认为权威的独特性为："它的特点是得到服从人员的绝对认可：无需胁迫，也无需说服。"② 而恰如让达所言，我们所熟悉的大部分涉及领导力的情况确实都存在于"长期发展性集体"中。在这些集体中，并非人人都有机会站出来迎接新的挑战，人们对于谁来实施领导，并没有清楚的认识。马克斯·韦伯提到，下属（他以行政管理人员为例）"可能出于因循惯例、情感纽带、纯粹的物质利益或理想的动力而去服从上级的领导"。但是所有这些因素都不及"对合法性的信仰"，"对合法性的信仰"可以构成服从领导的坚实基础。③ 韦伯确定了"三种纯粹形态的合法权力"：法理型权力、传统型权力和超凡魅力型权力。

韦伯认为，理性基础上的合法性所依据的是"对标准规则模式的'合法性'的信念，及对那些按照标准规则晋升为指挥者所具权力的信念"④。

---

① Janda, "Towards the Explication of the Concept of Leadership," pp. 356 – 357.
② Arendt, "On Violence," in *Crises of the Republic*, p. 144.
③ Weber, *Theory of Social and Economic Organization*, p. 325.
④ Ibid., p. 328.

约翰·塞尔认为,制度性环境包含"一种特殊的功能分配",可以赋予人特定的身份,而身份的有效性则取决于集体对结果的认识和认可。对塞尔而言,在一些指定的环境中,"这些功能分配通常采取将 X 视为 Y 的形式"。他举例说明,将足球比赛中的某个动作视为触地得分,将一套既定程序"看作美国总统选举"。①

马基雅维利提到:"随着人类的增多,人们逐渐感觉到团结起来进行自我防护的必要性;为了更好地达成这个目标,他们挑出他们中最强壮最勇敢的人,让他成为他们的领袖,承诺服从于他。"② 这就产生了韦伯的第二种"传统"形态的合法权力。社会学家们发现了传统社会中产生领导者的一些其他原因。有些论述最先提到的便是一家之长保护妻儿的常见情况;还有些论述则强调追随者设想的领导者的神秘力量,在这个世界,宣称自己可以接触某种神秘力量,依然能够骗取人们的盲从。③ "这是过去的大家长和世袭君主所实行的'传统'统治。"久而久之,在这种社会环境中,当特定家族的成员获取领导之位后,人们便将他的后代视为这些领导位置的合法继承人。这是"'永恒的昨日'的权威,即由于源头渺不可及的古人的承认和人们的习于遵从,而将习俗神圣化了的权威"④。

今天的政治领袖如果口才出众,善于说服别人,又或者个性格外鲜明,大家就会称赞他"魅力非凡"。但是韦伯却将他的第三种合法因素——魅力定义为"个别人的一种特殊品质,这些不可思议、超乎常人或至少是特别非凡的能力和品质,使他们有别于常人"。这个意义上的"魅力"依据的是"对个别人超凡的神圣、英雄行为或模范品质的崇拜"。⑤ 这里的关键

---

① John R. Searle, "What Is an Institution?" *Journal of Institutional Economics* 1, no.1, June 2005: p.7, 10.

② Niccolò Machiavelli, *Discourses on the First Ten Books of Titus Livius*, in *The Prince and the Discourses*, ed. Max Leader, New York: Modern Library, 1950, Ⅰ, p.2, 112.

③ Jouvenel, *Power*, p.71.

④ Weber, "Politics as a Vocation," pp.78–79.

⑤ Max Weber, "Charismatic Authority," in *The Theory of Social and Economic Organization*, p.328.

是，追随者因为一些迹象或证据认为领导者具有这些品质。"人们服从他是出于对他的信任，而不是为了因循传统或遵守法规。"① 韦伯特别思考了社会运动的领导者，认为这些领导者是天纵之才。韦伯还指出："如果领导者的超凡品质一直让追随者失望……尤其是他的领导未能造福追随者，很可能他的魅力型权威就会消失。"②

合法权力的形式决定了何为领导者的恰当行为，至于其他人追随他的原因是什么，是因为他指出了特定的方向，还是因为他名正言顺，都无关紧要。合法权力的形式还决定了领导者动员其他人服从领导时对胁迫、协商或说服的恰当使用。但是无论领导者如何使权力合法化，在任何规模的组织中，她都需要下属和亲密的同事来分担她的领导工作。

组织中的领导力

有些领导者虽然也为集体设定目标，但不需要向任何人做正式报告，也不需要监督任何人，例如小联盟棒球队的教练或教堂年度义卖会上志愿者的组织者。但是大多数领导者都处于一个抽象的金字塔上，居于最高领导者之下，既要对最高领导者负责，同时又要负责领导其他人。如果小联盟棒球队的教练配备了助理教练，志愿者的组织者配合卖热狗的其他志愿者，那么在这些情况中便也出现了责任的基本分级。在思考领导者时，注意领导者在组织中所处的位置是比较重要的，谁有权管辖他们，他们又负责哪些下属。领导者在组织结构中所处的层级不同，所面临的机遇和挑战也就不同。

---

① Weber, "Politics as a Vocation," p. 79.
② Weber, "Charismatic Authority", pp. 358 – 360.

领导者与下属

我初任杜克大学校长时做了一场演讲。演讲中,我提到,曾有人将大学比喻成一艘大船,"巨大而且笨重,即使知道前进方向也很难挪动"。我建议说:"最好将杜克大学比喻成一个由规模不一的学院所组成的舰队,总的目的地基本一致,各自又拥有各自的资源,在规划航向时都享有一定的自主权。"同时,我还借此比喻思考了一下校长的职责:"指挥一个舰队是很复杂的工作,单是让所有人都同时登船,就很难,何况远不止于此。尽管如此,相比笨重的驳船或流线型的游轮,舰队还是优势多多——更加灵巧,更能激发创造力,更具多样性。"[1] 舰队中各船都要有船长,同时还要有一位总指挥,确保每艘船基本不脱离航线。对于分散式研究型大学的校长来说,舰队司令是一个恰当的类比。大学校长有权招聘和解雇学院院长;但是学院院长因为与教职工、校友和学生的联系较多,手中还控制着学院的财源和物质资源,故而享有很大的自治权。

二级领导者责任与权力并重,不仅包括研究型大学中的学院院长,还包括大型跨国公司区域或生产子公司的总经理以及国会或总统政府中的内阁部长。这些人既担当领导之职,又负有追随之责——一方面要积极主动提供指导,另一方面又要接受组织中上级领导的指示和限制。如果这样的组织要获得成功,这些人就必须既是好的追随者又是好的领导者。而组织的最高领导要有能力培养与领导团队协作。鲁思·瓦格曼[2]和理查德·哈

---

[1] Nannerl O. Keohane, Annual Report to the Faculty, Duke University 1994, quoting from Keohane, *Higher Ground: Ethics and Leadership in the Modern University*, Durham: Duke University Press, 2006, pp. 23 – 24.

[2] 鲁思·瓦格曼(Ruth Wageman),哈佛大学心理学访问学者,国际知名管理公司合益集团研究部主任。她的教学、咨询以及研究的重点是有效领导过程,识别组织、群体和个人中能够影响团队任务完成有效性的情境因素。《人到高层》(*Senior Leadership Teams*)作者之一。——译者注

克曼①将"领导团队"定义为"共同负责领导一个社会体系的领导团体,并且团体的每个成员本身也是一位重要的组织领导"。②

理查德·纽斯达特③的《总统的权力》是领导者必备的智慧宝鉴之一,其中就提到:"领导者与'下属'之间……实际的权力是互补的,且因组织、主题、人员个性和环境的不同而迥异。"④ 而权力互补的表现方式也是多种多样的。领导者与下属可以立足不同的视角,提供(或保留)有用的信息。他们可以帮助彼此理清主次,提高彼此的能力。但如果下属想要超越上司,他就会在方向上严重偏离互补的权力,就像自负的总裁会限制下属的权力,使得下属除总裁办公室外一律无权自由行动。合作的下属通常会延伸并放大领导者的行为;但如果下属拖后腿,不协作,则会相应地减弱最高领导者的权力和效力。

在分权组织中,以舰队为例,舰队总司令应充分发挥其麾下舰长的能力和智慧,集中有益于整个舰队的智力资源,而不应该始终将母舰和分舰视为"我们和他们",或将分舰视为整个舰队的威胁。然而,分舰上的个别舰长可能会想要扩大行动权限,染指其他舰长的职权,因此找出方法来限制这种扩权企图,是总司令的一项重要工作内容。正如马基雅维利所指出的,如果一名下属坚持将自己的重心凌驾于上司赞成的重心之上,他就不可能恪尽职守,他的上司也很难充分信任他。⑤ 尤其是在商业企业中,

---

① 理查德·哈克曼(Richard Hackman, 1940—2013),哈佛大学社会和组织心理学教授,《人到高层》(*Senior Leadership Teams*)的作者之一。——译者注

② Ruth Wageman and J. Richard Hackman, "What Makes Teams of Leaders Leadable?" in *Handbook of Leadership Theory and Practice*, ed. Nitin Nohria and Rakesh Khurana, Boston: Harvard Business School Press, 2010, p. 476.

③ 理查德·纽斯达特(Richard Neustadt, 1919—2003),政治学家,哈佛大学肯尼迪政府学院的创建者,曾任肯尼迪政府过渡时期顾问,著有《总统的权力》一书。——译者注

④ Richard E. Neustadt, *Presidential Power: The Politics of Leadership form FDR to Carter*, rev. ed., New York: John Wiley and Sons, 1980, p. 32.

⑤ Machiavelli, *The Prince*, XXⅡ, p. 80.

下级高管往往渴望晋升更高职位，并且将目前的高管职位看成是通向更高职位的阶梯。但他们在担任下级高管时，应该让个人目标顺应集体目标，服从上级领导的指示。在领导者与其重要下属之间，一定程度的忠诚是至关重要的，即便有的领导者极端强调忠诚，以至于将下属的忠诚视为重中之重。

领导者倚重其亲信，让他们为棘手的难题出谋划策，扩大可供选择的范围，实施已经做出的决定。设想需要解决的问题是一个魔方，那么所有领导者需要做的就是仔细思考魔方的各个面，挪动方块直到所有的方块都各就其位——这是非常讲究理性而且极其独立的工作。然而，在复杂组织中，问题只有一个"最佳解决方法"的情况很少。相反，领导者面对的往往是很多不完美的解决方案，没有发现更优方案。更优方案可以满足更多人的喜好，增加未来选择的范围，促进更多共同目标的实现，并规避不良后果。① 比起固执地孤军奋战，让其他人共同参与，更容易找到更优解决方案。亚里士多德曾说过："由众人集资操办的宴席较之于由一人出资的宴席更好。"②

聚集一群与解决问题相关的下属——其他人仅仅具有大量常识——往往是找到问题解决方案的最佳途径。大家共享信息。某个人想出的好主意，经众人讨论品评后改进成一个更好的解决方案。有时，相比领导者一个人殚精竭虑，让人们各抒己见找到的方案能满足更多人的喜好。在解决问题时，领导者如果不集思广益，就会面临两种风险：要么在收集所有事实时无可奈何地陷入琐事之中，要么拟出的行动方案表面看起来吸引人，但实际上很狭隘，会让产生的问题比解决的问题还要多。

通常，下属不仅仅反映领导者的各种愿望，还会通过富有创见的评论和忠告，给予领导者最有效的帮助。当集体面临很多诱人的选择方案时，

---

① 米歇尔·D.科恩和詹姆斯·G.马奇讨论了美国校园里促成"有组织性混乱"的这种领导方式。*Leadership and Ambiguity: The American College President*, New York: McGraw-Hill, 1974.

② Aristotle, *Politics*, 1281a; Ⅲ: p.11, 108.

下属可能会积极地支持某个行动方案，并寻找同样支持这一方案的盟友。但是一旦领导者已经敲定一项决策，下属应集中才智实施这一决策。如果某项决策最终证明是错误的，那么就需要重新考虑这项决策。但如果领导者仅仅因为个人倾向而推翻一项决策，领导者与追随者之间就会产生分歧，不仅分散注意力，也为其他人干涉和破坏工作提供了机会。

领导者对下属的一大主要责任就是培养和发挥他们的领导才能。领导者可以通过指导下属，提供合适的锻炼机会，定期考察下属的表现，给出中肯的建议，来培养下属的领导力。而下属则转而为组织中更低一层的人员设定方向和目标。塑造好这些行为并监督执行，是组织结构中各级领导工作的一部分。

领导者与亲密下属之间以上述各种方式彼此互补，在完成任务中给予彼此帮助或阻碍。为确保这种互补关系能尽可能地富有成效且和谐，领导者应思考如何让下属的才能和行为补充其自身的才能和行为，这非常重要。

领导者如何挑选和对待下属

选择下属，然后说服其接受组织中的职位，是领导者最重要也最具意义的工作。马基雅维利就此做了很好的阐述："对于君主来说，选用大臣是一件重要的大事，至于他们是否是好的大臣，取决于君主是否明智。人们观察一位君主究竟是否有能力，可以观察他左右的人来发现。"能干而且忠诚的下属反映出领导者的睿智，因为旁观者认为，领导者懂得如何知人善任，所以才能赢得下属的忠诚。① 领导者在挑选下属时应慎重，挑选的下属应能发挥其才智和能力来扩展她的领导，同时能增加她的政治实力，或确保能补充她的才智和能力。

就任南非总统时，纳尔逊·曼德拉慎重地挑选了许多曾经的竞争对手纳入其内阁。他想要保证最广泛的视角。此外，恰如施腾格尔所言，曼德

---

① Machiavelli, *The Prince*, XXⅡ, p. 80.

拉"坚信,任用竞争对手也是控制竞争对手的一种方式:把他们放进自己的影响圈比让他们自己行动要安全得多"①。亚伯拉罕·林肯组建内阁时,也尽可能搜罗最强最有能力的人员,其中包括他竞选总统时的几位强劲对手。林肯曾向瑟罗·威德②坦诚说,"他们长期参与公共事务,经验丰富,极其胜任总统之职",这也就意味着他们"比他自己更加渴求那个他即将占据的职位"。然而,在林肯竞选总统时,其顾问之间的冲突就备受瞩目,及至其整个任期,内阁成员更是冲突不断,很多问题反复出现。③

除了挑选下属要慎之又慎,领导者给下属分配任务时也应多加小心。在复杂组织中,领导者可能只是十分熟悉组织的某些方面,而对于其他不熟悉的领域,她只需准确判断出哪些工作哪些人了解得更透彻,征询他们的意见,评估他们工作的结果即可。即使她有理由相信,自己在任一领域都能比下属工作得更出色,即使她担心下属的工作不能完全符合她的心意,她也不能事必躬亲,包办决策的方方面面,因为那样于她于组织都无益。领导者必须懂得如何将她的时间和精力运用至最佳状态。对下属管理太细,会剥夺他们独立发展领导能力的机会,降低了他们为组织工作的能力。即使像罗伯特·E. 李将军这样天赋异禀的军事家,也要倚重他的下级军官,信任他们的判断,要求他们能够独立决策,以免延误战机。④

伊丽莎白一世挑选顾问大臣时颇具智慧,她还向顾问大臣承诺会仔细倾听他们的意见。虽然伊丽莎白素来专权,但她却恪守向大臣做出的承诺。她拥有杰出的顾问,尤其是威廉·塞西尔爵士(伯利勋爵)。1558 年,伊

---

① Stengel,"Mandela: His 8 Lessons of Leadership.",p. 46.
② 瑟罗·威德(Thurlow Weed, 1797—1882),纽约报纸出版商,辉格党和共和党政治家,曾担任纽约著名政治家威廉·H. 苏厄德的首席政治顾问。——译者注
③ David Herbert Donald, *Lincoln*, New York: Simon & Schuster, 1995, p. 262, 404 – 406, 449, 479 – 483, 508 – 509, 521; Doris Kearns Goodwin, *Team of Rivals: The Political Genius of Abraham Lincoln*, New York: Simon & Schuster, 2005, p. 645.
④ H. W. Crocker Ⅲ, *Robert E. Lee on Leadership: Executive Lessons in Character, Courage and Vision*, New York: There Rivers Press, 1999, p. 18, 95.

丽莎白在登上王位后的第四天就任命塞西尔为首席大臣，此后他们齐心协力，亲密协作，直至1598年塞西尔过世。登基伊始，伊丽莎白就对塞西尔说："我授权给你，由你来组建枢密院，你要尽心尽职地为我和国家服务。你要谨记我的告诫：永远不要接受任何人的贿赂，要永远忠于国家。不断向我提出忠告，永远不要逢迎。如果有任何秘密需要我本人知道，随时禀报。我在这里向你发誓，我一定会恪守诺言，尊重所赋予你的权力。"① 据英国著名历史学家G. R. 埃尔顿所载："作为合作伙伴，他们堪称一流，谨慎对谨慎，外交手腕加经世之才，日理万机从容不迫的非凡才略搭配治世经国有条不紊的卓越才干。"② 然而，即使如此一流的伙伴关系，也因女君主面临的艰巨挑战（我们在第四章有更深入的探讨）而受到影响。根据传记作家艾莉森·威尔的讲述，塞西尔认为伊丽莎白的"女人当权"是"违背自然的反常，他希望由男人来管理政府"，同时，他还试图说服伊丽莎白结婚，进而"做好生育小孩的正事。然后她的丈夫可以以她的名义来统治国家"。③

复杂制度机构的领导者，包括国家总统、大学校长和跨国公司总裁，对待亲信的策略有很大不同。有的领导者会故意挑起下属间的竞争，激发他们竞相献策，胜者获得的奖励是在决策中反映出他们的意见。这是富兰克林·罗斯福最热衷的领导模式。通过维持下属间的不平衡和相互竞争，罗斯福可以确保每个下属都依赖他，避免下属间结成联盟，分化削弱他的权力。④ 但是这种做法会滋生妒忌，下属为争权而相互倾轧，同时也不利于信息共享。正如格林斯坦所述，罗斯福为此付出的代价是产生了"不必要的竞争和低落的士气"，助长了克里姆林宫学⑤现象，即参与者和旁观者

---

① David Starkey, *Elizabeth*: *Apprenticeship*, London: Vintage Books, 2001, pp. 245-246.
② G. R. Elton, *England under the Tudors*, 3rd ed., London: Routledge, 1991, p. 263.
③ Alison Weir, *The Life of Elizabeth* Ⅰ, New York: Ballantine, 1998, p. 45.
④ Freidel, *Roosevelt*: *A Rendezvous with Destiny*, p. 121; Neustadt, *Presidential Power*, p. 157.
⑤ 克里姆林宫，现为俄罗斯联邦行政总部，苏联时期为苏维埃政权的象征。冷战时期，西方观察家和媒体为了解前苏联的政治局势，不得不仔细从其官方媒体报道中揣测其政局变动的蛛丝马迹。由此，通过间接线索了解秘密组织或事项，被称为"克里姆林宫学"。——译者注

都将大量的注意力用在弄清事实真相上。①

玛格丽特·撒切尔是出了名的强硬。她会当着同僚的面训斥、威吓内阁大臣，打断他们的说话，让他们陷入难堪。据传记作家约翰·坎贝尔所述："她从来不是一个好队友，更不消说是一个好队长，因为她从不信任她的团队。"她甚至利用她的新闻秘书，把她对同僚的批评透露给媒体。撒切尔无法有效分配任务，坚持过问各个部门的事务，且不分巨细，结果让同僚们都对她心存防范。"这种领导方式的不良后果是没有人尽其才，让自己殚精竭虑。"② 她通过控制会议议程来掌控内阁会议，从不允许议题进入投票表决，这样自始至终都是她在做决策。但是随着她的控制欲越来越强，她不愿意听的事情，她的同僚都不太愿意告诉她，这样她就很难获取足够的信息来做出最佳的决策。

林登·约翰逊对待助理人员的态度在某些方面与撒切尔颇为相似。约翰逊要求其工作人员事无巨细一概汇报，而且亲自做每个重大决策；他避免建立任何指挥链条，让每个人都知道是在为他工作。恰如康金所言，他用这种方式"将系统私人化了，让员工倍感绝望"③。他得到了"疯狂的监工的名声"，人们说他"消耗人员却几乎不自知"④。约翰逊还要求员工绝对的忠诚。在他的新闻秘书比尔·莫耶斯得了出血性溃疡的时候，约翰逊还得意扬扬地评论说："那小子得了出血性溃疡，他像一条狗一样为我工作，也像一条狗一样忠诚于我。"莫耶斯尊敬仰慕约翰逊，即便如此，他最终还是离开了约翰逊，并发出这样的感慨："和约翰逊共事后，你都能和魔鬼一起工作。"⑤ 然而，约翰逊虽然行为粗俗鲁莽，但是他却能搜罗和留住能干的下属。他会邀请下属参加家庭聚会，依次向他们的家人表示问候和

---

① Greenstein, *The Presidential Difference*, pp. 18-19.
② Campbell, *Margaret Thatcher*, vol. 2: *The Iron Lady*, London: Jonathan Cape, 2003, p. 22, 19.
③ Conkin, *Big Daddy form the Pedernales*, p. 180.
④ Robert Dallek, *Lone Star Rising: Lyndon Johnson and His Times*, 1908-1960, New York: Oxford University Press, 1991, p. 354.
⑤ Dallek, *Flawed Giant*, p. 68, 293.

关心。他还向下属赠送礼物,高度赞扬他们。传记作家罗伯特·达莱克就曾描述,约翰逊会"高度赞扬对方,感谢他们在其成功当选参议员的过程中发挥的重要作用"。约翰逊的很多员工因此深受鼓舞。①

有的领导者更注重协作,鼓励领导团队广泛讨论,并感谢每位参与者的贡献。林肯的内阁中素来关系紧张,但他却从来不吝夸奖他的官员们,充分信任他们在卓有成效的努力中发挥的作用。他勇于承担责任,即使是下属所犯的错误,他也经常自己担责,他还小心翼翼避免当众批评他的下属。除林肯外,很多领导者,包括个性截然不同的德怀特·D.艾森豪威尔和约翰·肯尼迪,都是同样注重协作的例子。

我在威尔斯利女子学院和杜克大学担当校长时的领导风格就非常类似这种。我自己也长期担任教员,所以使用的是研讨会式的领导模式,大家可以自由提出各种意见,从而更好地了解集体所面临的问题。这种领导方法的益处是每个参与者都享有发言权,在讨论中汇集各种想法;缺点是潜在方案之间的冲突不明显,讨论会变得松散。我的一些主任认为,让各种意见激烈碰撞,会对我们更加有益。在研讨会式的领导模式中,领导者先阐明问题,最后汇总各种意见,确定已经敲定的决策和需要跟进的下一步行动,这些是非常重要的。然而,虽然我心里谨记这些目标,但是员工会议有时能在结束时如我所愿地阐明问题;有时则仍然迷惑无解,不知道我们完成了什么,讨论没有结果,下一步行动方案依然不确定。

领导者与亲密下属或重要下属——复杂组织机构中的高级职员或最高副手——之间的互补关系,即本章开头詹姆斯·麦格雷戈·伯恩斯在"伯恩斯悖论"中所捕捉的紧张状态。领导者与亲密下属的关系如何不同于领导者和其他追随者的关系,我们通常很难准确地使其概念化。但是这种错综复杂的交织关系迥异于领导者和一般追随者之间的关系。在领导者和一般追随者之间的关系中,"伯恩斯悖论"表现得不太明显。

---

① Dallek, *Lone Star Rising*, p. 355, 360 – 362; Caro, *Master of the Senate*, p. 311.

领导者和追随者的关系是何性质?

伯恩斯在其广为人知的书中,强调了领导者和较大群体的一般追随者之间的**关系**(relationstip)。菲奥里纳和谢泼斯尔提到,"领导力是关系性的"假设常见于他们所讨论的所有领导力模型中,这些模型包括将领导者视为一群委托人的代理人、议程设定者或促进者。① 理查德·莫里尔指出:"也许当代领导力理论家之间最普遍认同的认识是,领导力主要是领导者和追随者之间的**关系**。"② 尽管这种认识应用广泛,但"关系"一词具有误导性,而且通常不适用于较大的环境。

关系一词的意思?

"关系"一词通常表示父母与子女、情侣、夫妻、兄弟姐妹、同事或密友之间亲密持久的联系。描述领导者与其直系团队或小型非正式稳定组织中领导者与追随者的关系时,有亲密意义的"关系"一词通常还比较合适。但是在大型组织或机构中,大部分追随者领导者都不认识。领导者有很多追随者;而追随者只有一个领导者(或一小群领导者),而且只有很少追随者能接触到领导者。领导者和这类追随者之间的联系(connections)无疑也很重要;但是如果我们想要了解这些联系的显著特征和意义,"关系"一词会让理解变得更模糊不清。

除了描述亲密持久的联系,我们还用"关系"一词来表示数学方程中两个数之间的联系或某个生态系统(例如湿地)中各种栖息动物之间的联

---

① Morris Fiorina and Kenneth Shepsle, "Formal Theories of Leadership," in Jones, *Leadership and Politics*, p. 36.
② Burns, *Leadership*, pp. 23 – 25; Morrill, *Strategic Leadership*, p. 6 (原文强调).

系。然而，作家或公民在说到美国总统和加利福尼亚某居民之间的关系时，这种非个人的联系就与他们所认为的不同。这种联系指的是双方的义务以及某种对双方都很重要的认同，即使他们彼此素未谋面。在民主国家中，这种联系看起来尤其亲密；然而，君主国的国民有时也会觉得自己与国王和王后很亲近，完全不同于他们对其他国家领导者的感觉。这是哪种"关系"呢？

一些追随者认为，他们通过观察领导者的实际行动，借助媒体报道，接受领导者颁发的奖状，或阅读领导者的家族事迹，可以认识领导者。在这个基础上，如果他们大致认可领导者的行为，那么在感受到来自领导者个人的某种温暖后，他们很可能就会觉得，他们确实与领导者存在直接的个人联系。这种联系的重要性不可低估。教皇约翰·保罗二世逝世时，全世界有数百万忠实的天主教徒为此迸发出深深的哀悼之情！一些哀悼者曾亲吻过教皇的手，或在教皇的多次出行访问中聆听过他的弥撒，但大部分哀悼者都未曾亲见过教皇。然而，他们却清楚地觉得自己与教皇亲近，深受教皇的影响；同样，教皇从信徒处获得的反应，终其一生都很重要。

同理，在美国总统初选中，候选人会在竞选演讲中描述，他在新罕布什尔州与市民一边品尝咖啡一边交谈，在俄亥俄州乡村集市中与公民闲聊，甚至还会阅读信件中让他们感动或能代表他们关心他人的片段，从而更生动地表现出他们关心公民、关注公民的需求。如果领导者关心她所负责的人民，那么对于领导者来说，她与追随者的这种联系不仅仅会发挥作用，对她个人也很有意义。有时，候选人还会维持他们与这些个人的联系，邀请他们一起登上演讲台或参加就职典礼。

然而，绝大部分参加竞选活动的人都没有机会和候选人握手，更不用说跟候选人亲密交谈了。偶然邂逅可能对领导者比较重要，但是绝对没有其对追随者的影响大。在这些情况中，偶然邂逅代表了其他许多不能亲身建立的联系。但是这种"得自他人的联系"实在称不上是"关系"。在这种环境中使用"关系"一词，也就暗示一种实际不存在也不可能存在的亲密联系。这里采用的是象征主义手法；象征主义是政治中非常强有力的工具，但是我们不能将象征性的"关系"同我们生活中占据主要位置的真实关系相混淆。

将这些强大但遥远的联系描述为"关系"，让追随者产生了无法实现的期望。领导者利用这种不真实的"亲密"，成效明显。奥巴马在总统竞选中就是通过媒体和亲身接触，与数百万民众建立联系，从而最终获得成功。但是这种行为常常会让一些追随者希望能直接接触遥远的领导者，乃至对领导者的行为施加一定程度的影响，而这又是不太可能实现的事；而一旦这些追随者认为他们遭到了该领导的"背叛"，就会滋生失望情绪，对政治活动则更具破坏性。

大型组织的领导者很难充分认识其决策对他人生活的影响。即使领导者也关心这些人，但他们在做事时却很难专注于这些影响。派遣士兵参加战斗的总统和关闭工厂的公司总裁都会关心受影响人们的生活。但是一个国家或公司的领导者不可能虑及每一个生活遭到其深刻改变的人。而且大部分这些人他都不认识。即使他熟识其中的个别人，但若他过度担忧这种影响，他的工作也就无法进行了。他至多会像某个录取严格的高等院校的招生主任，在每天就寝前心存担忧，担心那些学生在收到她批准的拒绝信时会极其难过。

将领导者与成千上万追随者的联系称为"关系"，或鼓励民众或臣民往这方面思考，都比不上关注领导者与追随者之间显著的象征性联系来得有益。而同样比较重要的认识是，即使是较远的追随者，他们的行为和偏爱也会大大地扩大或限制领导者的选择。不仅如此，公司和政府官员还担负着为雇员或民众谋福利的责任——即使这些雇员或民众他们并不熟识——而这是招生主任所远远不及的。领导者和追随者之间的象征性联系、追随者的意见和行动对限制或扩大领导者选择的影响，以及领导者对其追随者的责任，都是领导力至关重要的方面。每个方面都十分显著、十分重要，都可以作为单独的讨论主题，不能因为都用了"关系"一词而有所混淆。

亲疏之间恰当的平衡

追随者通常都希望领导者能富有同情心，能随和亲切，但他们也希望领导者能与普通民众保持一定的距离。这是领导艺术最微妙的一个方面，对很多领导岗位的成功都至关重要。大型组织的领导者如果既享有追随者的尊重，同时又有空间去做出影响追随者生活的决策，那么这些领导者的理想形象应该是既热情、平易近人、富有人情味，又带有一点神秘感，稍微有些含蓄和谨慎。人们一方面想要"仰视"他们的领导者，另一方面又想证明，领导者实际上也是普通人。然而在这方面，文化和环境的影响非常大。"亲"与"疏"之间恰当的平衡因文化的不同而差异显著，长期在国际上来往的领导者有时就深有体会。

例如，英国臣民对女王的期望是举止要传统而正式：盛装出席议会，站在王宫阳台上向观众挥手致意，在游园会上远远地优雅地问候特邀嘉宾。如果女王晚上穿着休闲裤和休闲衬衫，跑到酒吧里消遣，一边闲聊一边喝着啤酒，那么她大部分臣民的反应将是惊骇而不是欣喜。而美国公民则希望总统能轻松休闲而不拘泥，具有普通人的一些习惯和嗜好。除却一些必要且公认的高度象征性场合，庄严地挥手和全副盛装是不会让你在总统这个位子上风生水起的。

确定与追随者的合适距离，是领导者面临的最有趣的挑战之一。尤其是在大型组织中，职位的工作需要和正式提升会让领导者与追随者之间自然产生距离。领导者应该试着去消减或弥补职位带来的这种影响，避免自大自负。因为有效的领导通常需要追随者一定程度的合作，而在等级环境中，领导者与追随者之间的壁垒不可避免，一个思虑周全的领导者应有意识地跨越这些壁垒。迈克尔·科恩和詹姆斯·G.马奇建议，领导者应避免寻求证明其重要性的"象征性肯定"，避免落入"崇拜的陷阱"。相反，他们劝告领导者要寻找机会"用身份谋实事",成就一番事业。①

追随者多看重自尊和尊重。如果领导者忽略这些需求,傲慢地对待追随者,就会引发追随者的怨恨和不满。耶鲁大学人类学家詹姆斯·斯科特教授指出:"当代工人阶级逐渐认为,漠视其尊严、严密监控其工作,根本等同于轻视其工作、忽略其薪酬,就等同于压迫。"② 伯恩斯引用威廉·詹姆斯的话说:"人性中最深层次的本能是渴望得到赏识。"③ 我们在杜克大学及其医疗中心进行职场满意度调查时,大家的各种反馈都集中于想要得到欣赏和肯定的愿望,希望能作为组织工作的重要贡献者而得到尊重,不会遭到上级的"无礼"对待。斯科特曾预言说,工人们希望领导者首先重视的便是尊重其自尊——对于他们大部分人而言,自尊与物质同等重要。

追随者的影响

在领导者和追随者仅仅遥知彼此的机构或大型组织中,最为显著的关系是领导者和追随者之间相互影响的关系网络,追随者实际和预期的反应与偏爱会影响到领导者的行动和决策。这种情况在民主国家中尤其鲜明。在民主国家中,领导者由追随者挑选,并承担实现追随者愿望的责任。即使是在不太民主的环境中——公司、政府机构或君主国,追随者的愿望和偏爱也能帮助领导者确定合理可行的选择。然而,领导者制定目标和策略从来不会完全由追随者的偏爱和意见来决定。优秀的领导者能够认识到,追随者的意见和偏爱很少会完全一致,而且也未必明智,所以领导者也会

---

① Cohen and March, *Leadership and Ambiguity*, p. 209.
② James C. Scott, *Domination and the Arts of Resistance: Hidden Transcripts*, New Haven: Yale University Press, 1990, p. 23.
③ Burns, *Leadership*, p. 447.

利用自己的最佳判断来决定结果。领导者必须甘于做出可能会给一些追随者带来不利影响的选择。因此，领导者和追随者之间的关系也就变得复杂，有时还会变得紧张和冲突不断。

我们如何理解追随者对领导者的影响？

作为领导者，不用采取强制措施就能调动人们的力量，这取决于你能否重视他们的需要，而不是只想到你想要达到的目标。你需要找出人们最重视的事情，了解他们如何评价你对集体目标的制定。如果你想要说服他们认同你，你就必须倾听他们的想法。激励追随者最好的办法是让他们明白，在你设定的目标中多多少少包含了一点他们的目标。如果你在设计集体目标时，没有考虑到他们的倾向和观点，那么就很难达到激励效果。即使目标的最终构想很少能精确地反映追随者的任何目标，这样的过程通常对领导者也是有益的。

什么是完成共同事业的最佳方式，忠实坚定的追随者们可能有他们自己的见解，会试图影响领导者的工作方法。追随者可能会通过各种途径向领导者传达他们的想法和选择，例如偶遇时与领导者攀谈，向投票箱、意见箱（包括电子投票箱和意见箱）投递意见，写信、发邮件或打电话给领导者，拜访市政厅、参加年会或办公时间与领导者交流。通过这些途径，追随者可以为亟待解决的问题提供新观点，让组织了解追随者的普遍看法。直谏敢言的追随者可以减少领导者做出愚昧无知或信息有误的选择，同时消除领导者无意识地认为自己个人想法更加优越的错觉。沃伦·本尼斯说："如果我不得不将优秀追随者的义务缩略成一项义务的话，那这项义务应当就是向权力说真话。"①

然而，向权力说真话并不容易，而且追随者通常看不到这样做的利益所在。很多领导者会惩罚说真话的人，而且如果无法确定领导者是否愿意

---

① Bennis, introduction to Riggio, Chaleff, and Lipman-Blumen, *The Art of Followership*, xxv.

听真话，很少有追随者会冒险当出头鸟。领导者还需要采用其他的方式来了解追随者的想法。重要下属会向领导者传达追随者的愿望和担忧，但这些信息通常都经过了下属个人喜好的过滤。大型组织的领导者想要尽可能多地了解追随者的倾向和信仰，并尊重和关心他们的倾向和信仰，应亲自关注不同联盟、不同派系和不同信仰的追随者，同时（正如马基雅维利的建议）多面见追随者。① 此外，领导者在与追随者交流的时候，还可表达他自己的意向，影响追随者的观点。

20 世纪 80 年代，我在威尔斯利女子学院设立了一个咨询管理委员会，供中高级员工代表共享学院管理信息和讨论有关员工的政策。委员会的目的是为员工提供一个通道，让他们和学院理事会、校董事会及学生自治会一起交流有关学院的看法。校董事会、学生自治会与学院理事会，它们都享有学院的一些决策权，咨询管理委员会则不同。即便如此，我的一些高级职员也指出，设立咨询管理委员会是一个比较冒险的举措。在规模大、不讲人情又缺乏共识的机构中，这样一个组织很容易成为众矢之的，成为反对核心管理的工具。但在那个时代的威尔斯利女子学院，咨询管理委员会向员工传达的讯息却是，学院重视他们的工作，尊重他们的意见。

限制信息传递的一大因素是领导者和追随者可能会出于某种原因掩饰他们的观点。很多领导者会掩盖他们的真实感受，使展现给人们的印象有利于他们实现目标。但追随者在领导面前也会有所伪装。著名学者詹姆斯·C.斯科特指出："典型的例子就是上级一出现，办公室人员立即改变姿势、行为等表面活动。"斯科特认为："权力意味着**无需**表演，或更精确地说，有权者举手投足能够更加随意自在。"②

追随者如何看待领导者

在讨论领导者和追随者之间的关系时，马基雅维利继西塞罗之后再次

---

① Machiavelli, *The Prince*, XXI, p. 79.
② Scott, *Domination and the Arts of Resistance*, p. 29（原文强调）。

发问：畏惧和爱戴，哪个更好？西塞罗主张"保护和保留权势，最合适的方法是赢得爱戴，而最低劣的方法则是制造畏惧"，因为人们憎恶他们所畏惧的人，而"没有多少权势可以抵挡得住一大群人的憎恨……畏惧很难长久维持权势；而亲善则可以永远忠诚地守护权势"。① 马基雅维利针对君主政体而非自由城邦的公民，给出了不同的答案。他说："最好是两者兼备。但是，要拥有两者是极为困难的。假如一个人对两者必须有所取舍，那么，被人畏惧要比受人爱戴要安全一些……人们冒犯一个自己爱戴的人比冒犯一个自己畏惧的人要更没有顾忌。"② 最糟糕的莫过于让人憎恶和蔑视。聪明的领导者会尽可能地依仗他们能够掌控的东西，相比于赢得人们的喜爱，他们更倾向于有意识地让人们心生畏惧。卢梭在《社会契约论》中重复了这一观点："在人们的爱戴中产生的权力无疑是最伟大的权力；但这种权力却不太牢靠而且附有条件，君主们也从不满足于此。"③

不少领导者强调他们自己的权势，借用畏惧来控制追随者。罗德里克·克雷默在文章《伟大的恐吓者》中描述了一些当代的商业领导者，他们"不反对制造骚乱，也不会高尚到不使用公开正式的严惩措施来引发关注"，更"不排除采取一点恃强凌弱的举动来达成所愿"。④ 克雷默例举了花旗前传奇 CEO 桑迪·威尔、传媒大亨罗伯特·默多克、英特尔公司传奇 CEO 安迪·格鲁夫、惠普前 CEO 卡莉·菲奥莉娜、甲骨文执行长拉里·埃里森和苹果创始人史蒂夫·乔布斯；此外，他还提到了非商业领域中的拉里·萨默斯、乔治·巴顿和罗伯特·麦克纳马拉。这些领导者全都为多数追随者所爱戴和敬畏，而且他们全都实现了重要的领导目标。但值得注意的是，列举的各个领导者都非常清楚，畏惧只是确保追随者服从安排的手

---

① Cicero, *On Duties*, pp. 70–71.

② Machiavelli, *The Prince*, XVII, pp. 59–61.

③ Jean-Jacques Rousseau, *Social Contract*, ed. G. D. H. Cole, New York: Dutton, 1950 [1762], III: 6, p. 70.

④ Roderick Kramer, "The Great Intimidators," *Harvard Business Review* 84, no. 2, February 2006: p. 90.

段之一,不像有的领导者,要么尽量避免利用畏惧,要么含蓄地使用畏惧。

有关西塞罗提出的难题,伊丽莎白一世给出了完全不同的答案。排除她在特定情况(尤其是围绕着宗教问题的冲突)中希望依靠畏惧的力量外,她在统治之初就决定了人民的爱戴将是她统治的基石,并且围绕这一目标调整她的行为——华丽的盛会,气派的游行,演讲中不断重申对人民的热爱。历史学家戴维·斯塔基提到:"伊丽莎白像维护统治本身一样热衷于享受民众的直接爱戴。确实,于她而言,民众的爱戴是统治的关键。"① 根据埃尔顿的描述,在1601年,伊丽莎白以"豁达而富有技巧的适时妥协"解决了与议会间有关垄断特权的斗争后,深得民心,"民众组成一个大代表团"来向女王致谢。当时,面对着聚集的民众,她"发表了在位时最著名的一次演讲"。在这个类似告别辞的演讲中,她说道:"虽然上帝让我居于显赫之位,但我视其为王冠之荣耀,我因着你们的爱戴而统治……纵然你们曾或将有许多更为强大更为睿智的君主,然而绝无爱你们胜于我者。"②

林登·约翰逊渴望被认可,当追随者热情相对时,他会积极回应。他"无法忍受他人的厌恶",当他凌驾于他人之上时,他"会立即格外热情地对待对方,关心对方,以弥补这种落差"。但是据达莱克所说,约翰逊也确信,"要让人们顺从,胁迫也是必不可少的。享有人们的爱戴是令人满足的,但想要在具有争议的公共问题上占据上风,就必须压制人们"。换言之,相比于让人爱戴,他更关注于适当地让人"敬畏"。纵横政界的经验告诉他:"人们不会出于喜爱而服从领导,他们服从的原因可能是私利,也可能是因为认识到你有能力且会帮助或伤害他们。"③

我个人的观点是,领导者应尽量让人既爱又怕。这里的爱指的是赢得追随者的爱戴,怕指的是让追随者敬畏,而不是让他们觉得恐惧。追随者对领导者的喜爱之情会集聚起他们对领导者的忠诚。当领导者铸成错误但

---

① Starkey, *Elizabeth*, p. 312.

② Elton, *England under the Tudors*, p. 465.

③ Dallek, *Flawed Giant*, p. 34, 35.

尚无确凿证据时，这种忠诚会促使追随者原谅领导者，至少在某个时期内都会如此。这点在我担任校长时就曾深有体会。我记得，我在威尔斯利女子学院和杜克大学的教职工和董事会成员都曾多次提到，尽管有时候他们确信我在一些决策上犯了严重错误，但是在一定程度上，缘于我们已经积累的感情和信任基础，他们通常都会支持并相信我的判断。然而，在困难时期，光让追随者畏惧是不能成事的，除非领导者使用胁迫手段，但胁迫却会损坏追随者发自内心的尊重，让他们对领导者的愤恨越积越多。但是光是喜爱，没有尊敬，又会让追随者低估或忽视领导者命令的权威性。爱戴和敬畏之间恰当的平衡往往取决于领导者与追随者的特点以及组织类型。

　　追随者有时会将他们的领袖理想化。而有时，追随者可能会丑化他们的领导者，对与领导者有关但尚无事实根据的故事以讹传讹。奥巴马总统就深受流言困扰，媒体中充斥着有关他美国公民身份和宗教信仰的流言。但在政治色彩不太强的环境中，追随者头脑更加清醒，相比领导者本人，他们更能看清领导者的长处和不足。我在绪论中已经提到，从外部观察领导力，相比于领导者从内部自省，能够对领导力有更加公正的认识。恰如亚里士多德所指出的那样，物品的使用者通常比它的制作者更能恰当地评价它的质量；房子的居住者比建造者对房子更有评价权；而"就餐者——而非厨师——才是筵席的最佳点评者。"① 深谋远虑的领导者会确保她亲近的下属会不时地指出她的缺点，而没有因此丢失工作的顾虑。但如果领导者想要保持自信，关注领导工作的进展，就不能总是纠结于自己的不足。

抵　抗

　　追随者不仅会通过积极支持、提供建议或建设性意见来影响领导者，

---

① Aristotle, *Politics*, 1282a, Ⅲ: 11; p. 111.

还会通过结成党派暗中或公开抵制领导者等方式向领导者建议其他道路。多数情况下,追随者反对或抵制的只是特定的决策;其他时候,他们还是会服从领导者的命令。但是有的时候,这种抵制会持续很久,产生不良后果。理查德·莫里尔提到:"从老下属集会到投票箱投票,从消极抵抗到街头暴力,追随者知道如何去影响和更换他们的领导者。"①

非追随者与反对行为

大部分下属和普通公民可能都有不赞成某个领导某些决策的时候,更不愿意投入精力去实施她所选定的某项政策。那么,在这种情况下,按照我对"追随"一词的定义,就不能说这些人是在追随这个领导者。他们不接受领导者的命令,还可能公开抵制领导者的命令,不愿配合集体力量去实施她的决策。但是,我们还是将这些人称为追随者,如果领导者制定的路线他们通常都还比较接受的话,就更加称得上是追随者了。然而,我们还需从与领导者是否一致的层面,区分某种行为是在追随还是在反对领导者所定的路线,判断他们是在贡献力量和意见还是在简单地跟随。那些攻击领导者工作且反对他多数决策的人,可能是想要为不同的政策乃至不同的领导创造条件。

在大部分民主国家中,反对党是专门用来发挥反对作用的。对于那些经常以反对党的方式反对或抨击领导者决策的下属,我用"非追随者"一词来加以描述。党派性反对者就是鲜明的例子,但在党派性反对者的分类中也包含如下所有人:他们的身份是某领导者的追随者或下属(比如美国总统治下的美国公民),但他们会批判这位领导者的领导,甚至公开发表言论质疑他的判断,质疑他能否胜任。在这里,我们要谨记政府和国家之间的区别。政府是在一定时期内当权的一群领导人,而国家则是为领导力提供体系的正式的宪政体制。反对党的成员通常会一如既往地使用公民权

---

① Morrill, *Strategic Leadership*, p. 10.

利、履行公民义务、纳税、守法、遵守行政部门的命令。但是他们不会支持领导者的政策，相反，他们想要破坏领导者的政策，削弱他的领导。

那些批评乔治·W.布什及其领导的人通常都有非追随者的表现。在对总统奥巴马的攻击中，美国前副总统迪克·切尼和茶党运动①的成员扮演的就是非追随者的角色。这种行为虽然不同于公民的不服从和暴力或非暴力抵抗，却能有效地限制领导者能够完成的事项。他们的行为方式包括立法投票选举、煽动国民情绪、要求总统为自己的观点提供充分的理由、要求总统修补政治关系等。找出应对党派性反对的途径并创造两党合作的领域，是民主制度中领导人面临的最重要的挑战。

罗伯特·C.塔克指出："民主政府在认清政治社会的问题形势中，首先要确保体制上有允许积极政治参与的可能性。"② 进一步认清问题形势并提供解决方案很容易，博主们和脱口秀名嘴们每天都乐此不疲。然而，虽然这些长篇大论不能帮助我们分清问题的主次，也不能帮助我们取舍各种解决方案，但至少代表了人们最低程度的政治参与。这种政治参与将民主政府与威权政府区别开来。在威权国家中，是禁止国民置喙政治问题的，只有个别胆大者敢于突破，偶尔会利用网络或手机发表自己对政治问题的看法。而在比较开放的社会，有些人会通过出书来凸显社会问题，并构想服众的解决问题的途径，例如《汤姆叔叔的小屋》和《寂静的春天》。塔克称这些人为"自封型"领袖。这种自封型领袖提出变革思想，并号召人们支持这些思想。合法当局要么厌恶并压制这些著述，要么就听之任之，不予理会，然而"许许多多的人，尤其是问题直接影响到的社会群体和群体成员，会响应这种号召"，进而"发生变革运动"③。

---

① 茶党运动是于2009年初开始兴起的一场美国社会运动，主要参与者是主张采取保守经济政策的右翼人士。茶党运动最初是由部分人士对2009年刺激经济复苏计划（正式的说法是针对2009年《复苏与再投资法案》）的抗议发展而来的。——译者注

② Tucker, *Politics as Leadership*, p. 68.

③ Tucker, *Politics as Leadership*, pp. 75 – 79.

破坏性抵抗与革命

詹姆斯·斯科特提醒我们说:"在政治领域,相对安全而公开的反抗是难得而少见的,只在近代才出现过。大多数人一直以来充当的都是臣民而非公民,而且还会继续充当臣民。"斯科特让我们认识到"广大的介于顺从和反抗之间的政治领域",他称之为"臣民阶层的政治环境"。① 这里,我们从非追随形式转向了另一种反抗形式。追随者可能会表面上服从领导者,但在背后又偷偷地抵抗领导者的命令。领导者很难察觉他们的这种行为,也很难直接应对。然而,在斯科特的论述中,人们反抗的是强者与富人肆意剥削弱者和穷人的统治,而不是我所定义的领导。但是在思考追随者如何通过隐蔽而不直接冲突但仍然有效的方式反抗领导者时,斯科特的言论还是比较贴切的。

斯科特提供了充分的证据来证明他所说的"相对弱势群体常用武器"的有效性。这些常用武器包括"拖延、伪装、阳奉阴违、小偷小摸、装聋作哑、造谣、蓄意破坏等"②。如果众人都参与这种"反抗性的小动作",那么,那些"身居高堂的准上级们所空想的政策就会崩盘瓦解"。领导者会用各种方法来应对这种小动作,包括重新制定反映焦点问题的政策、实施鼓励服从的措施和增强高压统治。但无论如何,领导者都会做出反应,因为这些反抗行为或多或少地改变或限制了领导者采取的政策。③

如果我们撇开斯科特描述的这些非正式的破坏性抵抗,讨论更加公开的抵抗,就必须思考如下一系列抵抗行为。一种是公民不服从领导者的政策而采取消极抵抗,在战争时期最常见。一种是由圣雄甘地首创后经马

---

① Scott, *Domination and the Arts of Resistance*, p. 199.
② James C. Scott, *Weapons of the Weak: Everyday Forms of Peasant Resistance*, New Haven: Yale University Press, 1985, p. 29.
③ James C. Scott, *Weapons of the Weak: Everyday Forms of Peasant Resistance*, New Haven: Yale University Press, 1985, pp. 35-36.

丁·路德·金改良的积极的非暴力抵抗。这种非暴力抵抗通常针对的是政权——英国对印度的控制或美国南部的种族隔离。还有一种是暴力反抗领导者,而这可能会引发起义或革命。

麦克亚当、塔罗和蒂利分析了他们所称的"抗争政治",从而阐明"平常麻木冷漠、惊慌失措或毫无组织的人们"何时、如何变成积极的抵抗者乃至革命者。① 他们深入研究了 15 个大事件,其中包括 1955 年蒙哥马利城市巴士抵制运动,1789 年路易十六召开三级会议引发巴黎人民起义,以及 1967 年至 1968 年意大利教育体制改革建议引发的冲突。他们还讨论了肯尼亚的茅茅起义、当代印度教徒和穆斯林的冲突、美国反对奴隶制的斗争、尼加拉瓜桑地诺革命、意大利统一运动、苏联解体以及瑞士、菲律宾和墨西哥的国内冲突。这些不同的例子阐明了一个存在于全世界的普遍现象,即社会抗议运动有时会引发革命或内战。

有时候,有些追随者会在这些抗议行动的指挥中锻炼成为领导者。罗伯特·塔克关注的是突出的个人在组织社会运动中的作用。"运动一开始就是领导行为。'自发运动'实际上是绝对不存在的。"塔克阐述,在"运动一开始,通常就会出现一个指导方向的组织,而那些发起运动的自封型领导者就变成了运动的合法领导者"②。而正如詹姆斯·斯科特所言,即使是不太正式的抗议,"群众的行为可能不需要正式的组织安排,但肯定需要有效的协调指挥",通常借助于"从属群体成员的非正式网络"。他描述了一个"非正式领导力和非精英"的领域,它是"政治生活的基本形态,既是更具体、更开放的制度形式的基础,也是政治制度能够依赖的活力源泉"③。

领导者及其政权无论具有韦伯确定的哪种合法性,在反抗运动的冲击

---

① Doug McAdam, Sidney Tarrow, and Charles Tilly, *Dynamics of Contention*, Cambridge: Cambridge University Press, 2001, p. 38.

② Tucker, *Politics as Leadership*, pp. 86 – 87.

③ Scott, *Domination and the Arts of Resistance*, p. 151, 200.

下，都有可能丧失殆尽。合法选举就职的总统试图非法延长任期或滥用职权；总统当选后，追随者觉得选举存在欺骗，譬如阿富汗或伊朗的总统大选，凡此种种，领导者都有可能丧失理性基础上的合法性。传统型领导者，如果长期懦弱无能，又或者无法根据继承原则确定继承者，也会丧失权力的合法性。如果出现了另外一位魅力非凡的领导者，又或者其他人都倾向发展更"现代化"的权力形式，就像其他国家效仿美国独立运动及法国大革命进行改革运动一样，传统领导者的权威也会受到质疑。魅力型领导者若领导无效，导致追随者质疑他们的非凡能力和品质时，也会丧失其权力的合法性。无论是何种情况，领导力显而易见的失败都会引发追随者的某种反抗，但是对于魅力型领导者，一旦领导力失败，就会如迅雷般垮台。

结　论

领导者和追随者之间的关系是多方面的，错综复杂，追随者能够以多种方式影响领导者。不同的政府形式，不同的组织特点，不同的历史背景，追随者发挥的影响和参与的程度也会有所不同，然而追随者在各种领导力形式中都很重要，最威权的领导力也不例外。在第五章中，我们将思考民主制度中追随者独特而鲜明的工作。在民主制度中，"追随者"掌握着终极权力，领导者对其他公民负有正式和非正式的责任。

在思考了追随者之后，我们现在需要对那些我们称之为"领导者"的人有一个更加清楚的认识。通过探究与领导力相关的性格特点、经验和技能，我们可以尝试着回答一个更加基础的问题：为什么有些人能够成为领导者，而其他人却不能？

第三章　决定你成为领导者的是什么及哪些领导者会成功？

为什么有些人能够成为领导者，而其他人却不能？为什么有些人会站出来为集体问题出谋划策并动员其他人追随他们？为什么有些人能名正言顺地担任领导行使领导权？要回答这些问题，可以读读莎士比亚喜剧《第十二夜》① 中女仆玛莉娅致管家马伏里奥的一封信："有的人是生来的高贵，有的人是挣来的高贵，有的人是送上来的高贵。"②

世袭的首领或统治贵族生来就承载着担当领导的期望。他们有些能够出色地履行领导职责，但很多却因为个人能力有限或境遇不佳而失败了。"生来的高贵"一词也指那些天生具有领导才能、顺应众望担当领导的人。"挣来的高贵"指人们凭借训练和资历成为领导者，参选或出任指定的领导岗位。而"送上来的高贵"则让我们想到了辛辛纳图斯③，他情愿在农庄上快乐地劳作，也不愿担任罗马统帅。然而，这三个类别相互之间并不

---

① 这部作品以抒情的笔调、浪漫喜剧的形式，再次讴歌了人文主义对爱情和友谊的美好理想，表现了生活之美、爱情之美。——译者注

② 《第十二夜》，又名《各遂所愿》，是英国剧作家莎士比亚创作的著名喜剧之一，约写于1600—1602年间。——译者注

③ 辛辛纳图斯（Lucius Quinctius Cincinnatus，前519年—前430年），古罗马政治家，曾任古罗马执政官。根据历史传说，公元前458年，辛辛纳图斯被罗马城居民推举为执政官，去援救被埃魁人围困于阿尔基多斯山的罗马军队。他在接到此项任命时，还正在自己的小农庄上耕作。接着，辛辛纳图斯一天之内就打败了敌军，在罗马举行了凯旋仪式。辛辛纳图斯限定自己仅仅在领导罗马度过危机的时期掌权，危机刚一解除，他便辞职返回农庄，他只当了16天的罗马统帅。——译者注

排斥。像乔治·华盛顿，无论是生而具有领导力，还是努力获得领导力或被迫接受领导力，他都符合。

很多人认为，生而具有领导力（第二种意思，天生具有领导才能）是人们成为领导者的唯一途径。按照这种观点，所有的领导者本就天赋异禀，具有成功的潜质。这种想法使得人们罗列出一堆领导者的"特质"。人们认为领导者应该自信、善于交际、具有口才和富有毅力。人们往往还将"男子气概"与领导者联系在一起，认为出现女领导者本身就存在问题。我们还根据领导经验总结出一些与领导力相关的能力和性格特点，这让问题变得更加复杂。除了"特质理论"，人们还根据领导者表现较多的能力，如解决问题的能力和社交判断的能力，提出了能力理论。[1] 然而，无论是"特质理论"还是"能力理论"，在理解领导力方面的解释力度都不大。

确实，自信、战略上英明睿智和善于交际的人，比缺乏这些品质的人，成为领导者的可能性更大，获取领导力的成功性更高。但我们必须切忌过于概括。大部分领导者偶尔也会胆怯、因循拖拉或缺乏自信。我们在第一章中也已经看到，由于环境不同，有些品质此时有益于领导力，彼时则可能不利于领导力。孙子指出"将有五危"（将军的五种危险品质）：鲁莽、怯懦、易怒、过于爱惜名誉和富有同情心。[2] 而在其他环境中，过于爱惜名誉和特别富有同情心则有益于领导者。

很多描写领导力的作者都曾指出，在决定谁堪当选领导者以及领导者成功当选的过程中，环境往往是至关重要的。如我们所知，"环境"涵盖很多不同的方面：文化、历史格局、众人面临的挑战、特定环境的显著特点。马基雅维利指出，领导者们可能今兴明衰，而在这过程中，变的只是环境，他们的领导方法并没有改变。顺时而动者会成功，而政策与时代相

---

[1] Peter G. Northouse, *Leadership: Theory and Practice*, 3rd ed., Thousand Oaks, CA: Sage Publications, 2004, 第二章和第三章对这两种理论进行了讨论并分别举例说明。

[2] Sun Tzu, *The Art of War*, trans. Samuel B. Griffith, Oxford: Oxford University Press, 1963, Ⅷ: 17 – 22, pp. 114 – 115.

悖者则失败。"假如一位君主的行为符合时代特征,他就会得心应手;同样,如果他的行为不符合时代特性,他就会不顺利……同样,两个不同秉性的人,一个谨慎,一个暴躁,却都取得了成功。其原因就在于他们的作法是否符合时代的特征。"①

马基雅维利还充分考虑了时运女神福尔图娜的作用。这位神秘女神的兴致在决定领导者成败的过程中作用很大。同样出自上述引用章节,马基雅维利认为:"命运只是我们行动的半个主宰,其余一半或者几乎一半是完全归我们自己支配的。"他将命运比喻成一条危险的河,泛滥起来会淹没它面前的一切。西塞罗同样惊叹"命运的神威从两个方向推动着我们,要么通向成功要么通向苦难。当命运的和风抚慰着我们时,会将我们带入所向往的天堂;而命运的狂风击打着我们时,会将我们摧毁。"②

列举一个现代的例子来说明命运的作用。在古巴危机的解决中,1962年10月美国发现古巴导弹的时间起了决定性的作用。而发现古巴导弹的时间却取决于几个不相关的因素:对飞机的妥善运用、有利的天气等不难考虑的因素。格雷厄姆·阿利森和菲利普·泽利科注意到:"早两个星期或晚两个星期发现导弹都会彻底改变古巴导弹危机的结果。"③ 当然,其中美国和苏联领导者的英明睿智、耐心、大胆和准确的判断力也同样至关重要。

马基雅维利提到:"那些凭自己的能力而成为君主的人,……以后保有(君权)却很容易。"④ 人们认为伊丽莎白一世深受幸运女神的眷顾,但埃尔顿的评价却是:"没有人会持续幸运半个世纪,除非远远不止是幸运。"⑤ 马基雅维利认为,勇敢而具有战略意识的领导者,比进取心不强或天赋不佳的人,更能让命运屈从于他们的意志。他将最高的敬意致予那些

---

① Machiavelli, *The Prince*, XXV, p. 85.
② Cicero, *On Duties*, Ⅱ, sec. p. 19.
③ Graham T. Allison and Philip D. Zelikow, *Essence of Decision: Explaining the Cuban Missile Crisis*, 2nd ed, Reading, MA: Addison Wesley Longman, 1999, p. 338.
④ Machiavelli, *The Prince*, Ⅵ, p. 19.
⑤ Elton, *England under the Tudors*, p. 398.

第三章 | 决定你成为领导者的是什么及哪些领导者会成功?

"不是依靠命运而是依靠本人的能力崛起成为君主的人们",诸如摩西、居鲁士①、罗慕洛②和提修斯③。在马基雅维利的观点中,关键在于这些领导者是否愿意使用武力来完成他们的目标;"如果摩西、居鲁士、提修斯和罗慕洛不使用武力,人们就不会长期地遵守他们的戒律。"④

玛格丽特·撒切尔选择挑战其他保守党领导成员的时机和随后大选的环境,于她都是有利的。在约翰·坎贝尔的描述中,撒切尔的成功是如此地出人意料,以至于"大家普遍嗤之为走好运"。但是她的成功绝不仅仅是好运气。综观其政治生涯,包括决定发动战争捍卫英国对马尔维纳斯群岛(英称福克兰群岛)的主权,她用果敢和自信向世人证明,勇敢和战略意识并非男人所独有。恰如坎贝尔所言:"她制造了她自己的好运;她抓住了别人为之畏缩的机会,以坚决的自信利用了他们的迟疑。"⑤

撒切尔的例子提醒我们,决定领导者面临的选择和影响领导者成就的重要内容,除了运气和机遇,领导者个人的品质也很重要。但是领导者跟我们大多数人一样,有着复杂的个性,他们的各种性格特点混杂在一起。因此,很难区分哪些品质是有益于成功的领导力。这一点值得我们在本书的整个讨论中牢记于心。

在本章中,我们思考的是于领导者有用的常见性格,不论领导环境是非正式的志愿者组织、部落会议还是民族国家。这里所讨论的品质和能力既不全面也不详尽,读者尽可以拥有自己的考量。通常,毅力、幽默感、乐观、自知之明、大度和适度的好奇心对领导者都是大有裨益的。而其他一些特质,虽然人们经常将它们与领导力联系在一起,但在我看来,要么

---

① 居鲁士(Cyrus,约公元前600年—前530年),波斯国王,波斯第一帝国的创造者,曾先后征服米底、吕底亚、巴比伦三大王国,大大扩展了波斯帝国的版图,史称居鲁士大帝。——译者注
② 罗慕洛(Romulus),神话传说中古罗马的建立者与第一任国王。——译者注
③ 提修斯(Theseus),又译作特修斯、忒修斯,希腊神话中雅典的建立者和国王。——译者注
④ Machiavelli, *The Prince*, Ⅵ, p. 21.
⑤ John Campbell, *Margaret Thatcher*, vol. 1:*The Grocer's Daughter*, London:Jonathan Cape, 2000, pp. 260 – 261.

价值不大，要么往往关系不大。例如，我只是简单且有所保留地提出了"洞察力"，而有些作家则认为洞察力是领导力的关键品质。但是排除这样那样的遗漏，我研究的是几个与领导力最相关的个性因素，排在首位也最基本的是：判断力。

判断力

无论何种环境，领导者最具价值的品质是良好的判断力。迪奇①和本尼斯就提出，"领导力的精髓是判断力。领导者需做的唯一最重要的事情就是做好判断和做好抉择……**判断力是核心，领导力的核心**。判断力佳，**别的**都不重要。判断力不佳，**别的**再好也枉然"②。根据我在第一章节中对领导工作的定义，领导者制定目标，决定进行事业的最佳时机，制定决策集合其他人的力量，挑选领导工作的伙伴。在这些领导工作中，良好的判断力非常重要。

判断力意味着什么？

判断力是很多人类活动的核心能力。对于法庭判案、运动、衡量艺术成就、从政和养育孩子来说，判断力都是一项重要能力。罗纳德·贝纳将判断力定义为一种"思想力"，我们在决定一项行动时与这种思想力尤为相关，它是"既不能从理性的角度加以解释也不服从于理性的一种认清周

---

① 诺尔·迪奇（Noel M. Tichy, 1945— ），世界知名领导力变革专家、密歇根商学院教授、全球领导力项目主任、通用电气公司克罗顿韦尔领导力发展中心前主席，"有效教学循环"理念的实践者，曾被《商业周刊》评为世界最有才华的十个管理大师之一。——译者注

② Noel Tichy and Warren Bennis, *Judgment: How wining Leaders Make Great Calls*, New York: Penguin, 2007, pp. 4 – 5（原文强调）。

围事物的能力"。① 做出判断往往离不开理性思考,但判断力的核心是人天生的反应,与聪明才智或后天学习关系不大。苏格兰场的亚当·戴格里斯②是 P. D. 詹姆斯侦探小说中的人物。他提到,在调查一个谋杀案的过程中,他凭"直觉获悉查案重点"。他说:"那不仅仅是直觉;那是一种笃定,一如既往……他无法凭意志的力量来支配这种直觉,也不敢深究这种直觉的根源,因为他怕那会是个伪证,经不住逻辑推敲。"③

然而,经验和反思可以提升判断能力。法官熟悉法律且判案经验逐渐丰富之后,判断能力也会更强。奥运会比赛的裁判在观看众多赛事之后,评判起来会更加娴熟。判断力不是"纯主观性的",也不仅仅遵照你的个人品位。你自己偏好香草冰激凌胜过巧克力冰激凌,不能就此认为可以说服其他人,改变人们对巧克力冰激凌的偏好。然而,为了让其他人确信你做出的是正确的决策,你可以向他们解释和描述你的判断。

情报专家推测敌方计划,司令员决定军队部署,教练和足球场上的四分卫或篮球场上的控球后卫,展现的都是判断能力。细心的观察家能够在这些行为中发现判断的模式,但这些判断中都存在无法预测或无法描述的推测成分,连情报官、司令员、教练或四分卫自己也无法预测或描述。在克林特·伊斯特伍德执导的电影《硫磺岛的来信》④ 中,陆军中将栗林忠道组织日本军队防卫硫磺岛,他的判断方式让他的大部分同僚费解不已。他不沿袭标准的军事程序,反而勘察起地形,研究攻击的美国军队可能要采取的作战方式。尽管在这座贫瘠的荒岛上,他的士兵们面临着难以忍受的环境,但他作为军队领导,却表现出绝佳的判断力。

---

① Ronald Beiner, *Political Judgment*, Chicago: University of Chicago Press, 1983, xv, p. 2, 6-7.
② P. D. 詹姆斯在其侦探推理小说中塑造的苏格兰侦探,是英国人最喜欢的小说人物之一。——译者注
③ P. D. James, *Shroud for a Nightingale*, New York: Warner 1971, p. 161.
④ 克林特·伊斯特伍德执导的《父辈的旗帜》姊妹篇,2006 年上映,本片使用日语,从日本人角度讲述了硫磺岛战役。——译者注

在《尼各马可伦理学》①的第六卷中，亚里士多德探究了人类活动中包含的不同思想力，并将"思想力"与"性格力"区别开来。他还特别提到了实践智慧，而很多读者都将实践智慧与"判断力"联系在一起。亚里士多德说，具有实践智慧的人"有能力认清什么是利己利人类的事，我们相信，拥有这些品质的人能够齐家治国"②。在亚里士多德看来，政治家伯里克利是具有实践智慧的典型人物。不同于科学，判断力牵涉的是信念而非真理，有"非此即彼"。不同于智慧，判断力的"内容"不是一成不变的，它取决于判断者所处的环境。甚至那些展现出预见能力的动物，也可以说具有判断能力。判断力不完全是反省性的，它是规范性的；它基于经验，且往往需要深思熟虑。

汉娜·阿伦特在准备有关"判断"的论文时说："我将论述我个人的主要设想：判断力是一项独特的思想能力，通过演绎和归纳是无法做出判断的；简而言之，判断与逻辑思考截然不同。"③ 汉娜对康德有关判断力的论断很感兴趣，康德说："判断力是一种只能实践而无法习得的特殊才能"，而且"判断力的缺乏没有哪个学校可以弥补"。④ 从康德的《判断力批判》中，她认识到，"判断能力应对的是特定情况"；判断时需要"发挥想象"和"打开思路"，要能够设身处地地思考。⑤ 这种"发散的思维"需要你有意识地扩展眼界，站在判断对象的立场上考虑问题。⑥ 根据阿伦特

---

① 古希腊哲学家亚里士多德的哲学著作，共十卷，为亚里士多德最重要的著作之一，被认为是亚里士多德本人在吕克昂学院（Lyceum）中的讲座笔记，因其子尼各马可（Nicomachus）而命名。——译者注

② Aristotle, *Nicomachean Ethics*, ed. Martin Ostwald, Library of liberal Arts, Indianapolis: Bobbs-Merrill, 1962, book Ⅵ: p. 5, 153. 第7至13部分对这种能力做了更广泛的论述。

③ 汉娜·阿伦特未能写完《心智生活》的最后部分便辞世了，而这部分的论题恰恰便是"判断"。"Postscriptum to Thinking," from *The Life of the Mind*, vol. 1, included in *Lectures on Kant's Political Philosophy*, ed. Ronald Beiner, Chicago: University of Chicago Press, 1982, p. 4.

④ Arendt in *Lectures on Kant's Political Philosophy*, p. 84.

⑤ Arendt in *Lectures on kant's Political Philosophy*, p. 13, 43–46, 54–56, 61–63.

⑥ 这一概念出现在康德《判断力批判》（*Critique of Judgment*）的第40节中。

的理解，康德还认为，判断力"总是而且主要出现在……我与其他人的预期交流中，我知道最终必须与他们达成某种一致。因为这种潜在的一致，判断力才能发挥独特效用"①。我们不能奢望他人"认同"领导者的所有决策，但我们确实希望领导者的行动能够为人理解，并得到衷心的拥护。因此，在康德的观点中，对判断力的最佳理解不是寻求"一致"而是获得"可理解性"。

一些当代社会学家曾研究人类生活中直觉与理性之间的差异，并将直觉与应对复杂情况时另辟捷径的行为或能力相联系。另辟捷径在指引方向时非常重要，尽管这些捷径有时最终通向的是死胡同。现代行为经济学大师丹尼尔·卡尼曼②认为直觉与理性都是一种心理过程，称直觉为"体系1"，与"体系2"理性区分开来。他说，直觉思维"自发地出现在大脑中，类似一种指令"。他选用了其他作者有关敏锐直觉的生动例子来作为佐证："象棋大师路过一个棋局，就能指出'白棋进三将军'"（赫伯特·赛门③）；"经验丰富的护士通过细微的迹象发现即将发作的心力衰竭"（加里·克莱恩）。正如卡尼曼对这种习惯的描述，"有些决定因素……可能是由基因决定的；还有些决定因素则是经验累积发展的。技能的掌握逐渐增加有效反应和信息组织有效途径的出现，直到驾轻就熟"④。

赛门对"判断性直觉过程"给出了一个类似的描述，很具启发性。他

---

① Arendt, "The Crisis in Culture," in *Between Past and Future*: *Eight Exercise in Political Thought*, New York: Viking Press, 1968 [1954], p. 220.

② 丹尼尔·卡尼曼（Daniel Kahneman, 1934— ），以色列裔美国心理学家，现代行为经济学大师。由于其在行为经济学上的贡献，于2002年获得诺尔经济学奖。——译者注

③ 赫伯特·亚历山大·赛门（Herbert Alexander Simon, 1916—2001），汉名为司马贺，美国著名学者，计算机科学家和心理学家，研究领域涉及认知心理学、计算机科学、公共行政、经济学、管理学和科学哲学等多个方向。1975年图灵奖得主，于1978年获得诺贝尔经济学奖。——译者注

④ Daniel Kahneman "Maps of Bounded Rationality," *American Economic Review* 93, no. 5 (December 2003): pp. 1450-1451, 1453.

称"判断性直觉过程"为"管理决策与判断的非理性和无理性成分"。① 克莱恩强调"直觉的力量",并举例证明凭直觉决策的迅速:经验老到的领导者在关键时刻无需一系列复杂程序的思考,光凭直觉就能做出决定。② 巴泽曼和摩尔研究了在西蒙阐述的这种决策中的"有限理性"和"满意度"的概念。③

借助这些深刻的见解,我们可以将判断力理解为一种独特的心智能力,一种将经验、直觉和智力相结合的接近于熟虑和决策的思考方式。我们在做决策时,往往利用推理来得出结论,但是判断能力并不能反推为理性,它仍然是基于有事实根据的信念,偏重手段而非结果,关注特例而非普遍现象。判断过程包括总结经验,用过去证明有效的方法去探索问题或避免曾经犯过的错误,用汲取的教训来应对新状况。

判断力的维度

在很多情况中,判断准确可以收到良好结果。肯尼迪总统和赫鲁晓夫主席在解决古巴导弹危机时没有继续受困于眼前最容易的行动方案,判断力绝佳。乔治·H. W. 布什在冷战结束时,也表现出很强的判断力。他没有羞辱苏联领导人,而是果断审慎地对待他们,并维护着同盟国对美国的支持。

然而,我们应防止将绝佳的判断力等同于如意的结果,那样就变成了纯粹的事后评判了。我们普遍认为,判断力佳的人有时也会失败,即使他们已经发挥出最佳的判断,并决定了合适的行动方案,也有可能失败。虽然我们褒扬肯尼迪总统在古巴导弹危机中良好的判断力,但我们也指责他

---

① Herbert Simon, "Making Management Decisions: The Role of Intuition and Emotions," *Academy of Management Executive* 1, no. 1 (February 1987): p. 57.

② Gary Klein, *Sources of Power: How People Make Decisions*, Cambridge, MA: MIT Press, 1999.

③ Max H. Bazerman and Don Moore, *Judgment in Managerial Decision Making*, 7th ed., Hoboken, NJ: John Wiley and Sons, 2009.

在猪湾事件中政策的失败。维持良好的判断力，在一定程度上可能需要从经验中学习锻炼，坚持获取更好的信息。但即使是判断力一贯良好的领导者也不能控制决定结果的所有因素。此外，评价领导者的成败还应考虑伯纳德·威廉斯①所称的"道德运气"。②

除了评估特定的结果，我们还观察不同的人做决定的方式。我们在此观察法基础上认识到，有些人就是比其他人的判断力强。我们认为这些人更有可能做出好的决策，他们会思考潜在行动方案的方方面面，而不是盲目为之，因而值得我们信赖。判断力强更值得信赖，这不仅是我们评价领导者或领导者候选人时的印象，也是我们评价亲朋好友（包括孩子）时的观点。我们有时也会判断失误，付出代价。但我们还是认为判断力强的人更可能提供成功的领导力，而且往往也确实如此。

判断过程中包含的一大因素是对形势不同方面的大量评测。通过想象——也就是康德所说的发散思维——或听取好的建议，都能实现这种评测。我们在第二章中已经看到，要判断准确往往需要广纳言论、聚集相关人士。还有一个与判断相关的要素是"边缘视觉"：眼观六路耳听八方，了解周围环境状况，发现潜在机遇或威胁。懂得如何专注很重要，要直接关注摆在面前的困境。在很多环境中，专注的能力非常有用，而边缘视觉则对领导者尤其有益。③

明白了这些，我们或许可以用空间关系在判断与能力之间打个比方。不同的人会用不同的方式了解地形，有些人善于看地图；有些人善于观地

---

① 伯纳德·威廉斯（Bernard Williams，1929—2003），《道德运气》作者，英国道德哲学家。他因对功利主义和康德伦理学的批判以及对道德和道德要求本质的探究，主导了近30年来西方伦理理论的思维，被公认是当代道德哲学研究领域屈指可数的大师之一。——译者注

② Bernard Williams, *Moral Luck: Philosophical Papers*, 1973-1980, Cambridge: Cambridge University Press, 1981, pp. 31-32.

③ Warren G. Bennis and Bert Nanus, *Leaders: The Strategies for Taking Charge*, New York: Harper & Row, 1985, p. 102, 认为边缘视觉连同先见之明、事后的认识、世界性视角、深度感知和"修正过程"，都是成功领导者所需的"各种层面的见识"。

形来确定方向——借助太阳或星星，观察山脉的走向；还有些人只需将整个地形走过一遍，不需要任何辅助，就能回忆起全部地形，精确度不可思议。在领导力中，面对特定的形势既无地图也无脚本可以点明方向。知道如何识别地形，如何重新找回前路，如何回忆起重要地标，都非常有用。

判断力还包括发现新状况并随机应变的能力。特里·桑福德①是教育界和公共生活领域的杰出领导者，他用旋转木马的形象来阐明这一观点。他说，当领导就像在观看旋转木马旋转。一般观看的人注意的都是："我已经看过那批红色的马"，或"那头长颈鹿刚刚过去了，紧跟着河马和马车"。② 但是领导者还应寻找他未曾见过的动物，将注意力特别集中在处理挑战上，不能局限于同样的寻常事物。

判断力的另一个显著内容是远见：预见不同政策的后续影响和认识未来隐患的能力。如马基雅维利所言，能提前认清麻烦，补救就很容易；往往等到问题完全明了了，就不论采取什么补救措施都太迟了，因为形势已经失控了。马基雅维利用疾病来打比方，疾病初发时容易治愈却难以诊断；到了晚期，就变得容易诊断却难以治愈了。按照他的观点，"明智的君主"处理的"不仅需要考虑当前的困难，还要考虑未来的隐患……因为祸患在刚露端倪的时候是容易清除的，但是如果等到大祸酿成，就无可救药了。"管理中亦是如此。"国家事务也是如此，如果能够明察潜伏中的祸患（只有敏锐而具有远见的人才能做到），就能够迅速地采取挽救的办法。但是如果没有察觉，让祸患发展到人人都看见的地步，那就为时已晚了。"③ 我们可以回忆一下埃及法老的故事，他听从约瑟的忠告，囤积粮食，度过了随后的饥荒之年。IBM 等 IT 公司的总裁也很富有远见，当他们发现个人电

---

① 特里·桑福德（James Terry Sanford, 1917—1998），美国政治家、教育家，美国民主党成员，两次参加美国总统大选民主党党内初选，曾任北卡罗来纳州州长（1961—1965）和美国参议院议员（1986—1993）。——译者注

② 桑福德是一位德高望重的导师，他在 1994 年的一次谈话中使用了这一比喻。

③ Machiavelli, *The Prince*, III, pp. 10–11.

第三章 | 决定你成为领导者的是什么及哪些领导者会成功?

脑很快就会"实现商品化"时,随即就将公司的资源转向软件和服务等其他领域,发挥他们的科研能力,将利润最大化。

对时间的高度敏感是判断力的又一特点。做判断时,应知道何时是解决问题的成熟时机,何时应让问题再酝酿一段时间,何时等问题逐渐明确。在讨论俄国革命时期列宁的领导时,胡克认为,列宁性格中促使其成功的第一关键品质就是他"对政治时间的超级敏感"。他说,没有对时间的高度敏感,"智慧超人也无济于事。对时间的高度敏感,加上坚强的意志,才智平平也能登上顶峰"。① 领导者应能够分清轻重缓急,随时辨清面前哪些问题需要及时关注。有些问题虽然领导者的左右手将其标注为"紧急",却未必总是值得领导者重视。领导者还需知道,何时应积极了解各种意见,何时应观望等待。此外,知道何时发表重要宣言、如何措词以及什么场合合适,也是发挥判断力的另一方面。

最后,在选择重要下属时,判断力也很重要。我们已经在第二章中看到,为重要工作选对人并说服他们接受任命,是领导力最重要的方面之一。在为一个岗位考量候选人时,准确判断候选人的性格,获取充分的信息评估候选人的弱项与强项,在组织中合理安排不同人员,都对领导者非常有用。懂得如何人尽其才,如何激励、评估和引导下属——所有这些判断都很关键,对于成功领导力尤其重要。

多数场合对领导者有用的技能

获取和运用信息

对于领导者最重要的技能之一就是懂得如何获取和运用信息。这就意

---

① Hook, *The Hero in History*, p. 151.

味着领导者拥有值得信赖的信息渠道,能够帮她获得重要信息,而且信息丰富多样,不至于让领导者沦为单一看法的奴隶。考虑到大型机构领导者拥有的时间有限,从各种渠道获取信息就成了一项重要挑战。倘若只是听取别人提供的信息,那也简单。然而,信息渠道单一,且接收的信息经过重重整理,或信息提供者有充分的理由只提供他们想让领导者知道或他们认为领导者想要知道的信息,这些对于领导者来说都是相当冒险的。总统乔治·W.布什因夸口说他从不读报,只接受亲近之人提供的新闻,而遭到众人的批评。与其形成鲜明对比的是,总统巴拉克·奥巴马坚持保留他的黑莓手机,保持他与亲密友人及信赖的顾问之间的沟通和联系,尽管这样构成了不少信息技术和信息安全上的挑战。

理查德·纽斯达特赞扬富兰克林·罗斯福对待信息的方法:领导者应"成为他重要情报的主宰"。领导者"决不能妄想有任何人或任何系统能够提供他最需要的零碎信息;另一方面,他必须清楚,他的官方顾问可能不愿提供很多他需要的信息"。① 弗莱德尔指出:"不让任何人介入到他和各种信息渠道之间,不提前制定最终决策,是罗斯福的坚定本能。"② 相比之下,观察家就批评德怀特·D.艾森豪威尔只依靠势力强大的幕僚长一人来提供信息,他们认为他仅仅获得了经过整理的小范围的信息。但是弗雷德·格林斯坦则描写得更加入微。他描述说,艾森豪威尔"听取很多白宫助手、政府同僚及朋友和熟人的意见,他不断地与他们面谈,向他们咨询,在罗斯福底下自言自语。虽然他获取信息的技巧性不那么明显,但信息渠道还算比较丰富"③。

任何领导者所获得的信息都存在错误和不足。但领导者可以通过多提问,多调查问题的答案,从而判断所听信息的价值,以确保自己的认识更

---

① Neustadt, *Presidential Power*, p. 154.
② Freidel, *Franklin Roosevelt*: *A Rendezvous with Destiny*, p. 125, 280.
③ Fred I. Greenstein, *The Hidden-Hand Presidency*: *Eisenbower as Leader*, Baltimore: Johns Hopkins University Press 1994, p. 148, 150.

第三章 | 决定你成为领导者的是什么及哪些领导者会成功？

加全面。她还应该时不时地实践"走动管理"(MBWA)，在下属和追随者之间自由走动，听听他们的看法。对领导者判断力的一大考验是，要想出如何既能实现走动管理，又不会削弱其在直接下属面前的威信，更不会鼓励下属为达目的绕过直接上司与高级长官直接接触。这种情况就需要领导者在两个不同目标之间寻求平衡——从组织的各个阶层了解全面的信息（让他们感受到你对他们的尊重，让他们认为你愿意聆听他们的心声），合理放权给高级下属，尊重他们的特权。

营造身边之人隐瞒真相的氛围，对领导者来说，是个严重的错误。如果因为将不好的真相告知领导者，结果产生了不愉快的后果，那么人们就有充分的理由拒绝信息共享，而人们不肯共享的信息可能对决策至关重要。领导者还应谨防谄媚之举，谨防过分的歌功颂德，警惕那些对你溜须拍马的人。马基雅维利说："除非人们知道对你讲真话不会得罪你，否则，要防止人们阿谀谄媚，就别无办法。但是，一旦大家敢于对你讲真话，他们对你的尊敬就会减少。"① 他的解决办法是仔细挑选有识之士，赋予实话实说的自由权力，对领导者咨询的问题如实作答，对咨询之外的事情保持缄默；然后经常询问他们的意见，并拒绝再听其他任何人的进言。但是这种做法对文艺复兴时期的君主可能还行得通；对于现代的政治家或大学校长，叫他们只听她所任命之人和所征询之人的意见，就非常不适用了。

领导者需要获得一些"未经加工的"信息，这些信息没有经过重重的官僚过滤器的过滤。然而，有些信息的过滤对忙碌的领导者来说还是必要的，她不能消化掉全部未经处理的信息，就像她随便饮用消防水管中的水一样。领导者还应认识到马基雅维利所言真相的核心："一旦大家敢于对你说真话，他们对你的尊敬就会减少。"领导者应清楚，是她来决定愿意信赖谁的意见，并确定如何评估和运用所获得的信息。领导者应愿意承认，她需要信息，不能不知道却装作知道；但是有的时候，即使你觉得困惑和

---

① Machiavelli, *The Prince*, XXIII, p. 81.

不确定，也要表现出自信和完全掌控局面的样子，这很重要。

领导者要富有策略地运用信息。在这点上，很少有哪个领导者能像林登·约翰逊那么富有技巧。格林斯坦提到："很少有政治家在吸纳信息和投入短期运用的能力上超过他。"① 通过了解参议院日程的详细情况并确定支持和反对他的参议员，他从其他人那里获得信息并和他们分享信息。作为少数党领袖，这是建立忠诚并展现能力的途径。作为多数党领袖，他将信息作为权力的主要来源，让原本并不令人羡慕的岗位变得让人刮目，全面掌控起整个机构。② 通过按照自己的意图制定议程和沟通交流，他不仅仅获取信息，还创造信息。

口才与交流能力

口才——可以理解为鼓舞或鼓动听众的能力——堪称为领导者最为有效的资源之一。因为领导者要说明目标，动员其他人追随他们，因此能够说服、动员人们，让他们相信正确答案就在你手中，并明智地引导他们，这是一种非常有用的能力。马丁·路德·金博士作为一名捍卫人权的领袖，他的成功在很大程度上都归功于他的演讲才能，而这种演讲才能是他在长期的听道布道中锻炼出来的。几个世纪以来，宗教领袖都运用语言来塑造追随者的思想和行为。在非宗教领域中，丘吉尔用优异的演讲天赋决定性地维持了不列颠之战中英国军民的士气。而约翰·F.肯尼迪更值得褒扬，人们认为他的就职演讲中塑造了一个时代的精神，激励着其他人追随他设定的路线。20年后，罗纳德·里根对美国截然不同的认识也同样充满力量。

格林斯坦给予了富兰克林·罗斯福极高的评价，赞扬他在各种环境中的演讲天赋——正式演讲、非正式的炉边闲谈以及新闻发布会上他"征服

---

① Greenstein, *The Presidential Difference*, p. 89.
② Dallek, *Lone Star Rising*, pp. 470–476; Caro, *Master of the Senate*, pp. 388–390.

大众媒体的雄辩之才"。① 弗莱德尔说罗斯福已经"将一种简单谈话式的演讲风格练就得炉火纯青"。他的演讲不似一般政治领导者那般庄重,但他却使用得如鱼得水。他发现调动"群众的情绪"易如反掌,他颇具雄辩之才,发表的演讲激动人心,赢得了普通民众的喜爱。② 伯恩斯提到,罗斯福在当上总统后的第一个周末就进行了第一次炉边谈话,向全国发表银行危机方面的讲话。"大约20分钟的时间里,他温暖而安定人心的声音涌进万千家庭,他用简单的言语解释了银行业的状况,没有让听众有任何居高临下之感。这次演讲是非常成功的。"③

成功的领导者在阐述他们的思想和政策时,总能让人信服,总能说服其他人按照他们的方式看待这个世界。在政界,演讲和辩论是竞选中至关重要的内容,林肯从政后由籍籍无名逐渐晋升,关键就在于他的演讲才能。林肯一开始也并不擅长演讲,他的传记作家戴维·赫伯特·唐纳德告诉我们,在19世纪50年代,"为了成为一名广受欢迎的演讲者,他付出了很多努力,但始终不太如意"④。但他练习得很勤奋,而他讲故事的天赋也颇具传奇色彩。传记作家多丽丝·古德温报道说:"自孩童时期,林肯就开始锻炼他的演讲技能,他站在树桩上对着小伙伴们演讲。"⑤ 林登·约翰逊也具有"讲故事的非凡天赋"。达莱克记述到,约翰逊最善于一对一的交谈和非正式的谈话,而在正式演讲时则显得生硬且笨拙。⑥ 然而,就任总统时,约翰逊却发表了好几场让人记忆深刻且动人的演讲,其中著名的就是1965年3月有关民权的演讲。演讲最后,他振臂高呼:"我们终将胜利。"

领导者应从各种途径接触不同背景的人们,说服他们接受她对环境的

---

① Greenstein, *The Presidential Difference*, pp. 16 – 17.
② Freidel, *Franklin D. Roosevelt: A Rendezvous with Destiny*, p. 58, 224.
③ James MacGregor Burns, *Roosevelt: The Lion and the Fox*, New York: Harcourt, Brace, 1956, p. 118, 169.
④ Donald, *Lincoln*, pp. 164 – 165.
⑤ Goodwin, *Team of Rivals*, p. 140.
⑥ Dallek, *Flawed Giant*, p. 188.

描述，响应她的建议。然而，这并不是说发表与对方根本不相符的言论，或根据听众改变自己的观点——这种行为最终只会变成领导者的困扰。这里指的是根据追随者的背景，对不同的听众用不同的措辞，同样的信息用不同但同等有效的方式表达。举个例子，像大学校长的听众就有教学人员、学生、职工、校友、镇民、政府官员和记者。

领导者除具备演讲才能外，还要善于倾听。善于倾听包括信息的听取和对复杂形势细微差别的敏锐察觉。演讲者很容易陷入对自己声音的陶醉中，而不能认识到聆听的重要性；但是成功的领导者往往同时具备演讲能力和倾听能力。富兰克林·罗斯福是出了名地絮聒和爱讲话，但他也会仔细倾听别人的讲话。"他基本上靠耳朵来了解问题。"弗莱德尔这样说。① 约翰逊会在参议院办公室里花好几个小时打电话。他把大长腿翘到桌子上，手里别着香烟，全神贯注地聆听一个参议员的电话，从而确定赢得这位参议员支持的最佳方式。他会私下给重要的同事打电话，了解他们的老家在哪儿，并利用了解的这些情况去说服他们或其他人，要么煲又长又烦的电话粥，劝说他们顺从他的安排，要么当面交流，喋喋不休，直至对方逐渐屈服。② 按照保罗·康金的话："他把电话当成他身体虚拟的延伸。"③

象征的力量

善于雄辩不仅限于演讲。象征手法也是一种辞令，可以成为一种非常有效的交流方式。1962年10月，南非当局以叛国罪审判曼德拉，曼德拉在第一天出庭时选择"穿着传统的科萨豹皮斗篷而不是西服领带"。这振奋了支持他的群众，他们一见到曼德拉就都站了起来，喊着非洲自由斗士的口号："权力！""是我们的！"曼德拉告诉我们，他选择用他的服装来"强调（审判事件的）象征意义"。作为在白人法庭中遭到审判的黑

---

① Freidel, *Roosevelt: A Rendezvous with Destiny*, p. 125.
② Caro, *Master of the Senate*, pp. 588–589.
③ Conkin, *Big Daddy From the Pedernales*, p. 191.

人,他"实际上背负着非洲人民的历史、文化和传统。那一天,我觉得自己就是非洲民族主义的化身,是非洲艰难而崇高的过去和不确定未来的继承者"①。

巴拉克·奥巴马在竞选和就职时都发表了令人印象深刻的演讲,例如有关种族和卫生保健的演讲。人们曾批评奥巴马有时过于低调,不够热情,未能激发听众的热情,不能让听众按照他的期望去行动。但是他用行动告诉我们,他深谙象征的力量。奥巴马在当选总统后的第一场演讲中,重提了民权运动,并向为选举权做出重要贡献的先辈们致敬。他挑选格兰特公园来进行他接受总统提名的演讲,这勾起了人们对1968年民主党大会的回忆,也更新了人们对格兰特公园的联想。在此之前,一提到格兰特公园,很多美国人联想到的都是国内暴力和压迫。

纯熟地运用象征物和权力仪式也是伊丽莎白一世作为英国女王获得成功的关键之一。伊丽莎白在第一次巡游伦敦时,让行进队伍务必带上王权的象征;而伴随着她的统治,她对象征手段的运用也愈加纯熟。"高明的宣传管理能将伊丽莎白随后的亮相和游行……变成女王与臣民相互煽情的友爱大聚会。"斯塔基如是说。而埃尔顿则指出:"宫殿金碧辉煌,朝臣智慧超群,加冕仪式威严庄重,她高高在上,充分履行了君主的第一职责——对外代表国家的形象,尽享全民的拥护。"②

决策

决策是领导者的典型活动。而好的决策本身就是一种能力。决策不是仓促地结束一件事,也不是花很长的时间来下结论。如果尚未取得关键信息,又或者根据形势的发展趋势,不久后可能会有更好的决策,那么拖延决策可能比较有用。但是领导者必须能够做出决定,继续前进。很多领导者都倾向于避免结束,因为他们想要更多的信息;信息会源源不断,但必

---

① Mandela, *Long Walk to Freedom*, pp. 324 – 325.
② Elton, *England under the Tudors*, pp. 398 – 399.

须在某个点做出决策。优秀的决策者通过实践来历练他们的能力，但也不会无休止地自我猜测。复杂组织的领导者极少有时间去深思如何能够做出更好的决策；即便有时间去深思，成效往往也不大。领导者应勇于承认错误，应能够从错误中汲取教训继续前进。

即便是众人爱戴的领袖，有时也很难及时决策。伊丽莎白一世是出了名的拖延和优柔寡断，年老之后愈加拖沓，导致了不少问题，以英国与西班牙开战期间为甚。① 据弗莱德尔所述，富兰克林·罗斯福总是"在面临困难决策时思前想后，拖延时间"。美国参与"二战"前的岁月让罗斯福十分难熬，因为问题是如此复杂，而美国又丧失了参与反法西斯战争的最佳时机。然而，随着"珍珠港事件"爆发，美国得以对法西斯阵营宣战，"罗斯福立即披上海军总司令的军服，满腔热情地展开全面的领导"，牢牢掌控战争机构、作战策略和战时外交。②

妥协的作用

领导者为了能完成目标，经常还需要做出妥协。但并不是所有领导者都擅长此道。伍德罗·威尔逊坚决反对妥协，并视妥协为懦弱或失败的标志。其所出身的长老派家庭的严训就是"上帝拒绝我们妥协"。在威尔逊人生的一些重要时刻，例如担任普林斯顿大学的校长、担任新泽西州州长、担任美国总统期间，拒绝妥协成为他达成目标的重大障碍，从决定研究生院在普林斯顿的定位到成立国际联盟，尽皆如此。③ 1919 年，当威尔逊获悉美国参议院没有通过他拟定的国联盟约时，"威尔逊表现得不屑一顾。'任何反对我的人……我必打倒！'他对法国大使如是说。'我什么也不会同意。参议院一定会吃到苦头的。'"但是参议院拒绝了他说的苦头，威尔

---

① Elton, *England under the Tudors*, p. 358.
② Freidel, *Franklin Roosevelt: A Rendezvous with Destiny*, p. 55, 409.
③ John M. Mulder, *Woodrow Wilson: The Years of Preparation*, Princeton, NJ: Princeton University Press, 1978, p. 219.

逊的竞选也因为他顽固不肯妥协而断然失败了。恰如亚瑟·林克所言，威尔逊的"拒绝妥协"颇有"希腊悲剧的意味"。①

然而即使是最有原则最顽固的领导者（包括威尔逊）有时也会认识到，明显的直接途径不是达成目标最有效的方式。在1890年的一次演讲中，威尔逊说了一则轶闻来阐述这个观点。"密西西比河河面上升起了浓雾，一艘轮船的船长不得不紧急靠岸。然而，虽然贴近河面的雾很浓，但河面以上却一片清明。天空万里无云，繁星点点。一位乘客等得不耐烦，质询船长停船不前的理由。'看不清，没法行船。'船长说。'但是天上一点雾也没有，'乘客建议说，'你都可以看见北极星。''是的。'船长回答，'但我们不往北极星去。'"②

富兰克林·罗斯福是一位善于妥协的领导者，而且他是出了名地喜欢两全其美。他的竞争对手赫伯特·胡佛讽刺他为"格子上的变色龙"。罗斯福的助手雷蒙德·莫利曾将"两份完全不同的关税草案"交给罗斯福，以便罗斯福能做出更有深度的决策。但罗斯福给出的答复却是"将两份汇编成一份"，这让他的助手吃惊不已。③ 1936年，罗斯福在准备再次提名总统的演讲时，是典型的"双管齐下"。他将演讲稿的起草任务同时交由两个团队，而这两个团队都不知道彼此的存在，然后他再将两份演讲稿相结合，在"对新政的激烈辩护"中融入温和的措词。④ 然而，罗斯福有时也会错误地估计自己的立场，以致弄巧成拙。在"填塞法院"⑤事件中，他

---

① Arthur S. Link, *Wilson: The Road to the White House*, Political, NJ: Princeton University Press, 1947, p. 90.
② Woodrow Wilson, "Leaders of Men", 1890, reprinted in *Political Leadership: A Source Book*, ed. Barbara Kellerman, Pittsburgh, PA: University of Pittsburgh Press, 1986, p. 434.
③ Burns, *Roosevelt: The Loin and the Fox*, p. 144.
④ Freidel, *Franklin Roosevelt: A Rendezvous with Destiny*, p. 201.
⑤ 填塞法院：1937年罗斯福向法院发起的挑战，按照这个计划，总统可以提名另一名法官取代任何超过70岁但还没有退休的联邦法官，联邦最高法院也不例外。当时，最高法院的大法官中有六人的年龄已经超过70岁，总统可以借此把最高法院的大法官人数从原来的九名增加到十五名。——译者注

就未能察觉到国会和全国民众对此强烈反对，忽略了"国会很多重要人物强烈的妥协倾向"。弗莱德尔告诉我们，罗斯福想当然地认为国会一定会支持他，忽视了"他一贯熟练的策略，没有多抚慰国会重要议员来为他的提案铺平道路"。1937年3月、4月，最高法院有意接受一个折中方案，支持了新政的若干法令。但"罗斯福坚决地坚持他的抗争，得寸进尺"。到了最后，当失败在即，他又想要妥协，可是为时已晚。①

伊丽莎白一世在处理危险的宗教问题时，走的也是折中路线。据我们所知，她的解决方法是"金发姑娘式的温和对待：既不过冷也不过热"。无论是正统的天主教还是新兴的清教，对于这种解决方式都不太满意。"诚然，国家上层里，对此最满意的可能就只有伊丽莎白自己了。"② 然而，这一折中方案却是高明之举，坚持这一方案是伊丽莎白成功的关键之一。她凭直觉没有引入"日内瓦的狼"（加尔文新教），并尽可能地保留了天主教日常仪式的服饰，让英国平民对她的统治感到安心，但她同时又表明会坚持她父亲的清教信仰，拒绝屈服于罗马天主教，拒绝对当时天主教信条的盲从。③

亚伯拉罕·林肯极其善于妥协，以至于一些批评他的人指责他缺乏原则。他坚信，奴隶制是罪恶的。他希望摧毁并逐渐消灭奴隶制度。但是因为他维持联邦的决心同样不可动摇，视联邦政府的存续高于奴隶制的废除，所以他在很多时刻都做出了妥协，而这也曾让他的支持者倍感愤怒和沮丧。④ 恰如伯恩斯所述，林肯是"为赢得南北战争的胜利，在废奴主义者与边境温和派、国会激进派与保守派之间极尽平衡之事"⑤。

圣雄甘地虽然视非暴力不合作为一种生活方法和斗争方式，不可动摇

---

① Ibid., pp. 224–236.
② Starkey, *Elizabeth*, p. 313.
③ Ibid., p. 299.
④ Donald, *Lincoln*, pp. 133–135, 175–176, 269, 368.
⑤ Burns, *Leadership*, p. 391.

地信奉非暴力不合作主义，但为了达成他的政治目标，也甘愿做出有策略的妥协。休·廷克认为"妥协——怀柔——合作"是"甘地所秉信念的核心"。他举的例子是1946年甘地请求蒙巴顿伯爵①向穆斯林领袖真纳求助，以共同组建印度独立后的政府。真纳是印度国大党最强烈的反对者。但是甘地相信真纳为了避免印度与穆斯林地区正在萌芽的分治，会充分迎合国大党的利益。② 然而，这种大胆而冒险的做法立即遭到了国大党的反对，甘地只好黯然取消了之前的协商。

哪些个性特征与领导力相关？

除了上一节中讨论的技能和个人素质，还有一些个性特征也有利于领导者。在这里，我侧重于三组个性特征：激情与恰如其分，同情心与客观独立，勇气与适度克制。每一组中的两种个性特征虽然初看似乎相互对立，但往往却能彼此互补。

激情与恰如其分

马克斯·韦伯的一篇演讲对领导力做了最富创见的一次论述，演讲的题目叫《以政治为业》。韦伯提到，掌权者应具备"三种前提性素质"才能"公正对待权力"。这三种前提性素质是"激情、责任感和恰如其分的判断"。这里的激情指的是志存高远，献身一项你坚信的事业，不等同于强

---

① 路易斯·蒙巴顿（L. Louis Mountbatten, 1900—1979），英国海军元帅、大英帝国末任印度总督、东南亚盟军总司令，"蒙巴顿方案"提出者，该方案促成了印度和巴基斯坦分治。——译者注

② Hugh Tinker, "Magnificent Failure? The Gandhian Ideal in India after Sixteen Years," *International Affairs* 40, no. 2 (April 1964): p. 266, 269–270.

烈的情感和莫名其妙的亢奋。诚然，韦伯所说的"热切地献身于一项事业"是一种"**不脱离实际**"的激情。① 而且他强调说，只是热切的献身并不值得赞赏，除非献身事业的同时还"将责任当作这项事业的指引之星"。正如马克·菲尔普所指出的，我们并不清楚"在政治范围内，何种事业是可以接受的，即哪些可以视为事业，而不是简简单单的个人偏好"。② 然而，韦伯坚持认为，"绝对真理是，再伟大的政治成就如果被人咒骂为毫无价值，也会黯然失色。"所以我们追寻的目标必须是崇高的。③ 很多受人尊敬的领袖，包括纳尔逊·曼德拉，都因其对崇高目标的激情奉献和实现目标的强烈责任感而扬名。

有了取得成果的责任感，韦伯提出的第三种前提性素质——恰如其分的判断——也同样很重要。韦伯将恰如其分的判断描述为"政治家坚决果断的心理素质：面对现实内心专注冷静的能力，能够超脱人与事的藩篱"。领导者经常还需要稍微跳离所处位置或眼前环境，留出时间去思考前路，也就是一些观察者所说的"登峰而望"。对于韦伯来说，恰如其分的判断包括"超脱自我"，坚决抵制虚荣心的诱惑。然而，他紧接着又指出，这两种素质——激情与恰如其分——通常很难同时具备，"问题就在于，一个人身上如何能同时结合火热的激情与冷静的恰如其分"④。

"均衡"（proportion），与韦伯所说的"恰如其分"用了相同的英文单词，但意思却略有不同，"均衡"是指"在迥异的素质之间取得恰当的平衡"。均衡是领导力的另一个重要因素。例如，领导者既需要耐心又要行事迅速。有时，领导者应当缓慢行动，但绝不能因此丧失影响力。通常情况下，深思熟虑后大胆行动是最佳的行动方案。

上述建议可能看起来不太实用，因为建议并没有指示出何时应缓慢行

---

① Weber, "Politics as a Vocation," p. 115（原文强调）
② Mark Philp, *Political Conduct*, Cambridge, MA: Harvard University Press, 2007, p. 82.
③ Weber, "Politics as a Vocation," p. 117.
④ Weber, "Politics as a Vocation," p. 115.

动何时当果断行事。经济组织管理大师赫伯特·西蒙就曾指出,有关领导力的格言常常"成对出现,而且相互矛盾。'三思而后行!'——但又'犹豫者必败!'"①同样看似不太实用的是建议于两种极端之间"奉行中庸之道"。即使是一贯喜欢中庸之道的亚里士多德,也不得不承认:"如果一个人只知道奉行中庸之道,他其实还是不懂何为中庸之道。"② 排除上述疑问,因时制宜的建议还是合理的;而认清何时需要哪种个性,又再一次需要发挥判断力。马基雅维利提到,政治家必须既是狐狸以识别陷阱,又是雄狮以慑服群狼;只有狐狸的智慧可能遭人轻蔑,只有狮子的勇猛则沦为愚蠢。③

韦伯在《以政治为业》一文的结尾段落写到:"政治工作就是在用力且缓慢地穿透硬木板,它同时需要激情和眼光。所有历史经验都证明了一条真理:要把不可能的事情变成可能,非得锲而不舍,反复努力不可。而一个人能把不可能的事情变成可能,他就是一位领袖,而且他不只是领袖,还是世人眼中的英雄。"④ 然而,不是所有的领导工作都带有这种英雄性质;很多领导工作实际上要平淡得多。很多时候,领导工作确实就像是在"用力而缓慢地穿透硬木板"。领导者经常要面对顽固的障碍、模糊的选项、激烈的反对和对抗;没有顽强的毅力,他们往往很难坚持到底。西德尼·胡克在描述俄国革命期间列宁的领导时说,列宁有效领导的一个关键因素就是"他不屈不挠的意志和无可比拟的自信。即使他曾抱有一丝怀疑……他也不曾透露给任何人"⑤。

同情心与客观独立

韦伯在提到"距离"对成功领导者的重要性时,不仅限于超然物外和

---

① Herbert A. Simon, "The Proverbs of Administration," *Public Administration Review* 6, no. 1, Winter 1946: p. 53.

② Aristotle, *Nicomachean Ethics*, book Ⅵ, p. 146.

③ Machiavelli, *The Prince*, ch. ⅩⅧ, p. 61.

④ Weber, "Politics as a Vocation," p. 128.

⑤ Hook, *The Hero in History*, p. 151.

超脱自我，还包括与他人的距离。他坚持认为，"灵魂的坚定驯化，使激情的政治家区别于"浅薄之辈，但这"只能通过各方面的客观独立来实现"。如此强调客观独立可能在大家的意料之外，因为人们往往将领导者与追随者的情感相通看成是成功领导的关键。但是这两种表面对立的性格特性都很重要。如霍华德·加纳德所言，"每位领导者独处与融入"的模式"都是不同的"，但"两种状态都是成功领导所必需的"。①

多数成功的领导者都很关心其努力动员、引导和服务的追随者。除了个人抱负，关心追随者通常也是领导者寻求领导职位并不辞劳苦排除万难坚持下去的动力之一。如果你并不在乎一群人的境况，你就不太可能会去承担这项富有挑战的工作——帮他们设定目标（或为他们设定目标），并激励他们去实现目标。很多领导者也会在某种程度上真正地做到与追随者情感相通，同喜同忧，希冀与共，忧惧与共。还有些领导者只是演技纯熟的演员，即便他们对其追随者丝毫不存同情之心，他们也会向追随者传递同情，因为他们意识到，这符合追随者的期望，也确实于领导工作有利。在紧密团结的小型民主团体中，情感相通并非难事，因为领导者是"我们中的一员"，很容易就能理解团体中其他成员的希冀与忧惧。但在庞大的现代民族国家中，追随者也希望领导者能与他们情感相通；看看戴安娜王妃逝世时，臣民们对伊丽莎白二世的指责吧，就因为她没有像他们那样悲痛。

同情心很重要，不仅因为它能让他人意识到你"感受到他们的痛"（比尔·克林顿就是有名的例子），还因为它决定了你的行动方案。林肯的私人秘书约翰·尼古拉这样描述他的老板："他无与伦比的政治判断才能归功于他的同情心……能够让他无比精确地预见对手可能采取的行动。"② 林肯发现与普通人的接触会丰富他的认识，为他注入新的力量。他和妻子在白宫公开接见的民众达数千人。古德温提到，林肯将这些接见描述为

---

① Howard Gardner, *Leading Minds*, pp. 36–37.
② Quoted by Goodwin, *Team of Rivals*, p. 104.

第三章 决定你成为领导者的是什么及哪些领导者会成功？

"他的民意澡堂"。他声称，他们"可以让我对我曾经所属的广大民众有一个更加清晰更加生动的印象……尽管可能不是所有的见面细节都让他们感到满意，但会见他们却让我对责任与义务的认识焕然一新"。①

令人瞩目的是，很多领导者都在与其他人的相处中找到乐趣。伯恩斯肯定地说，富兰克林·罗斯福"需要人群"，并且"将访客作为信息的源泉，不像比较内向的领导者，只靠书本来汲取信息"。他叙述了牛顿·贝克对富兰克林·罗斯福的评价："小罗斯福前途无量，但是我想他这样不加选择大范围地维持与人们的联系，会精疲力尽的……但据我对他的观察，他会在这种实在的谈话中逐渐理清自己的思想并自我提升。"② 富兰克林·罗斯福在患脊髓灰质炎而与轮椅为伴之后，就依靠他的妻子埃莉诺来当他的"耳目"。埃莉诺四处旅行，邀请各种有趣书籍的作者和各种背景的人来海德公园赴宴。有一次，罗斯福对着一群人说，他感觉自己像安泰③，那个希腊神话里通过与大地的接触而获得源源不断力量的巨人，"只要见到美国人民，我就能获得力量"。④ 还有比尔·克林顿，他也是一位需要与人接触并从人群中汲取力量的领导者。

同情心是珍妮·亚当斯领导赫尔之家之时的力量之一。赫尔之家是珍妮·亚当斯于19世纪末在芝加哥建立的安居所。赫尔之家的例子，我们将在第四章做更为详细的探讨。亚当斯非常关心那些她通过赫尔之家的各种活动予以支持的人，她参与他们的事务，从不担心会有损她的身份和体面。亨利·斯蒂尔·康马杰说："沉着冷静与权威，珍妮·亚当斯全部掌控……对她来说，没有什么事情太困难，也没有什么事情太简单"，从记账

---

① Quoted by Goodwin, *Team of Rivals*, p. 598.
② Burns, *Roosevelt: The Lion and the Fox*, p. 53, 204.
③ 古代希腊神话里的一位巨人，他的力量来源是大地，所以只要身体不离开大地，就会有源源不断的力量来助他打胜仗。——译者注
④ Burns, *Roosevelt: The Lion and the Fox*, p. 317.

到生子，从找工作到演讲和写信。① 令她和她的同事们感到困扰的是，中上层阶级的身份将她们与所帮助的人们隔离开，因为这些人每天都为下一餐而发愁。但是亚当斯认识到，对于领导者，同情心是有限度的。列夫·托尔斯泰能够充分体会穷苦人民的命运，能够贴近他们的工作和食物，这点让亚当斯非常震动，她下决心要以列夫·托尔斯泰为榜样，每天早上至少花两个小时在面包房里为普通家庭烘烤面包。然而，她很快又意识到，那些等着见她的人，需要处理的信件、账目，需要做出的决定，只有她这个协会领导能够处理。"当我花两个小时在面包房工作以拯救我的灵魂的时候"②，并不能将这些事情搁置一边。

珍妮·亚当斯的经历让我们清楚，关心追随者是领导工作值得赞扬的一方面，但不能成为担任领导的唯一动机。领导者必须为整个集体的美好前途着想，必须思考达到计划目标的最佳途径。有时，这就意味着要牺牲掉集体中一些人的直接利益和目标，同情心就必须让步于冷静理智。韦伯提到领导者需要和其他人保持一定距离，正确的原因就在于此了。领导者必须做出一些会给某些追随者带来不利后果的决策。霍华德·加德纳描述乔治·马歇尔将军③是如何"学习指挥之道，并逐渐懂得，他不能和那些必须遵守他的命令并且可能被他惩罚和开除的人过于亲密"④。

想要"同情"其追随者，并理解他们的希冀与畏惧，不能成为领导者担当领导的唯一动机。他们还必须在紧张或存在冲突的情况下权衡可能出现的结果，做出决定。挑选一个行动方案势必会给一些人带来好处，给另一些人带来损失；这就是"决定"的意义所在——想方设法地解决棘手问题。有时，领导者做出艰难决定的行为，在损失的一方看来是冷酷无情的。

---

① Henry steele Commager, foreword to Jane Addams, *Twenty Years at Hull-House*, New York: Penguin. 1961 [1910], xv.

② Addams, *Twenty Years at Hull-House*, pp. 178 – 182.

③ 乔治·卡特莱特·马歇尔（George Catlett Marshall, 1880 – 1959），美国军事家、政治家、外交家，陆军五星上将。——译者注

④ Howard Gardner, *Leading Minds*, p. 151.

然而，在小团体中，领导者很难做到这种冷漠——熟悉追随者的不便之处就在于此，你很难做出损害他们利益或违背他们夙愿的决策。在大型组织中，领导者在做艰难决策时就不太会有这种反应，他们需要从其他渠道来了解追随者的需要和喜好。

领导者还应对她的直接下属抱有同情心，她不能将自己的需要和见识强加给他们，或者主观地认为他们可能会存在某种需要和认识。但是她又必须与直接下属保持适当的距离，这样才能直接向他们做出负面反馈，为他们的工作设定高标准，以及最后在他们未能达到这些标准时让他们走人。被解雇者肯定会觉得这样做冷酷无情，其实从他们的角度来说，这样确实很无情。富兰克林·罗斯福讨厌裁人，尽可能避免这种不愉快的冲突；相反，他只是将他们调到权力边缘，而不是明确地砍断关系。① 这是很多领导者倾向于选择的解决方式。但应对下属不尽如人意的表现，这种方式实在糟糕，往往产生的问题比解决的问题多。有时，相比滥用的同情、一味的逃避与否定，无情地言明对当事各方都只会更好。

勇气与适度克制

有些领导者从未面对过需要巨大勇气的状况。但是对于我们大多数人来说，总需要时不时地鼓起勇气。领导者需要勇气来做艰难而不受欢迎的决策，为自己所坚信的原则而挺身，以及面对伴随权力而来的偶尔的孤独。勇气可以是为组织挑选正确的路线，坚持下去，而不是满足于较容易的路线，将问题堆积给未来。勇气也可以是通过辞职来突出其他领导者所忽略的重要真相。

勇气常常表现在一个人为了坚持既定的路线而甘愿冒险。玛格丽特·撒切尔是出了名地具有这种勇气。她在一次恐怖爆炸中险遭杀害，但她旋即又继续投入工作。② 罗纳德·里根在一次暗杀中更是严重受伤，但他同

---

① Freidel, *Franklin Roosevelt: A Rendezvous with Destiny*, p. 124.

② Howard Gardner, *Leading Minds*, p. 238.

样充满勇气,毫不退缩。

勇气还可以表现为应对困难环境的坚强。在早年漫长而黑暗的监禁中,纳尔逊·曼德拉下定决心,绝不能让践踏人身的环境夺去他的尊严,而他的勇气最终甚至赢得了狱警的尊重。海伦·苏斯曼①在她土生土长的南非,以自由进步党议员的身份,对抗种族隔离政权。她还反对国际社会用施压来制裁她的国家,因为她深信国际制裁对南非白人的影响有限,只会给南非黑人带来更多的伤害。苏斯曼的这些抗争无不显示出她莫大的勇气。

勇气还可以表现在,作为少数人敢于批判占多数的当权者,甚至不惜冒着生命危险。抵抗运动的领导者,即使像乔治·华盛顿和夏尔·戴高乐这样截然不同,展现的却都是这种勇气。抗议的公民或臣民也同样具有这种勇气。敢于挑战权威的人们常常会领导其他人,在实现共同目标的过程中激励和鼓励他们。

很多时候,勇气就意味着愿意冒险。但有时,勇气则可能是耐心和谦逊,是在面临来自下属或追随者的巨大压力时,以果断的惊人之举低调地处理组织问题。勇气还可以是在其他人都执迷极端路线时选择中庸之道。亚伯拉罕·林肯在南北战争时期,坚持他选定的战略——不丑化南部以维持联邦的存续,勇气十足。勇气和中庸就是这样结合起来的,虽然中庸在某些方面看起来与勇敢或冒险相悖。

抵制住顽固与狂热的诱惑,奉行中庸之道,是尤其珍贵的品质。仅凭这点,伊丽莎白一世就立即有别于她同父异母的姐姐玛丽女王。玛丽女王在着手摧毁清教时,烧死了很多清教徒和反叛者;相反,伊丽莎白对宗教问题的处理,恰如斯塔基所言,是"她的中庸和……根本人性的最大证明"②。虽然在她的统治下,天主教徒信奉天主教会遭到迫害,还有可能失去财产或生命;但对于大多数反对她的主教和教士,她只是予以囚禁,而

---

① 海伦·苏斯曼(Helen Suzman, 1917—2009),南非反种族隔离活动家和政治家。——译者注
② Starkey, *Elizabeth*, p. 302.

不是烧死。而那些被她处死的人,并不是纯粹因为信仰而遭到迫害,而是确实威胁到了国家安全。根据弗朗西斯·培根的叙述,伊丽莎白一世的原则是"良知不可迫"①。尽管很多人都在伊丽莎白的宗教政策中发挥了作用,但最终的决定权在伊丽莎白手中。她在她第一次议会的开幕演讲中说,新的君主"绝不会固执于自己的意愿和想象,不会为了满足自己的意愿和想象恣意妄为……给她的人民带来奴役,亦不会重蹈覆辙,赋予她的人民互相憎恶的合理理由,以免造成骚乱"。这是万象更新的明确信号。玛丽女王在统治之初也曾做过类似的声明,但不同的是,伊丽莎白遵守了自己的承诺。②

曼德拉在南非漫长的分权协商中,奉行的是典型的中庸之道。他"采取了几项措施来消除白人少数族群的疑虑",包括承认白人为"南非同胞",安慰他们在巨变之中尽可安心。同时,他还"是非国大③中约束革命性更强的激进黑人群体的温和力量",对南非的未来安定起了至关重要的作用。④ 1994 年,非国大在选举投票中获胜,曼德拉发表获胜演讲。演讲中,他侧重于代表全南非人民,并呼吁各个种族人民团结友好。"不论男女,不分非洲人、有色人、印度人、白人、南非白人和说英语的,是时候让我们说:我们是同一个国家,我们是同一种人。"⑤

愿景

很多领导力方面的作者都认为,"愿景"是与领导力相关的主要因素之一。例如,根据本尼斯的观点,"领导力首要的基本要素是指导愿景。领

---

① Weir, *Life of Elizabeth* I, p. 59.

② Starkey, *Elizabeth*, p. 307.

③ 非国大:南非洲人国民大会(African National Congress, ANC),现为南非执政党,是南非最大的黑人民族主义政党,也是南非唯一跨种族的政党。——译者注

④ Betty Glad, "Passing the Baton: Transformational Political Leadership form Gorbachev to Yeltsin; form de Klerk to Mandela," *Political Psychology* 17, no. 1 (March 1996): p. 16, 21.

⑤ Martin Meredith, *Nelson Mandela*, London: Hamish Hamilton, 1997, p. 519.

导者能从专业角度和个人层面清楚认识到自己要做什么,面对挫折乃至失败时,具有坚持不懈的毅力"①。有些领导者的处事方式确实能证实本尼斯的总结。英国的未来愿景,玛格丽特·撒切尔心中了然。虽然这一愿景并非完全出自她个人的设想,而是基于战后其他保守党思想家所做的工作,但在这一愿景的推动下,撒切尔却首先促使保守党继而推动英国朝着与其原先完全不同的方向发展。② 圣雄甘地、马丁·路德·金以及纳尔逊·曼德拉,对于他们国家将何去何从,都有自己的愿景。对甘地来说,他的愿景是恢复印度的历史尊严,实现自治的印度,一个人民可以在各种活动中实行非暴力抵抗的印度。马丁·路德·金向往一个信守道义的美国,一个各种族人民可以追求渴望的幸福生活、和谐共处的国度。而曼德拉终其一生都坚定地致力于打造一个稳定公平的多民族的南非。

然而,并非所有成功的领导者,掌权时都具有如此大略。他们可能对所追求的共同目的和目标有更实际的想法,有些领导者更是坦言厌烦"见识一事",总统乔治·H. W. 布什就有此一说。"现在 IBM 最不需要的事情就是'愿景'。"路易斯·郭士纳就职 CEO 时也这样说道。在他的认识中,IBM 需要的是执行、磨砺和艰难的选择;是忠于 IBM 的历史使命和自我界定;设想全新的公司愿景显然不在其列。詹姆斯·麦格雷戈·伯恩斯告诉我们,"罗斯福[在执政的第一个百日]没有遵循任何主要计划——正如后来他本人自讽说,没有'经济万灵药或特别计划'。他不仅承认他没有计划,还夸耀说,他是随机应变。他喜欢对记者说,他是一个通过看上一场比赛结果来要求新比赛的橄榄球四分卫。"③

公民在挑选职位候选人时,遴选委员会委员在挑选 CEO 时,往往要求候选人说明她对组织的愿景,亦即战略性计划或根本的新方向。有些人可

---

① Bennis, *On Becoming a Leader*, p. 39.

② Peter Clarke, *A Question of Leadership: Gladstone to Thatcher*, London: Hamish Hamilton, 1991, p. 298.

③ Burns, *Roosevelt: Lion and the Fox*, p. 171.

能主要根据候选人描绘愿景的能力来评定候选人。但是对于不熟悉组织惯例和组织历史、不了解政治形势复杂程度的候选人，要求他描绘愿景，是比较苛刻的要求。而新领导人在信息不充分、实现愿景的人员鲜有参与的情况下编织一个组织愿景，进入组织后，直接拿出这个现成的愿景，则始终是危险之举。反之，领导者固执地因循常规，不采纳新方向，错失改进组织的机会，也是有害的。而在这类情况中，领导者的判断能力——对环境的敏感性，将有助于领导者决定何时以何种方式提出大胆的战略性的新"愿景"。年轻人若有志于领导力，最应多观察经验丰富的领导者，多积累经验，学会认清愿景的吸引力和局限性。

领导者的复杂性格

我们在第一章中已经看到，领导者通常有着非常复杂的谋权动机。他们还会将复杂的性格带入领导经历，包括他们的优点和缺点。为了强调这一点，我们看几个例子：这些才华横溢的领导者在很多方面都非常成功，但同时也具有一些有损领导力的性格。在第六章，我们将深入探讨这个话题，思考性格、道德品质与领导力之间的相互影响。

格林斯坦称林登·约翰逊为"杰出的幕后政治家，一个复杂而不完美的人"，他还提到，约翰逊"同相当数量的最高管理者一样，让情感缺陷阻碍了他们的责任行为"[1]。我们在第二章中已经看到，林登·约翰逊是一位造诣极高的立法领袖，但同时却是个难以让人乐意为其效力的人。他贬低下属，公开奚落下属。达莱克记录道，约翰逊"有时会疯狂地苛用有才华的下属，哪怕下属们已经拼到能力的极限"[2]。他对着下属大吼大叫，为

---

[1] Greenstein, *The Presidential Difference*, p. 79, 89.
[2] Dallek, *Lone Star Rising*, p. 131, 187.

突显自己的优越,他叫下属去浴室见他,还威胁要裁掉他们。

英国的伊丽莎白一世是出了名的个性复杂。她很自负,有时候自负得堪称荒谬。历史学家们还提到,她"不公正,报复心时而发作,易怒,一贯地优柔寡断"。但她又"因为她的才干、机智、不偏狭和精明而赢得尊敬"。① 同多数功勋卓著的领袖一样,在伊丽莎白一世的例子中,人们对她的是非功过同作评价,得出一个完整的历史记载。

有时候,领导者带入权力的性格更偏重于美德而非缺点;有的领导者在掌权时也成功地保持着这种美好的性格。然而,即使是这些领导者,他们身上的缺点也是明显的。纳尔逊·曼德拉很容易让人当成偶像去崇拜;理查德·施腾格尔就曾提到,曼德拉是"当世最接近圣人的人"②。但是曼德拉坚持说"我不是天使",观察家们也曾提到他的"固执、骄傲、天真和轻率"。③ 曼德拉在和南非最后一任白人总统弗雷德里克·威廉姆·德克勒克的互动中,不断发生摩擦和恶性的人身攻击,甚至在他们共同努力为多民族的南非寻找合适的国家结构时,也同样如此。曼德拉"有时缺乏政治勇气,他控诉国大党的政敌们滥用暴力,而他自己的追随者同样滥用暴力,他却不愿惩办他们"。曼德拉的脾气曾经火爆得可怕,但随着时间的逝去,他逐渐学会了控制自己的脾气。④ 曼德拉的成功表明他是一个极善谋略的政治家,与他亲近的一位同僚曾说:"我从来都不知道与我共事的是一位圣人还是一位马基雅维利。"⑤

埃莉诺·罗斯福也像纳尔逊·曼德拉一样,有时也会被人看成是"圣人",但对于那些非常熟悉她的人来说,埃莉诺的缺点也非常明显。布兰奇·库克就曾提到:"埃莉诺不是圣人,虽然她总是很坚韧,但也自私冷

---

① Elton, *England under the Tudors*, p. 398.

② Stengel, "Mandela: His 8 Lessons of Leadership," p. 44.

③ Sampson, *Mandela: The Authorized Biography*, xxiv, pp. 582–583.

④ David Ottaway, *Chained Together: De Klerk and the Struggle to Remake South Africa*, New York: Random House, 1993, p. 8, 47.

⑤ Sampson, *Mandela: The Authorized Biography*, xxiv.

第三章 | 决定你成为领导者的是什么及哪些领导者会成功?

漠,令人讨厌。"她"脾气专横,甚至还有点冷酷",而且"争强好胜,控制欲强"。她养的狗经常对着人吠叫。她的员工对她尽心尽力,但她也会不耐烦,希望他们能立即满足她的要求。埃莉诺在家行为"消极反叛",她雇佣的管家不仅拒客,还拒绝烹饪罗斯福喜欢的食物,经常制造厨房灾难。①

埃莉诺的丈夫同样是个性格复杂的人。伯恩斯提到,"最熟知罗斯福的人会完全认同一个观点——他是一个无比复杂且几乎高深莫测的人……罗斯福矛盾的性格经常让他的直接下属感到困惑和烦恼。他几乎总是那么和蔼可亲,然而又在某些行为中透着一丝冷酷"。通常情况下,罗斯福总是很沉着很冷静,但如果他的对手触碰了他哪根神经,他会出人意料地爆出"尖锐的怒言"来痛斥对手。"(罗斯福)在很多细节上存在着不一致的情况:对于下属类似的做法,他会感谢一些人所做的努力,对另一些人又只字不提;对于行政事务,他有的干预,有的又忽略;有时,让四个人去做一项工作……有时,又让一个人做四项工作。"②

温斯顿·丘吉尔是另一个性格复杂的领导者。他担任英国首相时,在不列颠之战最初几个月里的演讲堪称传奇。1940年6月,法国濒临溃败,丘吉尔发表演讲,宣布英国抗战到底,"我们将不惜一切代价保卫本土。我们将在海滩作战……我们将在田野和街头作战,我们将在山区作战,我们绝不投降"。听了丘吉尔的这篇演讲,英国工党下院议员乔舒亚·威基伍德说,这篇演讲"抵得上千发炮弹,值得千年流传"③。当法国败给德国时,丘吉尔更是做了他最鼓舞人心的演讲,他在演讲中肯定地说,如果英国勇敢地抵御希特勒,"整个欧洲就会解放,全世界便可走入阳光灿烂的广阔原野。但是如果我们失败了,整个世界包括美国在内,包括我们所熟悉所关切的各国,将陷入一个新黑暗时代的深渊。发达的科学将使这个黑

---

① Blanche Wiesen Cook, *Eleanor Roosevelt*, vol. 2: 1933 – 1938, *the Dedfining Years*, New York: Viking, 1999, p. 2, 35 – 38, 56 – 59.
② Burns, *Roosevelt: Lion and the Fox*, p. 472.
③ Martin Gilbert, *Churchill: A Life*, London: Heinemann, 1991, pp. 646 – 647.

暗时代更险恶,更漫长。因此,让我们振作精神,恪尽职责。倘若英帝国及联邦得以永世长存,人们将说道:'这是他们最光荣美好的时刻。'"①抱着这样的精神,丘吉尔用这些振奋人心的语句,显示出他在当时完美地具备了领导力极其重要的三种品质:勇敢、毅力和演讲才华。

丘吉尔在成为英国首相之前,人们普遍认为他是靠家族关系混上职位的,行事不够老练,在大部分涉足领域的表现也是时好时坏。在成为首相之前,丘吉尔曾八次就任内阁职位,但是他功过参半,没有特别突出的表现。但在1940年,时势与他完全契合。从这个时期起,丘吉尔开始振奋政府同僚的精神,鼓励他们"不弱化事态的严峻性,但仍保持政府层面高昂的士气,保持对自身能力的自信和坚定的决心"②。1940年的整个夏天,不列颠之战进入白热化状态,伦敦上空夜夜空袭不断,丘吉尔频繁出入空袭破坏区,定期巡视民众,真情流露。在成功的希望几乎渺茫的情境中,他耗费大量精力去努力"维持国家士气和维护半文明的生活状态"③。

在战争期间,丘吉尔屡屡遭遇两难的道德困境,人们时常控诉他行事冷酷无情。但大家都不得不承认的是,战争将丘吉尔的性格提升到全新的层面,让他成为一个非凡的人。1940年之前,丘吉尔在政治生涯中没有什么突出政绩,同样,战后他连任首相也不太成功。但不容否认的是,1940年丘吉尔身上担负的巨大责任和重大影响力,激发出了他身上最优秀的品质,而这些独特品质与时代的特殊要求幸运地结合在一起,带来了深远的良好影响。

人们经常称赞欧内斯特·沙克尔顿④是一个出色的成功领导者。他带

---

① Roy Jenkins, *Churchill: A Biography*, New York: Plume, 2002, p. 621.
② Gilbert, *Churchill*, p. 652.
③ Jenkins, *Churchill*, p. 635.
④ 沙克尔顿于1914年12月5日乘坐"坚毅号"蒸汽帆船,由伦敦出发前往南极探险,企图成为横穿南极洲的先锋。但是"坚毅号"却在距离南极100公里处遇上大量浮冰,融化的浮冰把"坚毅号"撞毁,探险队受困于威德尔海上。在通讯断绝、粮食耗尽、气温低达零下57摄氏度的恶劣环境下,奋力求生近一年后,沙克尔顿决定带领队员乘坐三艘救生艇前往陆地。——译者注

第三章 | 决定你成为领导者的是什么及哪些领导者会成功?

领他的队员历经不可思议的艰险,几番生死挣扎,成功穿越南极大陆。每每面临严峻考验,稍微轻举妄动即可招来严重的无妄之灾时,沙克尔顿都能思虑周详,及时决策。而他的队友们也紧密团结,相互扶持,从不质疑他的领导。他的船员 F. A. 沃斯利在记述这次"传奇历险"时,描述道:"(沙克尔顿)通过个人魄力让我们不泄气;当恶劣天气让我们举步维艰时,他身先士卒,让我们一一克服"。沃斯利还引用了另一位观察家的评价:"多亏了他们领导者具有强悍的性格和无限的精力,鼓励体弱的队员,呵斥落后的队员,维持严格纪律,兼顾全队的安危,他们才能成功穿越,无一人丧生。"①

沙克尔顿非常看重队友们的信任和支持,也十分清楚维持这份信任和支持的重要性。"孤独是担当领导的弊端,但倘若决策者觉得追随者们心中没有怀疑,会信心十足地执行他的命令,且怀抱成功的希望,那么,他会感受到莫大的帮助。"② 沙克尔顿同样清楚探险队所面临的危险,也知道命运女神的力量。在描述探险中的某个时刻时,他回忆道:"就在濒临绝境时,突然柳暗花明了。我常常会惊叹,成功与失败仅仅一线之隔,刚刚危险还就在眼前,转瞬间又转危为安。"③

然而,虽然沙克尔顿在险境中发挥的领导力堪称典范,带领着他的队员几乎是奇迹般地存活下来,但他领着他的队员步入如此危险之旅,首先就让人质疑他的判断能力。1914 年,他们在南乔治亚岛上集合,由一个捕鲸站出发开始穿越南极大陆。在岛上,经验丰富的捕鲸人告诫他们说,在沙克尔顿计划穿越的海域,结冰之厚,前所未有,危险至极。但是沙克尔顿和他的队友为了冒险执意前进,捕鲸人的警告似乎更加刺激他们继续前进。类似的情况也出现在航行途中,他们原本有机会在一个小港口提前开

---

① F. A. Worsley, *Endurance: An Epic of Polar Adventure*, New York: Norton, 1931, pp. 295 – 296.

② Ernest Shackleton, *South; A Memoir of the Endurance Voyage*, New York: Carroll and Graf, 1998, p. 121.

③ Ibid., p. 180.

始他们的穿越之旅，但沙克尔顿却不顾厚冰已经给探险队带来的严重挑战，一心往更加靠南的目的地航进。第二天，他们就开始遭遇厚冰带来的巨大麻烦，这时沙克尔顿才后悔没有在那个小港口登陆，"但事后聪明总是容易"，只是为时已晚。① 在这两次事例中，沙克尔顿的过度自信和鲁莽都成了他的缺点，将他的探险队带入极度危险之中。②

这些案例提醒我们，虽然有些值得称赞的性格经常与成功领导力相关，但实际生活中的领导者个人（跟我们每个人一样）也会将他们自己的优点缺点带入工作中。认识到这种心理上的复杂性，比列出一系列领导者应具备的"特质"或性格，要有用得多。

---

① Worsley, *Endurance*, p. 44.

② 我对沙克尔顿的领导所做的分析，源自达奇·伦纳德教授于 2010 年 5 月 1 日在哈佛商学院就"临危领导的教训"进行的专题讨论。

第四章　性别有影响吗？

很多经常与领导力相关的个人品质和能力都能够通过经验积累而得到学习和发展。唯独一种非常基本且常见的特征不适用于这一法则。纵观历史，领导力总是与男人们紧密相连。国王、父亲、男上司、男主人都是典型的领导形象。男人与领导力就像是连体婴儿，而对于很多人来说，女性领导者依旧陌生。

虽然男性与领导力之间的联系长久存在，但今天还是有越来越多的女人在各种环境中担任领导。越来越多的女人走上权力要职，将如何影响我们对领导力的理解？而像众人一样断定女人有着不同的领导方式，又意味着什么？本章将探究，领导力与男性之间普遍的联系以及这种模式在当代的变化，对于女性领导者和志在成为领导者的人，具有哪些意义。

在何种环境下女性会成为领导者？

历史上的女性领导者，是领导力与男性之间紧密联系中显著的例外。仅仅因为性别之分，她们在登上领导之位之前往往要克服很多阻碍。然而，即便如此，几乎各个领域都有女性来证明她们的领导能力。

何种境地何种原因会由女性来领导？

在历史上，女性会在某些情况下成为领导者，如在纯女性环境中，享有盛名的就有宾根的修道院长希德嘉①和布林茅尔女子学院第二任校长 M. 凯里·托马斯②；再如当世袭统治胜过性别之分，克利奥帕特拉③和伊丽莎白一世能成为君主便得益于此。女性在动荡时期也很活跃，如法国大革命时期的奥兰普·德古热④和市场妇女们，俄国的亚历山德拉·柯伦泰⑤，以及橙色革命⑥中的尤利娅·季莫申科⑦。女性常常领导与女性权益尤为相关的运动，例如 19 世纪末的禁酒运动和定居救助之家运动、妇女投票权的争取以及国际女权主义运动。

在男人们暂时缺席的地方——如在贵格会占优势的楠塔基特岛，当大

---

① 希德嘉·冯·宾根（Hildegard von Bingen，1098—1179），女性主义先驱者，最早的女性作曲家。她正式的身份是圣希德嘉，德国的女修道院长，也是女性文学作家、画家、科学家与预言家。——译者注

② M. 凯里·托马斯（M. Carey Thomas，1857—1935），20 世纪初美国最杰出的教育家之一，宾夕法尼亚州布尔马尔（Bryn Mawr）女子学院第二任校长。——译者注

③ 克利奥帕特拉七世（Cleopatra VII，公元前 69 年—前 30 年），埃及托勒密王朝最后一位女王。——译者注

④ 奥兰普·德古热（Olympe de Gouges，1748—1793），原名玛丽·古兹（Marie Gouze），法国女权主义者、剧作家、政治活动家，其有关女权主义和废奴主义的作品拥有大量受众。——译者注

⑤ 亚历山德拉·米哈伊洛夫娜·柯伦泰（Коллонтай Александра Михайловна，1872—1952），俄国共产主义革命者，列宁政府中唯一的女性，斯大林时代成为世界第一位女性大使。——译者注

⑥ 橙色革命（乌克兰语：Помаранчева революція，又译栗子花革命）是指 2004 年至 2005 年围绕 2004 年乌克兰总统大选过程中由于严重贪污、影响选民和直接进行选举舞弊所导致的在乌克兰全国所发生的一系列抗议和政治事件。——译者注

⑦ 尤莉娅·弗拉基米罗芙娜·季莫申科（Yulia Tymoshenko，1960— ），曾任乌克兰总理，以美艳外表和政治铁腕著称，被誉为乌克兰的"美女总理"和"乌克兰铁娘子"。参政前曾垄断乌克兰的天然气供应，被称为"乌克兰的天然气公主"、"石油女皇"，是位成功但极受争议的女企业家。在成为乌克兰第一位女总理前，她是橙色革命的领袖之一。——译者注

部分男人都出海时,或男人们都上战场时——女人们便有机会在社区和工作场地提供领导力。在不太正式的情况下女性也会成为领导者,例如欧洲女性沙龙的主办者、为人治病的"女巫"和非洲集市上的妇女。历史上有无数的女人领导了志愿者行动,她们投身教育、宗教活动,照顾老弱病残,参与文化活动,关爱贫困人群。这种领导活动对公民健康和很多社区的繁荣都非常重要。

此外,女人们还有权管理仆人、奴隶,但这不叫做领导力。而且很多女人有能力按照自己的意图来影响事件,但又铁定不能称她们为"领导者"。常见的女性"幕后掌权者"是皇太后或有影响力的情人(可以叫作"幕后玫瑰")。这让我们意识到,女性往往在影响力意义而非权力意义上握有大权。

女性掌权的阻碍巨大。大多数政治哲学家乃至无数的普通民众都武断地认为,女人不能领导他人。[①] 而有些人则认为由女性领导不合适或不可思议,透着股脂粉气,碍手碍脚,扰乱了粗犷的纯男权世界。还有些人认为女性领导者是对"自然的"男性权威的威胁和拙劣模仿,是对天父权威的冒犯。约翰·诺克斯[②]著有《反对女权的荒唐统治》,很多人都不太喜欢他的文体,但却非常认同他的观点:"擢升一个女子,至优越的、统领的、掌权的地位,让她凌驾在城邦、帝国之上,是违背自然规律和令人嫌恶的;换句话说,女人不应该统领任何国家,这种事既触犯了神的旨意,又破坏了公正的法则。"[③]

在第一章讨论"造时势"等词时,西德尼·胡克提出疑问:女性是否能凭借个人才智和目标来决定历史进程。他承认女人们"总是差不多(会

[①] Susan Moller Okin, *Women in Western Political Thought*, Princeton NJ: Princeton University Press, 1979.

[②] 约翰·诺克斯(John Knox, 1513—1572),苏格兰牧师,宗教改革领导人。——译者注

[③] John Knox, in the opening paragraph of The First Blast of the Trumpet against the Monstrous Regiment of Women, Geneva, Switzerland: J. Poullain and A. Rebul, 1558.

有所影响)",但对女人们能有多大的政治影响也将信将疑。有四位女子可能堪称事件型或造时势型领导者,她们分别是埃及女王克利奥帕特拉、拜占庭皇后西奥多拉①、法国的蓬帕杜夫人②和俄国的叶卡捷琳娜二世③。④ 我们可以排除掉前面三位,因为前面三位都是通过影响有权势的男人们来谋得权力的。只有叶卡捷琳娜二世,堪称一位个人成就决定时代进程的人物。人们认为她具有"极强的政治才干"和"杰出的政治才能"。胡克称赞叶卡捷琳娜是"造时势的女性",她的作用"在现代历史上没有哪个女子能够匹敌"。⑤ 然而,他并没有进一步深思,为什么历史上只有一位女子有如此深远的影响。

西蒙·德·波伏娃⑥也曾提到男女在塑造历史中的极端不平衡:"男性的优势确实是压倒性的:珀耳修斯⑦、赫拉克勒斯⑧、大卫、阿喀琉斯、拿破仑……如此多的男人们,却只有一位圣女贞德⑨;而且人们还谴责圣女

---

① 西奥多拉(Theodora,508—548),拜占庭皇帝查士丁尼之妻,出身贫寒,是西方历史上最有影响力的女性之一。——译者注

② 蓬帕杜侯爵夫人(Jeanne-Antoinette Poisson, Marquise de Pompadour,1721—1764),又译蓬巴杜夫人,全名让娜-安托瓦妮特·普瓦松,法国皇帝路易十五的著名情妇、社交名媛。蓬帕杜夫人是一个颇有争议的历史人物,她曾经是一位铁腕女强人,凭借自己的才色,影响到路易十五的统治和法国的艺术。——译者注

③ 叶卡捷琳娜二世(Екатерина II Алексеевна:Yekaterína II Alekséyevna,1729—1796),有些中文依照英文名称译作凯萨琳二世或凯萨琳大帝,原名索菲亚·奥古斯塔·弗雷德里卡(Sophie Augusta Fredericka),是俄罗斯帝国的女沙皇(1762年至1796年在位)。——译者注

④ Hook, *The Hero in History*, pp. 122-127.

⑤ Ibid., p. 127;最后的片语出自 *The Cambridge Modern History*, 6: 701.

⑥ 西蒙娜·德·波伏娃(Simone de Beauvoir,1908—1986),法国作家、知识分子、存在主义哲学家、政治活动家、女权主义者、社会理论家,1970年代女权运动的重要理论家和创始人。代表作有《第二性》《破碎的女人》《名士风流》《女宾》等。——译者注

⑦ 希腊神话中达娜厄和宙斯的儿子。——译者注

⑧ 希腊神话中的大力神。——译者注

⑨ 圣女贞德(Jeanne d'Arc,1412—1431),被称为"奥尔良的少女",是法国的民族英雄、军事家,天主教会的圣女,法国人心中的自由女神。——译者注

贞德依仗的是大天使米迦勒伟大的男性形象!"① 然而,在历史的不同时期,在不同的文化背景中,还是出现了不少强大的女性领导者。有些近乎神话人物——不列颠尼亚②和亚马逊女王。有些仅仅是昙花一现,又或者得益于环境,才有了别样的见识和才能,如圣女贞德和安妮·哈钦森。还有一些则作为国家元首发挥出堪比任何男性的领导力。伊丽莎白一世和玛格丽特·撒切尔,从任何角度看,都确实是时势性领导者,而且也堪称是造时势的领导者。

哈特谢普苏特的父亲图特摩斯一世确立她为埃及的储君和他的继承人。公元前1479年,哈特谢普苏特在父亲和丈夫兼联合统治者图特摩斯二世死后,自立为王,成为埃及的法老。对于一个女人来说,这是一次惊人的创举,却也是君主立威所必需的一步。在哈特谢普苏特的统治下,埃及继续国泰民安,与敌国之间也相安无事。她是"一个强大且功勋卓著的法老,她见证了埃及的文艺复兴",促使埃及艺术"超越黄金时代"③。哈特谢普苏特和她的重臣森穆特④建造了令人叹为观止的纪念碑,其中包括巴哈利的停灵庙和阿斯旺的方尖碑。她的统治为埃及带来了繁荣昌盛。然而,哈特谢普苏特的女婿图特摩斯三世对哈特谢普苏特心存妒忌,迫不及待要登上王位。而且他憎恶哈特谢普苏特的统治,他在哈特谢普苏特死后,毁坏了哈特谢普苏特的大部分统治成就,从纪念碑上削去了哈特谢普苏特的名字,砸碎了哈特谢普苏特的雕像,并从王国很多记载文献中抹去了哈特谢

---

① Simone de Beauvoir, *The Second Sex*, trans. H. M. Parshley, New York: Vintage Books, 1989, p. 288.

② 不列颠尼亚被罗马人神化,称不列颠女神。后来成为现代英国的化身和象征,她的现代形象通常是身披盔甲,手持三叉戟和盾。——译者注

③ Catharine H. Roehrig, Renée Dreyfus, and Cathleen Keller, eds., *Hatshepsut, from Queen to Pharaoh*, New York and New Haven: Metropolitan Museum of Art and Yale University Press, 2005, vii, pp. 87 – 89.

④ 森穆特(Sennemut),古埃及第十八王朝的建筑师和廷官,埃及女王哈特谢普苏特的重臣。——译者注

普苏特的功绩。① 幸运的是，考古学家们发现了哈特谢普苏特统治的遗迹。玛德琳·库宁评论说："今天的人们认为哈特谢普苏特是一位非凡的统治者，她让埃及成为当时的世界强国……同时，人们还称赞说，在哈特谢普苏特的统治下，埃及享有了长久的和平安宁，艺术发展具有巨大的创新和变革。"②

然而，抛却诸如哈特谢普苏特或伊丽莎白一世这样的特例，在男女社会地位和经济地位平等的制度环境中，却极少有女性能行使权威。黛博拉·罗德总结说："在存在记录的大部分历史中，女性大多被排除在正式领导位置之外。"③ 这在现今时代已经有所改变，但是改变得相当缓慢。为何会如此呢？

今天为何没有更多的女性领导者？

1945 年至 2008 年间，全世界各国有超过 80 名女性被选为总统或首相。④ 越来越多的女性进入国家和国际立法机关，究其原因，有时是得益于这些机构中的女性名额，有时仅仅是因为更多地涉及女性利益，或对女性的接受度有所增加。女性多管理非营利组织，艾丽斯·伊格利和琳达·卡莉指出，"囊括各种组织（包括慈善基金、社会服务机构、卫生组织以及协会等），在美国担任组织最高管理者的女性也仅占 23%"⑤。女性所任的职位有参议员、州长、公司总裁、大学校长、犹太教拉比、将军、神职

---

① Evelyn Wells, *Hatshepsut*, Garden City, NY: Doubleday, 1969, pp. 143 – 153, 185 – 188, 213 – 219, 257 – 259.

② Madeleine M. Kunin, *Pearls, Politics and Power: How Women Can Win and Lead*, White River Junction, VT: Chelsea Green Publishing, 2008, p. 115.

③ Deborah Rhode, *The Difference "Difference" Makes: Women and Leadership*, Stanford, CA: Stanford University Press, 2003, p. 3.

④ Blema A. Steinberg, *Women in Power: The Personalities and Leadership Styles of Indira Gandhi, Golda Meir, and Margaret Thatcher*, Montreal: McGill-Queen's University Press, 2008, p. 3.

⑤ Alice Eagly and Linda L. Carli, *Through the Labyrinth: The Truth about How Women Become Leaders*, Boston: Harvard Business School Press, 2007, p. 13.

人员和最高法院法官。

尽管如此,男性还是占据了世界各国几乎各行业最高权威的大多数职位,改变的步伐依然缓慢。2008年7月,《纽约时报》刊登了一张21位"发达及发展中国家首脑"齐聚日本共商环境变化等事项的照片,其中仅有一位女性:德国总理安格拉·默克尔。[1] 参照美国联邦玻璃天花板[2]委员会的报告,黛博拉·罗德报道说,20世纪90年代中期,美国有"超过95%的公司高管和85%的官员"都是男性。[3] 2007年也有过类似的报道:"在管理层……仅有2%的世界五百强CEO、6%的收入最高者、8%的最高领导人以及16%的董事和公司管理人员"是女性。而在美国之外的很多国家,女性担任公司领导职位的记录甚至更少;即使在美国,女性在最高立法机构中的政治代表人数也仅排世界第69位。[4]

造成上述结果的因素非常多。人类因男女有别而具备不同的能力,继而有了不同的劳动分配,性别的刻板印象反映的便是这一古老的基于性别的劳动分配。几乎在所有的社会中,女人都主要负责相夫教子和照顾家庭。如果女人在外工作,那么她还得负责"第二轮班"[5],即专职工作的同时兼顾家务活。[6] 在今天的多数国家,女人们(与他们的丈夫或配偶)还须应

---

[1] Andrew A. Revkin, "After Applause Dies Down, Global Warming Talks Leave Few Concrete Goals," *New York Times*, July 10, 2008, A10.

[2] 玻璃天花板,意指在公司企业和机关团体中,那些限制某些人口群体(女性、少数族裔)晋升到高级经理及决策阶层的障碍。——译者注

[3] Deborah Rhode, *Speaking of Sex: The Denial of Gender Inequality*, Cambridge MA: Harvard University Press, 1997, p. 2.

[4] Deborah L. Rhode and Barbara Kellerman, "Women and Leadership: The State of Play," in *Women and Leadership: The State of Play and Strategies for Change*, ed. Barbara Kellerman and Deborah L. Rhode (San Francisco: Jossey Bass, 2007), p. 2.

[5] 社会学家加州大学伯克利分校的霍赫希尔德(Hochschild)教授将职业女性白天上班晚上做家务的现象称为"第二轮班"(the second shift)。——译者注

[6] Rosalind Chait Barnett, "Women, Leadership and the Natural Order," in Kellerman and Rhode, *Women and Leadership*, pp. 149–173; Arlie Hochschild and Anne Machung, *The Second Shift*, New York: Avon Books, 1990.

付本国国内缺乏支持顾家生活的工作环境政策的状况，这些政策包括子女年幼时期良好的保育设施、弹性的工作时间，以及支持夫妻一方照顾生病的幼儿或年迈的父母。女人们在接受工作评估时会遭遇性别歧视，而且较少有机会参加工作培训。大众文化是一股不可抵挡的力量，它塑造着社会寄予年轻人的希望。大众文化鲜有主张女性适合去争取极具权势的职业。社会教导女孩和女人们谦恭地对待男人，不与男人们竞争资源，包括权力和赞誉，从而使得女孩和女人们的雄心壮志受到压制。① 女人们内化了社会对女性行为的刻板印象，导致她们质疑自己的能力。幸运的是，在今天，女人们在应对这些诸多阻碍时已有重大进步，但总的来说，在领导力中，这些阻碍之于女性还是无法回避的障碍。艾丽斯·伊格利和琳达·卡莉使用"迷宫"这一古老形象，来代替"玻璃天花板"或"管漏现象"，捕捉当今世界女性所面临的这些挑战的明显特征。②

作为个人，女人和男人一样，各有其志，符合权位要求的能力也各异。然而，人们有时会说，女性普遍不如男性那么热衷于成为大型组织的领导者，很少有女性会对最高职位感兴趣或愿意忍受身居高位所必须付出的代价。更有些人提出，男女对领导力所抱激情本身的差异就解释了男女在最高领导职位上的悬殊。然而，除非女人在获取最高职位时，无需做出个人和家庭方面的诸多牺牲，并能享受与男人同等的待遇，否则此言是否属实，我们将永远无法知道。责任重大的工作往往需要长时间的付出，需要牺牲周末，需要随时随地出差旅行。对于照顾幼儿的人（往往是年轻母亲）来说，很难满足这些要求。因此，很多女性开创事业的时间都比她们的男性伙伴晚，由此企及最高领导职位也就更难。③

---

① Anna Fels, "Do Women Lack Ambition?" *Harvard Business Review* 82, no. 4, April 2004.
② Eagly and Carli, *Through the Labyrinth*, pp. ix - x.
③ Susan C. Bourque, "Political Leadership for Women," in *Women on Power: Leadership Redefined*, ed. Sue J. M. Freeman, Susan C. Bourque, and Christine M. Shelton, Boston: Northeastern University Press, 2001, pp. 86 - 88.

如上所有因素都让全世界认为，领导他人是男人的工作，女人的职业就是相夫教子和照顾家庭。同样也是由于这些因素，我们不禁想当然地认为，女人成为领导者之后，往往会以比较男性化的方式领导他人。而领导力与男性之间的这种联系，也极容易让人产生这种预想，即权力中的女人会表现得不同于男人。

男性领导风格与女性领导风格

1961年，我参加威尔斯利女子学院第45届同学聚会。聚会上有几十名才华横溢的女校友，她们经历了贝蒂·弗里丹在《女性的奥秘》中所描述的世界，在20世纪70年代的"第二波女性主义"中走向成熟，度过了女性解放和"后女性主义"的诸多岁月。借此良机，我利用在宿舍用早餐、排队参加聚会和年度游行的时间，问了很多校友一个简单的问题："女性的领导方式不同于男性吗？"她们众口一词，都说女性的领导方式不同于男性。

当我进一步询问她们所指的是哪些不同时，她们的回答侧重在女性更易合作，更关心同事和下属，以及不太醉心于权位。1961年威尔斯利女子学院的48名校友，实在不能代表什么。但是因为我自己很难简单地回答这个问题，所以听到她们如此直接地回答这个问题，而且如此一致，我震惊不已。

女性在领导方式上不同于男性指的是什么？

如果我们像在整本书中一样，考虑的是各种环境中的领导者，那么说在各种领导岗位的所有女人都以"特别女性"的方式行事，就明显不对了，无论你给"特别女性"做什么样的定义。领导力是如此多方面的一种复杂现象，无论你对所有的领导者或所有的女性领导者做何种归纳，这些归纳都经不住仔细推敲。仔细思索女人们实际领导时的表现，我们就会明白，就像男人们在领导岗位上表现各异一样，女人们也会呈现出不同的领导风格。

"所有女人都用同样的方式来领导"，要了解此等言论的可笑，可以想想只有一种"男性领导方式"的论断。吉米·卡特①与成吉思汗、圣雄甘地与西尔维奥·贝卢斯科尼②、约翰·F.肯尼迪与林登·B.约翰逊——断言所有这些男人都用完全相同的方式领导，实在荒谬。同样，假想所有的女人——玛格丽特·撒切尔与特蕾莎修女③、果尔达·梅厄④与埃莉诺·罗斯福——都呈现出单一的"女性"领导风格，也是令人难以接受的。

随着掌权的女人越来越多，这种所有女人都是同一种独特领导风格的断言，变得越来越难成立。但是如果根据一个人的性别，就判断此人会如何使用权力，这貌似正确，实则大为不妥。性别影响领导力的论断，可以从概率方面来考虑：一个女人以我们所定义的特别女性的方式来实施领导的概率，肯定要大于一个男性领导者如此行事的几率。⑤ 而有人可能会说，同样的环境中，女性领导者在大部分时间里可能表现得与男性无异，但总

---

① 詹姆斯·厄尔·卡特（Jimmy Carter, 1924— ），习称吉米·卡特。于1977年—1981年间任美国第39任总统。1982年在亚特兰大的埃默里大学任名誉教授。2002年获诺贝尔和平奖。——译者注

② 西尔维奥·贝卢斯科尼（Silvio Berlusconi, 1936— ），意大利政治家和知名企业家，中右翼的意大利力量党创始人，AC米兰足球俱乐部的实际领导人和名誉主席。曾四度担任意大利总理，是"二战"后意大利任职时间最长的总理。——译者注

③ 特蕾莎修女（Mother Teresa of Calcutta, 1910—1997），世界著名的天主教慈善工作者，主要为印度加尔各答的穷人服务。因其一生奉献给消除贫困，于1979获诺贝尔和平奖。——译者注

④ 梅厄夫人（Golda Meir, 1898—1978），以色列建国元老，曾经担任劳工部长、外交部长及第4任以色列总理（1969—1974）。早在英国首相玛格丽特·撒切尔之前，果尔达·梅厄就以"不妥协"、风格强硬而被外界认为是世界上第一"铁娘子"，戴维·本-古里安也称她为"内阁中的唯一男士"。——译者注

⑤ "性别（sex）"意为出生时生物学上的女性或男性属性；"性别（gender）"则涉及二级环境，文化期望和社会期望影响人的行为和人对行为的解读。

有些时刻，她的女性特质会对领导力产生影响。

问到如何定义独特的女性领导方式，很多人（包括我在威尔斯利女子学院的校友们）都会说，女性领导风格包括比男性领导者对别人的需要更加敏感，不那么崇尚竞争，而且易于合作。这种观点是很多人的共识，即使他们彼此间抱有完全相左的看法。他们有的断言女性特质会让女性无法有效使用权力，有的则认为恰恰缘于我们的女性身份，使我们得天独厚，能够比男性更慎重地使用权力，能够解决大家的问题。旧式的男子至上主义者和一些成功的女董事都告诉我们，女人们确实领导得不一样。[1] 然而，因为很多旁观者都希望女性领导者们会有不同的表现，所以不管我们的意向或成就如何，我们的行为都不可避免地受到特定的影响。而女性在领导方式上与男性的不同，这一猜想本身也给女性领导力造成了阻碍，将女性限制到一些特定的工作种类，阻隔她们参与除此之外的其他工作。数十年里，这种猜想都横挡在女性从事律师职业的路上。美国首位最高法院女法官桑德拉·戴·奥康纳[2]引用克拉伦斯·达罗[3]律师的话说，女律师成功不了，因为"你太心慈。你永远做不了企业律师，因为你不冷血"[4]。同样的困境，女人们在军队中也遭遇已久。

在大部分职业中，如果领导者温柔体贴，都容易被人说成是不够强硬；然而，如果女性领导者违反女性刻板印象，表现得很强势，又会被人批评为爱出风头、粗鲁和缺乏女人味。众多研究显示："如果女性担当领导，采取有权威且比较男性化的领导风格时，人们对她的评价会较低，尤其当评

---

[1] Marie C. Wilson, *Closing the Leadership Gap*: *Why Women Can and Must Help Run the World*, New York: Viking, 2004; Dee Dee Myers, *Why Women Should Rule the World*, New York: Harper, 2008.

[2] 桑德拉·戴·奥康纳（Sandra Day O'Connor, 1930— ），美国首位联邦最高法院女法官，曾经被《福布斯》评为当今世界上最有权力的女人。——译者注

[3] 克拉伦斯·达罗（Clarence Darrow, 1857—1938），美国著名刑事辩护律师，因为李奥波德与勒伯案、斯科普斯案、干草市场暴乱案等大案作辩护律师而闻名。——译者注

[4] Sandra Day O'Connor, foreword to Kellerman and Rhode, *Women and Leadership*, p. xiv.

价者为男性，或该领导职位一贯由男性独占时，女性领导者得到的评价会更低。"① 在2007年8月的美国总统竞选中，希拉里·罗德姆·克林顿因为表现出强势和魄力，大家严厉指责她过于男性化，但如果她露出温柔体贴的倾向，大家又会以她太女性化不足以胜任国家元首而否定她。很多女人对此深表同情，因为希拉里的这种"第22条军规"的困境在我们的经历中反复出现。罗宾·艾利和黛博拉·罗德拿出了权威可信的资料证明女性在权力中确实面临着这种"双重标准和双重束缚"②。在《纽约时报》的一篇专栏里，佩姬·克劳斯引用了一位女士对这一问题的品论："即使在今时今日，若是个男人发号施令，大家都视他为负责人，以领导者身份相待。但若是个女人发号施令，即使发号施令的方式别无二致，大家也会立即给她贴上独断、支配别人、挑衅和专横的标签。"③ 克劳斯举出了"双重标准"的几个例子，非常发人深思，她向我们证明，无论女性领导者如何表现，这一类评价都于她们不利。此外，克劳斯还为试图解决这种两难困境的女性领导者提供了若干建议。

然而，另一方面，有些女性领导者却能长年累月巧妙地运用她们的女性特质。有些国家女首脑宣称她们的身份是人民的母亲兼保护者，强调她们身为女性的温柔，也不曾被人评价为工作无能。有些女首脑更是运用调情、施展魅力或是大打我们所说的"柔弱无助"牌，来激发男性的绅士风度，获得他们的支持。即便是伊丽莎白一世也脱离不掉这种行为。她完全沿袭前任国王们的方式统治英国，然而她又有所不同，她并不脱离她的女性特质。G.R.埃尔顿告诉我们："伊丽莎白的性格像钢铁般坚强，她的勇气也绝对毋庸置疑，她的意志和对男人的了解完全不亚于她的祖父和父亲。

---

① Rhode and Kellerman, "Women and Leadership: The State of Play," p. 7; Linda Carli and Alice Eagly, "Overcoming Resistance to Women Leaders," in Kellerman and Rhode, *Women and Leadership*, p. 129.

② Robin Ely and Deborah Rhode, "Women and Leadership: Defining the Challenges," in Nohria and Khurana, *Handbook of Leadership Theory and Practice*, pp. 385–386, 397.

③ Peggy Klaus, "Neither Men nor Mice," *New York Times*, March 7, 2010, BU10.

第四章 | 性别有影响吗？

她是天生的女王……是历史上所有女君主里最具男子气概的一位。"埃尔顿把他的最高赞誉——"最具男子气概"的女君主给予伊丽莎白；然而，埃尔顿也注意到，伊丽莎白一世也会有一些典型的女性行为，比如善变。① 在为伊丽莎白所写的传记中，作家艾莉森·威尔评论了伊丽莎白由"男性化"行为向"女性化"行为的这种转变。伊丽莎白"懂得如何妥善利用她的女性特质，巧妙地强调她作为女性的柔弱与不足……同时，她又表现出很多在男性身上备受推崇的品质。她睿智、通情达理、耐力十足、个性正直而且坚韧"，同时，她还善于妥协，"冷静务实，心思巧妙细腻"。②

然而，伊丽莎白的臭脾气却又世人皆知；她可以做到冷酷而且顽固，对于她自己的权力和国家，她更是有着非常清楚的认识。1588 年，在蒂尔伯里，伊丽莎白坐在马背上，面对着即将奔赴战场攻打西班牙无敌舰队的士兵，做了一场著名的演讲。在演讲中，伊丽莎白强调，她随时准备在战斗的尘土与硝烟中，"为我的上帝、我的王国和我的人民，放弃我的荣耀，牺牲我的生命"。"我知道我是一个女人，只有柔弱无力的躯体，"她接着说，"但我还是英国的国王，跳动着一颗国王的心脏。"③ 然而，让伊丽莎白怄火的是，臣民们屡屡劝她结婚以诞下王位继承人。1566 年，她在议会上说："纵然我是一个女人，我却如我的父亲一般，勇敢无畏，无愧于我的王位。我是你们君权神授的女王。谁也不能强迫我做任何事情。感谢上帝赐予我勇敢与无畏，纵然我以女子之躯被逐出王国，我依旧能在基督王国的任一地方立身。"④ 然而，伊丽莎白同时又要求她的朝臣将她当作女人，利用调情行为来达到她的目的。斯塔基就曾指出，"她在整个统治时期里，都要求朝臣和参议员们向她献殷勤，及至垂暮之年，更是将她作为荣光女

---

① Elton, *England under the Tudors*, p. 262.
② Weir, *Life of Elizabeth I*, p. 14.
③ Quoted in Karin Klenke, *Women and Leadership: A Contextual Perspective*, New York: Springer, 1996, p. 41.
④ Elton, *England under the Tudors*, p. 285.

王的荒唐行为发展到极致。而这些做法无不是迫使男性精英臣服于女性的手段。然而，令人好奇的是，恰恰就是她的女性身份，才让这些行为变得可以忍受。"如果一个男性统治者，要求臣民像敬奉女神一样地对待他，那么"政治国家势必遭到臣民的反对。但是换成是一个女人，这种要求就变得可以容忍，因为这种行为有点类似于宫廷礼仪"。①

除了对女性特质善加利用，相比于职位相等的男性领导者，很多女性领导者（虽然并非全部）会制定出不同的目标。女性会在立法机关或市参议会中掌权，有时其明显的原因便是为了解决与妇女及家庭利益相关的问题。男性领导者对这些利益同样也很敏感，一些研究显示："在预测有关妇女问题的投票时，党派重于性别，而在预测立法支持妇女问题的情况时，则是观念重于性别。"② 但是女人们常常发现自己不得不代表妇女与儿童的利益，又或是她们的经历和所见所闻会让她们尤其关注妇女与儿童问题。正如玛德琳·库宁所指出的，性别差异影响政策，因为"女性将不同的生活体验带入讨论中。她们改变谈话内容"③。在解释为何要复兴西费城邻近地区时，宾夕法尼亚大学校长朱迪·罗丹④，作为一名素来强硬且讲究实效的行政官员，点明了几方面因素。她提到自己作为宾州大学的校友曾在该地区学习成长，提到自己年轻时便信奉行动主义，提到大学和城镇居民饱受环境不安的威胁，自己责无旁贷。她还提到，"可能因为我既是女人又是母亲"，孩子正值学龄，"所以我更加决意要整顿西费城附近地区"。⑤

女性领导者占据的职位类型也是男女领导力的不同点之一。很多女性

---

① Starkey, *Elizabeth*, p. 312.

② Rhode and Kellerman, "Women and Leadership: The State of Play," 18; Bourque, "Political Leadership for Women," pp. 99–100.

③ Kunin, *Pearls, Politics and Power*, p. 82.

④ 朱迪·罗丹（Judith Rodin, 1944— ），"常青藤盟校"首位女校长，宾夕法尼亚大学第7任校长，也是该校首位女校长。——译者注

⑤ Judith Rodin, *The University and Urban Revival: Out of the Ivory Tower and into the Streets*, Philadelphia: University of Pennsylvania Press, 2007, p. 7.

都在人力资源、后勤或通讯部门就职。有时是女性自己选择了这些部门，有时则是被有意无意地安排到了这些职位上。① 女性温柔体贴又善于合作，相比担负垂直责任，以达到生产指标为基准的岗位，在这些工作岗位上女性更能发挥特长。再者，女性领导方式不同于男性，是因为女性如果使用完全适合男性的领导方式来实施领导，会遭到同事和下属的抵触。② 有些女性为了让同事、上级和下属不对她的领导感到不适，会刻意强调她们典型的女性特质。

所有这些方面——女性如何妥善利用她们的女性特质，女性设定的目标与男性所追求目标的不同，女性所占据的职位类型，女性如何应对同事和下属的期望——都切合"性别与领导力"的主题。但是我们还是不知道，在复杂组织中担负广泛责任的女性，是否仅仅是囿于女性身份，才迎合众人的期望展现出与男性不同的领导方式。

现代女性领导者

20世纪后半叶和21世纪最初十年里，涌现出了很多杰出的领导者，其中不乏女性。但无论我们给"特别女性"下怎样的定义，这些女领导者的领导风格却远远称不上是"特别女性"。三位强大的女子都曾担任美国的国务卿：马德琳·奥尔布赖特、康多莉扎·赖斯③和希拉里·罗德姆·克林顿。虽然她们在工作中的行为会偶尔流露出一些可以理解为女性化的特质，但这三位国务卿的领导风格却都以强硬和果敢著称。行事同样强硬果敢的还有众议院议长南希·佩洛西④。而玛格丽特·撒切尔作为英国的

---

① Eagly and Carli, *Through the Labyrinth*, p. 150.
② Ibid., pp. 104 – 105.
③ 康多莉扎·赖斯（Condoleezza Rice, 1954— ），美国政治家，2005年任美国国务卿。她是美国历史上就任此职的第一位女性非裔美国人，亦是就任此职的第二位非裔美国人以及第二位女性。——译者注
④ 南希·佩洛西（Nancy Pelosi, 1940— ），现任国会众议院民主党领袖，美国众议院议长。——译者注

第一位女首相，更是得了个"母鸡阿提拉①"的绰号，以色列女总理果尔答·梅厄甚至被称为"内阁中的唯一男子"。② 这两位女首脑，连同印度的英迪拉·甘地③，行事风格都颇具男子气概，究其原因，多半也有赢得国民认可，成为"真正领导者"的成分。

玛格丽特·撒切尔为达目的常常采用严厉手段。她的首席传记作家曾提到，撒切尔"没有做出任何事情来将男性的政治世界女性化"；相反，"她言语中（对女性化）的抵触和对抗"，表明她"支持男权和男性世界的原则"。④ 撒切尔经常表明，她心性坚强，不畏抵抗，她轻视那些专注度和能力都不如她的领导者。恰如霍华德·加德纳所言，"撒切尔明显不希望人们把她当作一位女首相，也绝不认同人们将她划分为女性。"⑤ 她更是坚决地展现出她的坚韧和强势，坚决避免像她的很多前任一样，因在施政方向上180度大转弯而让政治生涯蒙羞。⑥

布莱玛·斯坦伯格概述了果尔答·梅厄、英迪拉·甘地和玛格丽特·撒切尔的生活方式和领导风格，很发人深思。她们三人都是在政治竞争激烈的环境中就职，都是作为折中的候选人而当选，因为她们的同仁觉得她们易于操纵。但是"作为国家首脑，三位女性都以坚强、坚硬、坚韧著称"。而且"她们的领导行为很少与特别善于合作和特别富有同情心相关"。⑦ 而三位女首脑都成功应对了一场大的战争，从而更加强化了她们强

---

① Attila the Hen，取自匈奴王阿提拉"Attila the Hun"。——译者注
② Ely and Rhode, "Women and Leadership," p. 379.
③ 英迪拉·甘地（Indira Gandhi, 1917—1984），曾两次担任印度总理，在最后任期期间遇刺身亡。英迪拉·甘地是印度独立后首任总理贾瓦哈拉尔·尼赫鲁的女儿，是印度近代最为著名且存有争论的政治人物之一。她一方面为印度在冷战时期的发展做出了不少的贡献，但另一方面亦因政治管理上的方针而令其政绩上蒙上阴影。因其领导印度16年间的政治方针相当硬朗、立场坚定，故后人亦称其为"印度铁娘子"。——译者注
④ Campbell, *Margaret Thatcher*, vol. 2: *The Iron Lady*, p. 473.
⑤ Howard Gardner, *Leading Minds*, p. 238.
⑥ Clarke, *A Question of Leadership*, pp. 298 - 299.
⑦ Steinberg, *Women in Power*, pp. 4 - 9.

势坚定的名声。这三位女首脑,都响亮地反驳了所有女性的领导方式都特别温柔体贴善解人意的说法。

上述三位女领导者都不曾视自己为男女平等主义者。"相反,她们认为,她们的成就都源自自己的辛苦工作,因而,她们看不到任何鼓励女性参政的必要。"斯坦伯格如是说。她们不曾为其他女性铺平参政之路,而妇女问题也从来不是她们首要关注的问题。然而,英迪拉·甘地和玛格丽特·撒切尔却又都在领导策略中利用了女性身份。英迪拉·甘地强调为人母亲在她生命中的重要性,同时也热衷漂亮衣服,这些都增加了人民对她的好感。她称自己为"印度之母",人们更是将她等同于印度女神杜尔伽,"将她作为性力女神沙克蒂的化身大加膜拜,而沙克蒂①是危难之中女性勇气的象征"②。

撒切尔在初次竞选英国首相时,展现给选民的是熟悉普通家庭琐碎杂务、会去商场采购、会为丈夫烹制早餐的贤妻良母形象。她在表明改变英国的志向时,用"晨扫"一词来激发选民的共鸣。约翰·坎贝尔指出,撒切尔同时"还能进入另一种女性类别:(在英国社会里)让男人们都贯于听命的权威女性的传统模范角色"。这些角色包括女教师、女校长和祖母。在马尔维纳斯群岛(英称福克兰群岛)战争之后,撒切尔更是变成了"充分发展的女皇战士,集不列颠尼亚、布狄卡③和伊丽莎白一世于一身"。在撒切尔执政期间,人们频繁地将撒切尔等同于不列颠尼亚、布狄卡和伊丽莎白一世。④

没有重量级的导师,也没有政治才能杰出的丈夫或父亲,撒切尔依旧能够成功抵达英国政治的最高层。相比之下,很多女性领导者(包括英迪

---

① 性力女神,神的女性配偶。——译者注
② Steinberg, *Women in Power*, pp. 10 – 11.
③ 布狄卡(Boadicea,公元 30 年—公元 61 年),英格兰东英吉利亚地区爱西尼部落的王后和女王,曾领导不列颠诸部落反抗罗马帝国占领军统治的起义。她在惠特灵大道战役惨败后去世,是英国重要的文化标志。——译者注
④ Campbell, *Margaret Thatcher*, vol. 1: *The Grocer's Daughter*, pp. 408 – 410, and vol. 2: *The Iron Lady*, p. 468.

拉·甘地）都是作为权势男人的女儿、妻子或遗孀才登上领导岗位的。但这种晋升之路也非女性所独有；纵观历史上的各个政治王朝，很多男性领导者也都有已经成功的父亲、母亲或兄弟。然而，依仗家族权势和影响却是近几十年来亚洲女性通向领导职位极为普遍的途径，包括菲律宾的柯拉松·阿基诺①、斯里兰卡的西丽玛沃·班达拉奈克②、巴基斯坦的贝娜齐尔·布托③、缅甸的昂山素季和印度尼西亚的梅加瓦蒂·苏加诺普特丽④。这些女性在父亲或丈夫遭到谋杀（有时是暗杀）之后，能够博得人们对其不幸遭遇的同情。人们认为她们不像她们的男性竞争对手一样具有威胁性，猜想（往往是错误地猜想）她们会更加顺从。根据霍根森和苏尔黑姆的观点，这些女性被认为是"男性主导的政治网络中新鲜廉洁的选择"。联想到女性的母亲形象和女神形象以及纯洁之象征，人们对这些女性领导者的期望往往普遍高于他们对男性政治人物的期望。然而，如果这些女性领导者被揭露出容易堕落或没能完成任务，人们对她们的批评往往也会更加严厉。⑤

凯瑟琳·格雷厄姆⑥的自传《个人历史》，精彩地呈现了她在接管《华

---

① 玛莉亚·科拉松·阿基诺（Maria Corazon Aquino，1933—2009），菲律宾第11任总统，亦是菲律宾及亚洲首位女总统，于1986年至1992年在位。祖籍中国福建省龙海县鸿渐村。——译者注

② 西丽玛沃·班达拉奈克（Sirimavo Bandaranaike，1916—2000），全名西丽玛沃·拉特瓦泰·迪亚斯·班达拉奈克，斯里兰卡政治家，曾三度出任总理。前总理所罗门·班达拉奈克的遗孀，女儿钱德里卡曾担任斯里兰卡第四任总统。——译者注

③ 贝娜齐尔·布托（Benazir Bhutto，1953—2007），巴基斯坦前总理和前人民党主席，伊斯兰国家首位女性民选总理。2007年12月27日，她于拉瓦尔品第参加竞选集会时遇刺身亡。——译者注

④ 梅加瓦蒂·苏加诺普特丽（Megawathi Sukarnoputri，1947— ），印度尼西亚第5任总统。——译者注

⑤ Gunhild Hoogensen and Bruce O. Solheim, *Women in Power: World Leaders since 1960*, Westport, CT: Praeger, 2006, pp. 62–65.

⑥ 凯瑟琳·格雷厄姆（Katharine Graham，1917年6月16日—2001年7月17日），《华盛顿邮报》社论版前记者、《华盛顿邮报》前发行人，被誉为全世界最有影响力的女人、美国最重要的报人之一。她以个人自传《个人历史》而荣获1998年普利策自传奖。——译者注

盛顿邮报》后如何克服自身的不安,最终坦然接受领导重任。格雷厄姆是追随父亲和丈夫的足迹而接掌了《华盛顿邮报》,她的父亲和丈夫都曾带领《华盛顿邮报》在世界新闻界创下新高。可以说,《华盛顿邮报》是"家族"公司。尽管格雷厄姆没有报业方面的培训和经验,但她本身非常认同《华盛顿邮报》,这让她心中笃定,丈夫身故后她应该接管下公司。接管公司后的头一年是艰难的,她一边摸索着工作,一边还要面对公司内外众人对她能力的怀疑。她自己曾坦言说:"有些主管不知道怎么去和他们中间的一个女人相处——尤其是这个女人还管理着整个公司……而我则忧心忡忡,满腹的不安和自卑,迷茫无助。"①

格雷厄姆描述了与工作中重重挑战不断角力的艰难。"我不断犯错,还因为这些错误极度焦虑……晚上,我醒着躺在床上,脑中不停地重现白天的事情,反复回忆某些场景,想着我如何做,结果才会不同。我确信,处在同样位置的男同仁们是不会这么做的,这样做十分煎熬。"她描述道,在最初几个月里,因为工作她几番泪下,"很难接受的反应,虽然我最终释然了,但却耿耿于怀了很多年"②。此外,格雷厄姆还比较概括地评论了她的"不安"与"信心不足",她提到她曾"认同很多同代人对女性的臆断,女人不如男人聪明,我们女人除了照顾家庭和养育孩子之外,根本不会管理、不懂领导、不善经营……很快这种臆断——实际上是这种生活——就给我们带来损失了:我们大部分人真变得不如男人了。"③

纵然如此,格雷厄姆还是学会了如何成功地领导他人,形成了她既敏感又自信、既思虑周全又坚毅果断的领导风格。在《华盛顿邮报》对"五角大楼文件④"的刊登和对"水门事件"扑朔迷离的线索的追踪中,格雷

---

① Katharine Graham, *Personal History*, New York: Alfred A. Knopf, 1997, p. 346.
② Ibid., p. 371, 389.
③ Ibid., p. 417.
④ 《纽约时报》和《华盛顿邮报》都披露了政府针对越南战争所制定的政策,并于1971年出版了一系列名为"五角大楼文件"(Pentagon Papers)的档案。这些档案证明美国政府在越南战争方面对美国民众并不很诚实。——译者注

厄姆的决定都发挥了关键性作用。然而，她在自传中，提及这些事却异常低调。但我们可以清楚地看到，早年那个惶恐不安的领导者，已经完全变成一个自信、成功且备受尊敬的女商人。①

米歇尔·巴切莱特②是智利上一届的总统。她的家族曾经反抗过奥古斯托·皮诺切特将军③的独裁统治。巴切莱特曾任智利卫生部长和国防部长，2006年以53%的得票率赢得智利的总统决选。④ 虽然在大选中深受民众喜爱，但在上任的头一两年里，她还是度过了一段艰难的时光，内阁定期的重组，教育改革期间的学生动乱，圣地亚哥的公共交通计划，还有好几次外交困境。她致力于提高女性地位，努力兑现大选时她做出的承诺——建立一个女性人数至少达半的内阁，但是她的政府一开始就苦于经验不足和能力不足。然而，到她任期的最后一年，她却获得了一个"令人震惊的转折"，她的民众满意度达70%以上。民众对她好评至此，是基于两件事：一是"全球金融危机期间她对经济的处理"，二是她决定将从大宗商品热潮中铜交易所得的钱储备下来，优先用于社会改革。至其任期最后，巴切莱特再一次遭到民众的严厉指责，因为在2010年那场灾难性的地震后，她未能及时调动智利军队去处理震后的抢劫和骚乱。尽管如此，巴切莱特离任时，民众对她的满意度还是普遍较高。巴切莱特还有意避免因为男性刻板印象而改变她的个人风格，她说她"冒了个险，在发挥领导力

---

① Katharine Graham, *Personal History*, New York: Alfred A. Knopf, 1997, pp. 446 – 459。chs. 23 and 24. 感谢我的姐妹热内瓦·奥夫霍尔泽，是她推荐我阅读这本书。

② 米歇尔·巴切莱特（Michelle Bachelet, 1951—　），于2005年及2013年两次当选智利总统，是该国第一位女总统，也是南美历史上第一位民选女总统。——译者注

③ 奥古斯托·何塞·拉蒙·皮诺切特·乌加尔特（Augusto José Ramón Pinochet Ugarte, 1915—2006），1973年至1990年为智利军事独裁首脑。在美国支持下他通过流血政变，推翻了民选总统阿连德建立军政府。在任内进行资本主义的新自由主义经济改革，同时残酷打击异己，造成大量侵犯人权的事件。——译者注

④ Hoogensen and Solheim, *Women in Power*, pp. 118 – 121.

第四章 | 性别有影响吗？

时还保留我的女性特质"①。

利比里亚总统埃伦·约翰逊·瑟利夫②是少数在行为上兼具男性和女性传统特点的当代女性领导人之一。埃伦 1970 年成为财政部副部长，1985 年竞选参议员。③ 她原先支持独裁者查尔斯·泰勒④，但后来又反对泰勒的统治，还在 1997 年的总统大选中挑战泰勒。然而，她仅仅获得了 10% 的选票，还被指控犯有叛国罪，但后来埃伦还是促使泰勒下野，并在 2005 年当选为总统。人们用玛格丽特·撒切尔用过的绰号——"铁娘子"，来称呼埃伦。在埃伦竞选总统期间，她的支持者们呼喊着"埃伦——她是我们的爷们儿！"但是同时，人们又亲切地称呼她为"埃伦妈妈"，她强调要建立一个"包容的政府"。⑤ 埃伦在竞选总统期间曾道出，她想要"将慈母情怀带至总统任上"，以抚慰她饱受战火之苦的国家。约翰逊·瑟利夫曾提到，埃伦未能实现目标，没有让妇女就任 30% 的政府职位，因为"完全达到公职人员职业标准的女性人数实在有限，我们连临界规模都没有达到"。退而求其次，埃伦转而重视女孩和妇女的教育和培训，以便为她们的未来打开通道。⑥

约翰逊·瑟利夫和巴切莱特都以积极的方式运用了她们的女性身份。她们都"折射出女人抚慰国家和带来和平安宁的慈母形象"。⑦ 作为各自国

---

① Alexei Barrionuevo, "Chilean Leader's Legacy ls Upended Traditions and Balanced Books," *New York Times*, October 29, 2009, A6.
② 埃伦·约翰逊·瑟利夫（Ellen Johnson Sirlaf, 1938—   ），利比里亚政治家，利比里亚联盟党（Unity Party）领袖，于 2005 年当选利比里亚总统，是非洲国家中首位民选女总统。2011 年，与莱伊曼·古博薇、塔瓦库·卡曼共同获得诺贝尔和平奖。——译者注
③ Hoogensen and Solheim, *Women in Power*, pp. 55–60.
④ 查尔斯·泰勒（Charles Taylor, 1948—   ），利比里亚政治人物，非洲最知名的军阀和独裁者之一，于 1997 年至 2003 年间任第 22 任利比里亚总统。——译者注
⑤ Caitlin Sullivan, "Leveraging Gender in Leadership: The Presidencies of Michelle Bachelet and Ellen Johnson Sirleaf", senior thesis, Princeton University, 2007, p. 97.
⑥ Ibid., p. 104, 128.
⑦ Eagly and Carli, *Through the Labyrinth*, p. 95.

家中参与总统大选且成为重要候选人的第一位女性,她们在竞选中突出自己的女性身份,利用她们的"不同",传达出打造别样政府的心志。因为在过去充满暴力和腐败的时期中,并没有女人成为重要领导者,所以两人才能充分利用人们想当然的认识,认为女人比男人更加可信、更加透明、更加公正。相比于前任的总统,她们的领导风格更加兼容并蓄,政府管理的等级制度也不那么分明。在她们的执政中,改善妇女情况成为首要问题之一。这两位领导者,在各自的情况中,都着意提到自己的性别,同时又强调了自己的能力和经验。①

　　安格拉·默克尔,自2005年9月起担任德国总理,从政之初任职一个处理妇女问题的国家部门,最终成为一位娴熟的政治家。和很多女性领导者的境遇一样,其他领导人大都觉得她容易掌控,因而低估了她。默克尔的同事身陷受贿丑闻,而这让看起来比较正直的默克尔占得良机。人们认为默克尔会肃清德国政坛的部分原因就是人们对于女性的刻板印象。而默克尔一登上总理之位,就"学着运用'硬实力'来巩固她的政治地位"②。默克尔向世人显示了她效忠事业的决心和对付竞争对手的冷酷;有时,人们称呼她为"铁娘子"。③ 而且她拥有毋庸置疑的政治抱负,我们得知,她在办公桌上放置了一张叶卡捷琳娜大帝的照片。安妮·阿普勒鲍姆认为,默克尔能够领导德国在欧洲发挥巨大影响,其部分原因是她没有激起统领其他大国的"大男子主义者们的妒忌和竞争之心"④。这在默克尔当政早年可能确实如此,那时她的政治表现十分卓越,但如今的她变得十分好斗。而"由于她的性别",汤普森和雷纳兹指出,"默克尔的'冷酷'……就比其他政治家的冷酷遭到的批评更多"。⑤

---

① Eagly and Carli, *Through the Labyrinth*, pp. 8 – 11, 31.
② Mark Thompson and Ludmilla Lennartz, "The Making of Chancellor Merkel," *German Politics* 15, no. 1, March 2006: pp. 106 – 108.
③ Ely and Rhode, "Women and Leadership," p. 379.
④ Anne Applebaum, "Europe's Quiet Leader," *Washington Post*, November 3, 2009.
⑤ Thompson and Lennartz, "The Making of Chancellor Merkel," p. 104.

斯堪的纳维亚地区产生了很多杰出的女性领导者，包括挪威的格罗·哈莱姆·布伦特兰①、冰岛的维格迪丝·芬博阿多蒂尔②和芬兰的塔里娅·哈洛宁③。霍根森和苏尔黑姆告诉我们，布伦特兰"将女性特质与力量相结合，或许重新定义了寻常意义上的力量"④。伊格利和卡利告诉我们，领导力的这种"混合风格"并不罕见。"女人们为将人们对她们提出的男性方面和女性方面的不同要求区分开来，通常会选择既不过于男性化也不过于女性化的折中之道。"⑤

然而，在这种领导风格成功的背后，我们在本章中思考的所有女人——当然，这里指的是所有女性领导者——都要承受社会对女性和领导力的期望。这种期望因社会和组织而异，但都会设定并限制女性领导者的行为。面对这种性别刻板印象，反对、顺从、改变或是超越，都是可以采取的策略。但是无论采取的是哪种应对方式，女人们都不得不认识到这种期望，且必须想方设法找到自己应对这种期望的做法。这不仅仅说的是女总统、女总理和女报人，也包括无数在非正式环境中提供领导力的女人们。

非政府环境中的女性领导力

除了政府、公司、大学等机构中的女性领导者人数在日渐增加之外，女人们（和男人们一起）也在志愿者协会等非正式环境中提供领导力。

---

① 格罗·哈莱姆·布伦特兰夫人（Gro Harlem Brundtland, 1939— ），挪威政治家、外交家、医生，曾任挪威首相及世界卫生组织总干事。她被视为永续发展及公共卫生领域的专家。于1987年发表《我们共同的未来》报告，对永续发展进行了定义。——译者注

② 维格迪丝·芬博阿多蒂尔（Vigdis Finnbogadottir, 1930— ），冰岛共和国第4任总统，冰岛和欧洲第一位女总统，全世界第一位民选女总统和任期最长的民选女性元首。——译者注

③ 塔里娅·哈洛宁（Tarja Halonen, 1943— ），芬兰第11任总统，也是该国第一位女总统。——译者注

④ Hoogensen and Solheim, *Women in Power*, pp. 82–87.

⑤ Eagly and Carli, *Through the Labyrinth*, p. 123.

其中，19 世纪和 20 世纪初欧洲和北美的女人们尤其活跃。多萝西娅·迪克斯①和玛格丽特·桑格②是卫生服务的先驱；弗洛伦斯·南丁格尔③改革了护理业；哈莉特·塔布曼④是废奴运动的领导者；玛丽·贝克·艾迪⑤创立了世界性的宗教。选举权运动的领导者们在运动中坚持为妇女争取选举权。19 世纪末 20 世纪初，让成千上万人受益的定居救助之家运动就是由美国的妇女们所领导的。而到 20 世纪中期，女人们在很多组织运动中的表现仍旧突出，其中包括世界和平运动、工会组织、消费者联盟和妇女选民联盟。而今天女人们倾力投入的公共事业则包括 K-12（幼儿园至 12 岁）教育改革、土地资源保护和卫生健康改革，其中两位领军的模范人物是珍妮·亚当斯和埃莉诺·罗斯福。这两位都是受人瞩目的无比成功的领导者，人们对她们的褒贬不一，但她们的成就可以作为全世界万千女性取得成功的例证。

  珍妮·亚当斯属于特殊的一代女性。这一代女性，根据妇女史专家吉尔·康威的说法，是具有强烈的"使命感……她们是美国第一批进入大学接受教育且学成毕业的女性，她们要带领这些知书达理的女性肩负起改善女性世界的使命"。她们无缘于政府等机构中的大部分职位，社会上也没有其他明显可供她们选择的职位。但是她们关注社会上需要解决的问题和

---

  ① 多萝西娅·迪克斯（Dorothea Dix，1802—1881），美国社会改革家。通过向美国国会以及州立法机构反映精神病患者的悲惨状况，多萝西娅促成了美国第一批精神病院的创立。——译者注

  ② 玛格丽特·桑格（Margaret Sanger，1879—1966），是美国计划生育运动的发起人，计划生育运动的国际领袖。作品有《母亲须知》等。——译者注

  ③ 弗洛伦斯·南丁格尔（Florence Nightingale，1820—1910），因在克里米亚进行护理工作而闻名，被誉为"提灯女神"。她是世界上第一个真正的女护士，开创了护理事业。1908 年 3 月 16 日，她被授予伦敦城自由奖。"5·12"国际护士节设立在南丁格尔的生日这一天，就是为了纪念这位近代护理事业的创始人。——译者注

  ④ 哈莉特·塔布曼（Harriet Tubman，1822—1913），美国废奴主义者，杰出的黑人废奴主义运动家。她本人就是一个逃跑的奴隶，帮助许多黑人奴隶逃亡，被称为"黑摩西"或"摩西祖母"。美国废奴主义运动的领袖约翰·布朗称她为"塔布曼将军"。——译者注

  ⑤ 玛丽·贝克·埃迪（Mary Baker Eddy，1821—1910），被誉为 19 世纪美国最杰出的女性之一，基督教科学派的创办人。——译者注

亟待满足的需要；她们用自己的种种作为，"为女性在素来属于男性领域的公共生活中设定了新的角色"。①

珍妮·亚当斯和埃伦·盖茨·斯塔尔②在芝加哥创立了一个安居救助之家，叫做赫尔之家。赫尔之家1889年创立，及至20世纪30年代仍然蓬勃发展。每天来赫尔之家的人成千上万，而赫尔之家的居民则充当他们的老师和组织者。赫尔之家发起的活动更是丰富多彩，有幼儿园、读书俱乐部、剧院、咖啡屋、公共厨房、浴室、图书装订屋、男孩女孩俱乐部和小型艺术博物馆。赫尔之家的宗旨是"提供活动中心，倡导高尚的城市社会生活；开展教育事业和慈善事业，持之以恒；以及调查和改善芝加哥工业地区的环境。"③赫尔之家还为工作的母亲照顾幼儿，放学后常常会有几十个孩子来到赫尔之家。赫尔之家居民还关爱老人，"随时愿意提供最为细微琐碎的社区服务"。简·爱尔希坦曾提到："如果你是赫尔之家的居民，读读乔治·艾略特④的小说，讨论讨论卡尔·马克思，为新生儿沐浴，收殓安葬死者，护理病患，照料小孩子，一天内如此忙活不停，实在没什么不寻常。"⑤

后来，赫尔之家的课后活动和读书俱乐部还增加了延伸课堂，为来赫尔之家的人们提供大学教育。赫尔之家的目的不只是提供慈善服务，还包括提高社区居民能力，发挥好公民价值。居民们支持工会的组织活动，改善粗陋

---

① Jill Ker Conway, "Jane Addams: An American Heroine," *Daedalus* 93 (1964): pp. 761–762.

② 珍妮·亚当斯（Jane Addams, 1860—1935），芝加哥睦邻组织赫尔之家的创始人，因争取妇女、黑人移居的权利，与美国的尼古拉斯·默里·巴特勒共同获得1931年的诺贝尔和平奖，是美国第一位获得诺贝尔和平奖的女性。埃伦·盖茨·斯塔尔（Ellen Gates Starr, 1859—1940），美国社会改良家和活动家，1889年与同学珍妮·亚当斯一起创立了芝加哥赫尔之家。——译者注

③ Jean Bethke Elshtain, *Jane Addams and the Dream of American Democracy: A Life*, New York: Basic Books, 2002, p. 92.

④ 乔治·艾略特（George Eliot, 1819—1880），原名玛丽·安·伊万斯（Mary Ann Evans），英国作家，19世纪英语文学最有影响力的小说家之一，与萨克雷、狄更斯、勃朗特姐妹齐名。其主要作品有《弗洛斯河上的磨坊》、《米德尔马契》等。——译者注

⑤ Elshtain, *Jane Addams and the Dream of American Democracy*, p. 92.

的生活环境。珍妮·亚当斯在支持其深信不疑的事业中,显示了令人瞩目的勇气,即便当她心爱的赫尔之家急需经济支持和政治支持时,她也坚持她的信念,即使失去这些经济支持和政治支持也绝不动摇。有一位无政府主义者在麦金莱总统的暗杀事件中遭到无辜牵连,身陷囹圄,连见律师都不被允许。珍妮·亚当斯不仅为他辩护,还去牢中探视他,就算遭人污蔑也在所不惜。①

亚当斯告诉我们:"我们在赫尔之家最先学到的教训之一就是个人的善行完全不足以帮助城市中数量众多的被剥夺继承权的人。"因此,赫尔之家的居民转而越来越多地参与政治活动。佛罗伦斯·凯利成为国家工厂监督员,茱莉亚·莱斯罗普成了国家慈善委员会的一员,而亚当斯则加入了芝加哥教育委员会②。亚当斯还成功地让自己被任命为赫尔之家所在区的垃圾督察员。她收集了有关社区内垃圾收集的骇人情况的相关资料,并继而关注起社区住房和管道情况。这些努力最终促成了卫生局的真正转变,也明显改善了整个区的糟糕情况。

亚当斯还活跃于争取女性投票权的运动,她还是美国先进党的一位领导人。③ 亚当斯出席美国先进党1912年在芝加哥的开幕会,还担任先进党全国执行委员会的委员。先进党参加总统竞选时,亚当斯四处游走,向美国中西部众多组织发表演讲,成为仅次于西奥多·罗斯福④的总统提名人。⑤ 亚

---

① Addams, *Twenty Years at Hull-House*, pp. 263 – 266.

② Elshtain, *Jane Addams and the Dream of American Democracy*, pp. 204 – 214.

③ Jane Addams, *The Second Twenty Years at Hull-House*, *September 1909 to September 1929*, *with a Record of a Growing World Consciousness*, New York: Macmillan, 1930, pp. 18 – 24.

④ 西奥多·罗斯福(Theodore Roosevelt, 1858—1919),美国历史学家、政治家,第26任总统。曾任海军副部长,1900年当选副总统。1901年,时任总统威廉·麦金莱被无政府主义者刺杀身亡,他继任成为美国总统,时年42岁,成为最年轻的美国总统。他的独特个性和改革主义政策,使他成为美国历史上最伟大的总统之一。——译者注

⑤ Jane Addams, *The Second Twenty Years at Hull-House*, *September 1909 to September 1929*, *with a Record of a Growing World Consciousness*, New York: Macmillan, 1930, pp. 28 – 40; Elshtain, *Jane Addams and the Dream of American Democracy*, p. 16, 26.

当斯还在很多全国性组织和国际性组织上被推选担当职位,长年就任国际妇女争取自由与和平联盟的主席,并在1931年获得诺贝尔奖。

埃莉诺·罗斯福是出生于珍妮·亚当斯之后的一代女性。她崇敬并效仿珍妮·亚当斯和她的同事们。20世纪的头十年里,埃莉诺在纽约下东城的一家定居救助之家里工作。"一战"期间,她的丈夫富兰克林·罗斯福是美国的海军副部长。作家威廉·蔡菲描述了在此期间埃莉诺·罗斯福的忙碌生活,她"早晨5点钟就起床,到联合车站餐厅协调厨师为即将奔赴训练营的士兵们准备饮食,负责红十字会的活动,管理海军部的针织车间,以及在爱国者集会上发表演讲"。① 在19世纪20年代早期,埃莉诺·罗斯福加入了纽约的一个社交圈,圈中均是妇女工会、妇女俱乐部和女选民联盟中致力于改善社会的女领导人。② 埃莉诺是一位做事高效的管理者,这些组织经常邀请她去担当领导。她逐渐活跃于民主党的各种政治活动,和几位女性朋友巡游全国,访问各个国家,推动公共住房、公共卫生、学校和医护设施的改善。

埃莉诺与珍妮·亚当斯不同,珍妮·亚当斯终身未嫁,而埃莉诺却不得不扮演好政治家妻子的角色。她矢志不渝地支持着她的丈夫,她常常说道,她身负数责就是为了推进她丈夫的事业。即便在1918年,她发现丈夫和她的秘书露西·默瑟有染,晴天霹雳之余,也不改对她丈夫的支持。1928年,在她丈夫罗斯福当选为纽约州州长后,她便辞去众多领导职位,也不再积极参与民主党的政治活动。直至罗斯福就任州长满一年后,埃莉诺才悄悄地恢复了一些她自己的政治活动,并且"学着转变方式,低调行事,这种做法最终让她比完全隐退掌握更多的政治权力"③。在富兰克林·

---

① William H. Chafe, "Biographical Sketch," in Hoff-Wilson and Lightman, *Without Precedent*, p. 7.

② Elizabeth Israels Perry, "Training for Public Life: ER and Women's Political Networks in the 1920s," in Hoff-Wilson and Lightman, *Without Precedent*, pp. 28–35.

③ Susan Ware, "ER and Democratic Politics: Women in the Post-Suffrage Era," in Hoff-Wilson and Lightman, *Without Precedent*, p. 51.

罗斯福成为总统后,埃莉诺也继续讲课、写文章,还定期为报纸写专栏。她领头在西弗吉尼亚建立了阿瑟德尔试验社区。阿瑟德尔社区是一个独立自足的农村社区,社区通过提供工作机会和建立经济适用房来支持社区居民,让居民不用为谋生计而搬去拥挤的城市。①

在富兰克林·罗斯福的整个政治生涯中,埃莉诺引导他关注各种问题。她在白宫中召开领导会议,邀请人们来她家中会见罗斯福,在罗斯福床边留便条,为罗斯福朗读各种资料,和罗斯福在餐桌上辩论问题。而埃莉诺早在她丈夫之前,就开始了民权事业。此外,埃莉诺还深入反私刑运动。在罗斯福感觉自己无法进一步靠近左翼,但又需要自由党的支持时,便会利用埃莉诺的种种贡献。如果保守党提出抗议,他总会说:"有她在我身边,我什么也做不了。"写信给埃莉诺倾诉自己各种困境的人多到数不清,埃莉诺多予以帮助。在奥尔巴尼,及至后来的哥伦比亚特区,埃莉诺就像个"巡视官"。她让很多人感到宽慰,并觉得州长的府邸或白宫里有人愿意倾听他们的苦楚,跟他们站在一起。② 埃莉诺非官方的身份,让她更容易大胆地发表言论,而同时,她又能很容易地接触到各层政府官员。如塔玛拉·哈利文所言,埃莉诺"将第一夫人独有的权力变成了推动社会变革的独特工具"③。

埃莉诺·罗斯福同凯瑟琳·格雷厄姆一样,在成为领导者的最初几年里,也惴惴不安,深为男女间的差异所困扰。但她深信女人们能够改善政治生活,女人的参与能够成就大事,她决心要践行自己的信念。埃莉诺的第一部文章与演讲集叫做《由女人决定》,约瑟夫·拉什告诉我们,这部作品集"统一的主题就是,如果美国想要成功度过经济大萧条的危机,女人们就必须承担起变革的使命。"④ 要完成这一使命,埃莉诺说道:"女人们必须学会

---

① Joseph P. Lash, *Eleanor and Franklin*, New York: Norton, 1971, Ch. 37, and Cook, *Eleanor Roosevelt*, 2: Ch. 8.

② Lash, *Eleanor and Franklin*, p. 334.

③ Tamara Hareven, "ER and Reform," in Hoff-Wilson and Lightman, *Without Precedent*, p. 206.

④ Lash, *Eleanor and Franklin*, p. 381.

像男人一样按规则做事。"① 1935 年，她发表了一篇文章，主题是为什么女人"尚未做好谋求高官职的准备"：因为她们没有学会建立关系网，没有学会有组织地行动。她讨论道，女人们"应当从低位升上来，一步步学会从事公共生活方面的工作，而且她们首先必须学会与其他女人结伴而行"②。1936 年，她写道，参政的女人必须时刻准备着"站出来接受炮轰"，而且"参与公共生活的所有女人必须学着让自己的脸皮像犀牛皮一样厚"③。

埃莉诺在丈夫死后，被杜鲁门总统任命为派往联合国的第一代表团团长。她在《世界人权宣言》的拟定中发挥了重要的领导作用。④ 1947 年，在美国有色人种协进会（NAACP）的年度大会上，埃莉诺获邀上台致辞，沃尔特·怀特⑤在介绍她时，称她为"世界的第一夫人"。⑥ 埃莉诺还是阿德莱·史蒂文森⑦的好友和强大支持者，她在史蒂文森 1956 年的总统竞选中起了关键作用。1961 年，埃莉诺领导了约翰·肯尼迪有关妇女地位的委员会。记者雷蒙德·克拉珀⑧曾说道，埃莉诺是"内阁中的无冕部长——是我们当代最有影响力的女人"⑨。

珍妮·亚当斯和埃莉诺·罗斯福都体现了实用主义和理想主义，既对

---

① From a 1928 article in Redbook, cited by Blanche Wiesen Cook, *Eleanor Roosevelt*, vol. 1：1884 - 1933, New York：Penguin Books, 1993, p. 365.

② 文章标题是《女人是否能当选总统？》，出自 Cook, *Eleanor Roosevelt*, p. 2, 276 - 277.

③ Cook, *Eleanor Roosevelt*, p. 2, 372.

④ Joseph P. Lash, *Eleanor：The Years Alone*, New York：Norton, 1972, p. 79.

⑤ 埃莉诺·罗斯福的好友，美国有色人种协进会的主席。——译者注

⑥ Winifred D. Wandersee, "ER and American Youth," in Hoff-Wilson and Lightman, *Without Precedent*, p. 101.

⑦ 阿德莱·史蒂文森（Adlai Stevenson, 1900—1965），美国政治家，以其辩论技巧闻名，在当时被誉为仅次于温斯顿·丘吉尔的天才，曾于 1952 年和 1956 年两次代表美国民主党参选美国总统，但皆败给艾森豪威尔。后被任命为美国驻联合国大使，在古巴导弹危机中发挥了重要作用。他从来没有当上总统，却被他的支持者称为"美国从未有过的最好的总统。"——译者注

⑧ 雷蒙德·克拉珀（Raymond Clapper, 1892—1944），广播与报纸评论员和新闻分析师，被《生活》杂志称赞为"美国最有能力和最受尊敬的记者之一"。——译者注

⑨ Chafe, "Biographical Sketch," p. 11.

自身的使命抱有很深的道德信仰，又具有令人钦佩的管理才能。她们深信，女人不仅能够在政治活动和社会活动中发挥独特的天赋，还能够与男人亲密协作。她们多姿多彩的职业生涯，是有效领导力的楷模。虽然她们俩都没有担任公职，但她们的成就却让很多经过推选的公职人员也才堪堪匹敌。她们的生活和工作让我们明白，领导力以各种方式出现，而很多没有身居高位的领导者也能给世界带来深远的影响。

社会科学和社会化

玛格丽特·撒切尔和珍妮·亚当斯，英迪拉·甘地和埃莉诺·罗斯福，安格拉·默克尔和凯瑟琳·格雷厄姆，我们对她们的讨论清楚地说明，女人和男人一样，领导的方式也多种多样。然而，上述的例子也可以用来说明，性别对领导力有影响。为了进一步探求女性领导风格的问题，我继而会讨论现代社会科学中的几个发现。

社会学家有哪些女性领导力方面的发现？

心理学家进行了许多研究领导力的实验，并且在实验中妥善记录了男志愿者和女志愿者之间的各种不同。伊格利和卡利叙述了58次相关研究的统计分析结果，总结出"男性成为组织总领导的总数比女性多"，而"女性参与社会协调员类工作的总数比男性多——也就是说，女人们经常帮助人们和睦相处"。① 但男女间的性别差异却不太大，而纳入不同的社会地位、专长等资源时，性别差异就更小了。此外，性别差异在真实组织中也没有在实验环境中那么明显，与同性环境中更是没有关系。

---

① Eagly and Carli, *Through the Labyrinth*, pp. 24–25.

第四章 | 性别有影响吗？

艾丽斯·伊格利和布莱尔·约翰逊认同罗莎贝斯·莫斯·坎特①的假设，认为"组织比性别的作用更加重要"，因此"组织中领导职位相同的男性与女性间的差异，比在领导力其他研究（即实验室实验和评估研究）中观察到男性与女性间的差异要小。"② 在对美国众议院的研究中，几位政治学家认为，在决定领导者领导方式的因素中，"制度化环境比个人能力或个人特质更重要"。③ 艾丽斯·伊格利和布莱尔·约翰逊断言，组织挑选管理者的标准以及培养管理者的方法，可以降低管理者领导方式中刻板的男性化或女性化的倾向。然而，即使是在组织环境中，他们也（像其他研究者一样）找到证据证明"女性拥有比男性更加民主的领导风格。"④

神经学家塔尼亚·辛格和她的同事们研究发现，女性在看到其他人因不公或报复而遭受痛苦时，相比男性，感同身受的反应要更强。虽然塔尼亚·辛格他们也承认，他们的研究结果可能存在偏颇，因为"（上述）遭受痛苦是指身体上的威胁，而不是精神上或经济上的威胁。"但是他们又认为，如果这些研究发现在其他试验中也成立，那么这些研究发现"可以说明男性在人类社会中发挥着维护正义、惩罚破坏规则者的主导作用"。⑤ 这是一个有趣的研究方向，值得我们更加深入探究；但是塔尼亚·辛格他

---

① 罗莎贝斯·莫斯·坎特（Rosabeth Moss Kanter, 1943— ），管理作家，现任哈佛商学院的首席管理教授，专长领域是战略、创新和变革，著有《变革大师》（*The Change Masters*）、《当巨人学习跳舞》（*When Giants Learn to Dance*）和《世界级：区域性企业也能竞逐全球》（*World Class: Thriving Locally in the Global Economy*）等书籍。——译者注

② Alice H. Eagly and Blair T. Johnson, "Gender and Leadership Style: A Meta-Analysis," *Psychological Bulletin* 108, no. 2 (1990): p. 236, 246。罗莎贝斯·莫斯·坎特在《公司里的男人与女人》（New York: Basic Books, 1977）中总结了她的观点。

③ Joseph Cooper and David Brady, as cited by George C. Edwards III, "Presidential Leadership of Congress," in Jones, *Leadership and Politics*, p. 221.

④ Eagly and Johnson, "Gender and Leadership Style: A Meta-Analysis," p. 249. 又见 Sumru Erkut, *Inside Women's Power: Learning from Leaders*, CRW Special Report, no. 28, Wellesley, MA: Wellesley Centers for Women, 2001.

⑤ Tania Singer et al, "Empathic Neural Responses Are Modulated by the Perceived Fairness of Others," *Nature* 439, no. 7075 (January 26, 2006), pp. 466–469.

们的研究发现可以表明，女性在社会中更加社会化，更关心他人遭受的伤害，但还是没有告诉我们什么是女性"天生"会做的事情。

苏·托利森·莱茵哈特研究了美国的几位市长。她发现了几位市长间的很多相似点，其中包括他们对待冲突和合作的态度，以及他们对辖区和国家所遇难题的评估。大部分女性都描述说："她们做事讲究'亲力亲为'，注重权力分享和团队合作……男性提到更多的是责任授权，说话时以'命令'口吻居多。"然而总的来说，"带性别色彩的期望（即市长们在工作中遭遇的性别刻板印象）比任何可测的性别差异带来的影响都要大。"①

卡罗尔·吉利根②在论著《不同的声音》中比较有影响的论点是：在做道德判断时，女性比男性更容易基于关心或个人观点而非抽象的正义。在几位学者（包括乔安·特伦托和内尔·诺丁斯）发展的理论中，认为关心是独特的女性特质。③而萨拉·拉迪克则认为女性道德的根源是母爱，所以女性才会注重对他人的关心。

心理学家埃莉诺·麦克比注意到，即使父母在培养女孩和男孩时不带有任何刻板的性别色彩，女孩和男孩在挑选同伴、游戏习惯等社会互动时的表现也不一样。她认为存在这种不同的根源是"基因特质"和认知因素，例如，女孩的语言能力相对较强，而男孩更钟爱追逐打闹的游戏。麦克比认为，遗传差异决定的不同行为模式以及早在三岁时就开始的性别自我隔离，将持续随后的一生，这不仅会对两性的最终关系，还会对工作场

---

① Sue Tolleson-Rinehart, "Do Women Leaders Make a Difference? Substance, Style and Perception," in *The Impact of Women in Public Office*, ed. Susan J. Carroll, Bloomington: Indiana University Press, 2001, pp. 154, 164.

② 卡罗尔·吉利根（Carol Gilligan, 1936— ），美国女权主义者、伦理学家和心理学家。她对于柯尔伯格的道德发展阶段论（Theory of Moral Development）及以正义（Justice）和权利（Rights）为道德发展最高阶段考虑的理论既有继承又进行了批判。——译者注

③ Virginia Held, ed., *Justice and Care: Essential Readings in Feminist Ethics*, Boulder, CO: Westview Press, 1995.

所和生活的众多其他领域产生重大影响。① 温迪·伍德和艾丽斯·伊格利还提出了另一种理论，他们认为"男女心理上的性别差异，主要源于社会为男女设定的不同角色。男女分别形成符合其典型角色的行为倾向"。而这种行为倾向，随着时间的发展，在某些方面会有些变化。②

女性的生活态度如何会不同于男性？女权主义立场论解释说，其根源在于我们的境遇和背景。这种立场论是典型的女权主义认识论，扎根于马克思主义对社会的理解，主张在社会和经济生活中处于同等地位的人们——这里指的是女性，分享一种相同的世界立场。③ "基于性别的劳动分工"成了女性主义立场论的起始点。女性主义立场论认为，男女在生产与再生产劳动中的不同位置构成了他们不同的立场。至于这种基于性别的"立场"，何时会胜过其他个体差异，诸如种族或宗教，却是不太容易确定的。而假设所有女性都持有相同的观点，也是存在问题的：有些社会更注重父权，对女孩和妇女的压迫和限制尤其苛刻。

然而，在上述看法中，认为我们对世界的看法取决于我们生活中的一些基本因素，这是值得保留的。艾莉森·怀利提到，"立场论分析始于对某**种境遇知识**论点的信仰：社会位置系统地影响并限制我们的认知"④。资本主义社会的工人绝不会像他们老板一般看待这个世界，封建农民也不会如封建主一般理解这个世界。同理，女人看待世界的方式也会不同于男人。人类的认识之所以各不相同，性别作为人类众多差异中最基本的差异，便

---

① Eleanor Maccoby, *The Two Sexes: Growing Up Apart, Coming Together*, Cambridge, MA: Belknap Press of Harvard University Press, 1998, pp. 287, 292 – 293.

② Wendy Wood and Alice Eagly, "A Cross-Cultural Analysis of the Behavior of Women and Men: Implications for the Origins of Sex Differences", *Psychological Bulletin* 128 (2002), pp. 699 – 727, cited in Eagly and Carli, *Through the Labyrinth*, p. 34.

③ Nancy Hartsock, "The Feminist Standpoint: Developing the Ground for a Specifically Feminist Historical Materialism" (1983), in *The Feminist Viewpoint Revisited and Other Essays*, Boulder, CO: Westview Press, 1998, pp. 105 – 133.

④ Alison Wylie's, "Why Standpoint Matters," in *The Feminist Standpoint Theory Reader*, ed. Sandra Harding, London: Routledge, 2004, p. 343（原文强调）。

成了首要原因。正如怀利所言，不同认识的形成原因，不是基因、荷尔蒙或神经元，而是我们的境遇，是孩童时期父母的养育方式以及成人后的各种经历，也就是社会学家所说的"社会化"。

通过深入研究，科学家或许可以确定，基因、荷尔蒙或神经元的差异能够解释我们观察到的男女领导者之间的某些不同。但是我们已经知道，男孩和女孩、男人和女人在生活经历上差异悬殊。虽然文化在发展、在变化，但无论我们能从基因、荷尔蒙或神经元上发现什么，完全割裂社会化和性别的联系也是不可能的。男女领导方式为何各异，在目前我们已知的各种解释中，社会化看起来是最有说服力的答案。

社会化和领导力

几乎所有文化都会提倡某种形式的教育和经历，以培养女孩子做好照顾他人和辅助男人的"女人的工作"。在男女生活分别平行的社会中，女孩经历的训练培养明显不同于男孩。在现代的西方民主国家，男女间的这种差异虽然更加细微，但仍然很重要。然而，这些形成性的经历也并非全都是由父母等长辈们选择决定的。大众文化、同辈压力、新技术以及文化故事和文化象征，都会产生深远的影响。现代的美国文化就向男孩女孩们传达着强有力的讯息，塑造着他们对性感和成功的认识。我们有理由相信，这种信息势必会影响到男孩女孩们成人后的行为方式，包括他们使用权力的方式。

几位学者强调儿时经历在决定领导者掌权行为方式中的重要性。埃里克·埃里克森[①]对甘地和马丁·路德生平的描述是最为突出的事例；伯恩斯也依靠领导者的生平记录来解释领导者的特点。领导者孩童时期的经历，例如有个强势的父亲、占有欲强的母亲或喜欢竞争的兄弟姐妹，会极大地决定他的领导行为，这种说法是否合理，实在很难判定。但是领导者男孩

---

① 爱利克·埃里克森（Erik Erikson, 1902—1994），德裔美籍发展心理学家与心理分析学者，以构建了心理社会发展理论及创造了认同危机术语而知名。——译者注

或女孩时期的一般社会经历，肯定有助于了解男性与女性的领导力。虽然这种社会化影响每个孩子的方式迥然相异，但基础因素是相同的：男孩女孩因性别不同而有不同的人生体验。作为女孩及至女人，生活中的有些经历，是男孩和男人们所体会不到的。同样，男孩和男人们的有些生活经历，也是女孩和女人们所体会不到的。

有志于担当领导者或被同龄人认定具有领导才能的男性和女性会有一些相同的人生经历，这也是一种社会化。奥康纳大法官指出："人们带到决策中的不仅仅是性别，还是整个的人生经历。"① 而积极参与政治生活，或耳濡目染某个行业，也是社会化的内容。这种经历都会促使女性领导者按照规则行事，以可以预测的方式来取得成功。这不仅仅是"角色扮演"：任何职业内的成功，包括政治生活中的成功，都会在你身上施加期望。这些期望包括你对轻重缓急的衡量、所效仿的做法、对待同事的方式、选择追寻的目标、谴责或容许的竞争方式以及学院派行为等等因素。

几位社会学家发现的证据，可以用来验证上述总结。而我作为政治哲学家，将提及两位洞察尤其敏锐的观察家：弗吉尼亚·伍尔芙和西蒙娜·德·波伏娃。波伏娃是最有名的一位女性主义理论家，她的女权主义思想在其著作《第二性》②中得到了尤其显著的阐述。而伍尔芙的两篇随笔《自己的房间》和《三个基尼》，虽只是阐述她对男女生活的看法，却具有非常重要的理论意义。

在《自己的房间》中，弗吉尼亚·伍尔芙描述了一些女性的共同经历，这些女性具有小说家的文学天赋，而且深明教育的重要性。她讲述了她在英国博物馆里做调查研究所度过的一天，令人印象极其深刻。在研究

---

① O'Connor, foreword to Kellerman and Rhode, *Women and Leadership*, xv.
② 被誉为"有史以来讨论妇女的最健全、最理智、最充满智慧的一本书"，甚至被尊为西方妇女的"圣经"。作者西蒙娜·德·波伏娃以涵盖哲学、历史、文学、生物学、古代神话和风俗的文化内容为背景，纵论了从原始社会到现代社会的历史演变中，妇女的处境、地位和权利的实际情况，探讨了女性个体发展史所显示的性别差异。——译者注

中，她阅读了无数人针对性别进行的权威性讨论，这其中包括"没有资格说他们自己不是女人的男人"。在一次午餐过程中，她拿起报纸来阅读时发现，报纸上有这样一句话："即便是这个星球上最匆忙的过客，我想，在拿起这份报纸时，也能从报纸零星的证据中发现，英国是父权统治的国家。"① 她还提到，女性普遍无缘于专业性职位，没有挣钱能力，还无法独立掌控自己的财产。养儿育女和操持家务几乎是历史上所有女人的主要职业。除了富有的极少数女人，大部分女人都被这些家庭责任剥夺了私人空间，几乎没有时间去追求其他东西。虽然伍尔芙的目的只是为了陈述著名女作家不多的这一事实，但她的总结也非常切合女性领导力这个主题。

伍尔芙对几个世纪里那些为洗洗涮涮、相夫教子耗尽终生的女人们深表同情。除了为这些女人丧失无数机遇而深感沮丧，伍尔芙还在她后来的随笔《三个基尼》中，从不同的角度讨论了这个相同的主题。② 她认为，女人长期被圈在家务活动的私人空间里，虽然孕育出了独特的女性特质，也更加体贴敏感，但同时也会因此而变得愚昧、懒惰和消极。她担心，20世纪初的女人，在初入职场后，会丧失她们独特的敏感，行为举止变得像男人一样。伍尔芙所看到的，是我们现今社会女性发挥领导力的优势和损失。此外，伍尔芙也向职业女性们建议了一些策略，采用这些策略，职业女性可以保持她们体贴助人的态度。

在《第二性》中，西蒙娜·德·波伏娃坚定地说："女人不是天生的，而是后天造就的。"③ 她在论著的前四卷，罗列了一连串的生物学、历史学、心理分析学、哲学、文学和文化证据，证明是社会中的各种社会化压力导致女人的行为逐渐刻板地女性化。在第五卷和第六卷中，波伏娃论证了这些形成性经历和顽固的性别标准在当代女性生活中的影响。她认为，在人类生活的各个领域充斥的都是男性的生存标准，而女性则只是男性世

---

① Virginia Woolf, *A Room of One's Own*, Orlando, FL: Harcourt Brace, 1981 [1929], pp. 27–33.

② Virginia Woolf, *Three Guineas*, Orlando, FL: Harcourt Brace, 1966 (1938).

③ Beauvoir, *The Second Sex*, p. 267.

界外的"第二性"。对于波伏娃来说,这个事实不值得庆贺,只叫人悲哀。她看到,社会对女性的这种期望会阻碍女性作为充分发展的、积极的、富有创造力的人类与男性平起平坐。基于这一原因,只有当女性能够如男性一般,自由自信地表达自我,才能消除针对女性的刻板期望。

在第七卷中,波伏娃寄希望于未来的妇女"解放",希望妇女解放让女性如男性一样,作为"独立的人类"来呈现自己。如她所言,盲目地自大,认为我们已经看清未来的世界,这是极其愚蠢的。"让我们不要忘记,我们缺乏创造力,始终会使未来的人口减少的。"她认为,"男女之间永远存在某些差别;女人的性爱以至女人的性世界有着它们自己的特殊形式……女人同自己的身体、同男人的身体、同孩子的关系,与男人同自己的身体、同女人的身体、同孩子的关系,永远不可能完全一样"。但"可以肯定的是,迄今为止,女人的发展前景一直受到压制,这有失人性,现在是时候让女人们为了自己的利益,为了全人类的利益去尝试!"① 随着越来越多的女性在复杂组织中体验领导力,波伏娃也定会赞成,男女领导者之间的差异会减少乃至消失。

波伏娃和伍尔芙,从截然不同的视角,发现导致男女表现不同的相同起因:贯穿终生的社会化影响。她们还预见了相同的未来:将会有越来越多的女性投身职业工作和公共生活并发挥领导作用;而所谓"女性"的诸多特征也都将逐渐减少。然而,虽然伍尔芙哀叹女性特质的丢失而波伏娃却为之庆贺,但她们对性别差异根源和未来愿景的看法却非常相似。

结 论

那么,现在我们如何回答女性具有独特领导风格的问题?人们普遍持

---

① Beauvoir, *The Second Sex*, p. 730–731.

有的观点是，女性确实有不同的领导方式，领导者轶事和一些社会学发现均可为这一观点提供了理论支撑。而且，几位杰出女性的领导风格也可引为佐证。但是，很多女性并没有表现出比男性同仁更温柔体贴、更善于合作的任何倾向，因此上述证据必须对比这些女性的领导风格。大部分女性领导者都展现混合型的领导风格，既有一些明显的女性特点，又兼具一些典型男性领导者的特点。而且，给一些领导风格贴上"女性化"的标签，又给另一些领导风格贴上"男性化"的标签，本身就是硬给复杂行为扣上刻板印象，维护自古至今对女性领导者的成见，给女性领导者设置障碍。

我个人最初接触这些问题是在20世纪70年代的中期，当时，我们一群学者聚在一起探讨各自学科研究领域中女性的特殊地位和影响。我们这些斯坦福大学的教授（多为年轻女性）经常盘腿坐在地毯上，讨论至深夜，筹划着如何组建一个新的研究中心，如何开设女性主义研究课程，如何让大学环境更利于女性。我们坚持大家共同参与、共同协商实施方案。我们不太信任领导力，因为我们不习惯我们中的任何一个人凌驾于其他人之上。这种方法的利弊如今已经非常清楚。我们培养了彼此之间的共同归属感，互相承诺，共同抱有一种健康的信念，即我们"全都参与其中"，且地位平等，可以自由地各抒己见。但是，我们却要花很长时间才能得出讨论结果并进行有效分工，这逐渐让我们中的很多人感到挫败。

我年轻时曾在斯沃斯莫尔学院（一个贵格会院校）当老师，当时参加过一个类似的教职工会议。我深知，这种会议形式，在许多方面都与大部分高校和外界盛行的领导形式不同。威尔斯利女子学院是一所很有历史的女子学院，也是我的母校。1980年，在我被选为威尔斯利女子学院的校长时，曾满怀信心，希望为学院带来的是比广大学院更加开放的领导风格。然而，虽然我领导威尔斯利女子学院和杜克大学时，相比典型的大学校长，要多了那么一点包容性，但我却很快发现，为了做成事情，为了应对不同利益、不同人以及不同观点，为了做出艰难的决策并实施下去，我的领导方式在整体上开始非常接近类似院校其他男校长们的作风。

假如若干年后，威尔斯利女子学院还有人问我，女性领导复杂组织时是否带有独特的风格，我可能会给出一个比较谨慎的答复，因为领导女子学院在有些方面不同于传统的男性领导力，而且组织管理对领导风格的要求也各异。继威尔斯利女子学院之后，我还接任了杜克大学的校长。经过了这十几年，我已经非常肯定，组织文化的影响和组织领导力的需要要胜过性别的任何影响。

今天，在研究各种研究证据并深思我的个人经历之后，我认同伍尔芙和波伏娃所持的观点。在某些环境中，有些女性（当然不是全部）确实在领导时不同于大部分男性；但这却是因为受到了社会模式的限制，其根源是社会化和文化期望而非荷尔蒙或基因。此外，我像波伏娃一样，对未来存有这样的希望：随着越来越多的女性成为领导者，女人们也会像男人们一样，只被人们视为"领导者"，而非"女性领导者"，而在应对特定领导挑战和机遇时，我们也有我们自己的领导风格。

第五章　领导力如何在民主制度中发挥作用？

领导力在民主社会中，像在其他所有社会中一样，必不可少。至于领导力为什么必不可少，我们在前面的章节中已经论述了它的各种原因。现在要讨论的是，领导力特有的不对称影响如何能与人民积极参与决策或人民做主的主权相调和？

领导力与民主制度处于两种对立的根本矛盾中。第一种矛盾是，在行使人民主权，或利用制度的制衡性保护人民主权时，给领导工作设定诸多限制，导致领导者很难乃至无法完成多数社会成员认为可以达成的目标。这是一种两难的困境，现代的加利福尼亚就是一个很好的例子：全民投票为州议会设定了难以跨越的障碍，如今人们又要求州议会通过财政预算，完成基本的政府工作。可以说，这个障碍造成了一个实质上的僵局。而在美国的联邦政府层面，麦迪逊式外部制约的限制，有时也会威胁到国家财政预算的通过和联邦政府工作的进行。针对类似的问题，现代的政治理论界和大众媒体界曾做过广泛的讨论，讨论的内容是在诸多限制的情况下完成理想的政治目标所需行政权的合适范围。对此话题，我在本书中将不做深究。

领导者专权和滥用权力，是民主制度中的领导力存在的另一个问题。即使我们将比较严重的滥用权力，如利用强权迫害威胁追随者和职位竞争者，暂且搁置一边，领导者不太过分地滥用职权，在民主制度中也尤其引人关注。针对人们对此的诸多关注，我特别提到了定义民主制度的几种方式，指出了可以实施民主领导力的环境，思考了无领导社会的可能性，还讨论了民主制度走向寡头政治的可能趋势。在探究领导力与公平之间的矛盾，思索民主社会中不平等的根源后，我思考了民主与专家意见之间的关系，描述了一些专门解决"民主制度中领导力的难解之题"的补救措施。

民主制度的含义

民主制度是一个"本质上有争议的概念"：涉及诸多方面且定义众多。① 民主制度常常用来描述主权属于全体人民的政体。菲利普·佩蒂特将民主制度定义为一个"被统治的人民控制统治政权"的政体。② 而对民主制度的其他定义则强调全民参与决定关系全体大众的决策。那么，民主制度的标志性特征是人民主权还是人民参与，还是两者兼具？人民主权与人民参与不一定会同时存在；掌握终极权力和做出政治决策的也不一定会是相同的人或机构。

民主治理的不同类型

一些观察家认为，民主政体至少有三种形式。区分这三种民主政体的根据是主权所属和人们授予人民代表的决策权的范围。在这三种民主政治制度中，都是个人实行领导，但领导方式因各民主政治制度的不同特点而异。

---

① W. B. 加利在对"民主"的最初讨论里列举了"民主制度"。"Essentially Contested Concepts," *Proceedings of the Aristotelian Society* 56 (1955 – 56), pp. 167 – 198.

② Philip Pettit, "Democracy, Electoral and Contestatory," in *Designing Democratic Institutions*, ed. Ian Shapiro and Stephen Macedo, NOMOS 42, New York: New York University Press, 2000, p. 106.

今天最常见的民主形式是代议政府，又称自由民主制，而"自由"一词意味着国家的最高政治目标是保护个人自由和个人利益。自由民主制保证人民主权，强调人民的作用是选举和罢免民意代表，要求民意代表对人民负责。但是自由民主制并不依赖于——甚至可能还排除——人民在决策中的积极参与。凭借三权分立、权利法案、司法审查等制度特点，"人民"的决策受到宪法或法律的限制。

第二种民主政体可以称为传统的参与民主制，强调人民参与决策，即使国家的最高法定权力掌握在某个人或某些人手中。人民积极参与政策决策，但主权却在或多或少积极参与政治的最高统治者手中。相比另外两种民主政体，参与民主制不太常见，读者如果认为民主政体的本质是主权在民，就会质疑参与民主制是否符合民主之名。然而，我将参与民主制归于民主政体之列，是因为人民广泛活跃的参与能够有效地影响领导者，形成追随者的鲜明特征。

第三种民主，古典民主或直接民主。这类民主既注重人民主权，也强调人民参与。领导者和国家机构负责并促进人民积极普遍地参与决策，而人民通过控制领导者和国家机构的活动，掌握并行使最高权力。但即使在这种制度中，公民也会就任各种职位——行政职位、司法职位、军队职位，行使一段时间的权力。

现代民族国家主要是第一种民主形式，即代议民主制或自由民主制。人民挑选的领导者，承担制定决策和实施决策的责任，在结束一定任期或出现行为不当后会离职。传统的君主对臣民负责，公司的总裁对下属负责，而自由民主制中的领导者，则以更加直接更加有效的方式，对其他公民负责。诸如现代的英国，虽然正式主权在女王和议会手中，却是议会君主制国家，是自由民主制的变种形式。领导者们——党派成员——相互接替执政，所以领导者候选人之间要展开竞争。代议民主制中的领导者必须接受这种继任形式，不得操纵选举，不得压制竞争者。然而，不只是在阿富汗、非洲和伊朗，就是在声称民主的国家体制中，有时也会有人违反这些规定。

第五章 领导力如何在民主制度中发挥作用？

从林登·约翰逊挺进美国国会等众多案例中，我们可以了解到，在美国部分地区乃至其他先进的民主国家也都存在违反这些民主标准的现象。① 但是反映全体选民公开意见（通常是多数选民的意见）的权力更替政策，是代议民主制的基本内容。

以部族为政治单位的土著居民多以酋长为首，酋长之位一般通过继承而非选举来更替。有些酋长社会也存在人民的普遍参与，体现的是第二种民主形式，即传统的参与民主制。但多数情况下，只有部族中的成年男性才具有发言权，其他部族成员可以偶尔私下里发表自己的意见。这种程度的人民参与，使这种部族制度有别于传统的君主政治和寡头政治。在君主政治和寡头政治中，只有社会上层人士的聚会，才是合法的决策参与方式，但这种聚会很少举行，同时也具有严格的限制。法国大革命之前的三级会议或中世纪英国的沙龙等，虽然也限制君主的权力，但很难被视为是人民参与统治。

曼德拉在回忆初涉政治时所描述的部落制度，或许可以被称作是传统的参与民主制。曼德拉对他们的部落酋长深怀尊敬，部落酋长在当时南非统治中的身份叫作"摄政王"。曼德拉解释说，观察者粗略一看，这种统治形式看起来就是完全的君主制。"酋长的权力和影响触及我们生活的方方面面"，也是"部落生活所围绕的中心"。然而，摄政王在行使这种"貌似毫无节制的权力"时参照的却是部落议事会上成年男性们的建议。部落会议一般在摄政王的大本营举行。

部落议事会的召开是为了解决重大事项，如干旱、南非政府下达的政策或牲畜的屠宰。部落所有成员都可自由参加议事会，而且多数都会参加。议事会由摄政王主持，摄政王的顾问环坐其左右。摄政王的顾问是"部落中的智者，智者的大脑中存储着部落的历史和风俗知识，他们的意见很有分量"。议事会开始后，摄政王首先向与会的所有人致谢，然后向大家说明

---

① Dallek, *Lone Star Rising*, pp. 144–154, 221–222.

召开议事会需要讨论的事项。接着,摄政王就会保持沉默,直到议事会接近尾声。在会议过程中,曼德拉注意到:"每个人都畅所欲言……发言者虽然有分量轻重之分,但每个人都能各抒己见。"人们可以随心所欲地畅谈很久,议事会往往要持续数个小时。议事会上最令人震惊的便是人们批评摄政王时的坦率和有力。然而,"无论人们的批评多么明目张胆,摄政王都只是静静地听着,既不申辩,也没有任何表情。"

根据曼德拉的描述,议事会要一直开到"大家达成某种一致。会议结束时要么已经达成一致,要么毫无结果"。据他所言,无论是与会的众人,还是摄政王和他的顾问,都不会强迫会议得出某个结论。"民主意味着所有人都能发表意见,大家共同做出一项决定。"而且,"只在会议末尾,太阳渐渐西沉时,摄政王才开始发言"。他"总结大家的发言,综合不同意见并达成一致决定。如果议事会意见未能达成一致,就会再召开一次议事会"。等到会议最终得出结果之后,部落里的诗人和歌手就会开始礼赞过去的君王,"恭维讽刺现今的酋长们",逗得摄政王在内的众人"开怀大笑"。

曼德拉在数十年后描写这段经历,极有可能将这段经历理想化;现实中来自同伴的压力和微妙的等级之分所起的作用乃至摄政王权威的影响,可能要比曼德拉在自传中所描述的要大。① 同时,我们可以回忆下,曼德拉曾提到,摄政王酋长是"从背后领导",用人民不曾完全感知的方式引导着人民。但是将民主制度理想化,却是民主制度拥护者们的常见做法,也是我们自己的一贯做法,所以我们不能因为曼德拉的描述存在理想化成分,就认为这种制度不符民主之名。我将这种制度列为一种民主制度,是为了阐明我的两个观点。因为曼德拉——一位机敏且阅历丰富的政治行动者——将这种制度描述为"最纯粹的民主制度",所以便证明了民主制度

---

① 本书初稿的几位读者提出了这一观点,非常感谢史蒂夫·马赛多,他帮我想明白了这其中的含义。

的定义方式是多种多样的。① 此外，这个例子还强调了人民在决策中的广泛参与，而在今天很多声称民主的国家，人民还都不能广泛参与决策。

雅典以及其他一小部分希腊城邦、瑞士各州以及新英格兰地区的镇民大会，都是第三种民主制度——古典民主或直接民主。这些共同体既注重人民参与，也注重人民主权，而且人民主权的行使方式各异。而奉行社区行动主义或致力于非营利服务的团体往往也采用民主的组织形式。政党和工会有时也会实行一种直接民主。车间有时也是民主组织形式，但在大型现代工业的车间中却极为罕见。

如何比较和评价这些不同形式的民主制度？

这三种形式的民主制度都分别遭到一些观察家们的否定，否定理由要么是概念上存在错误，要么是几乎不可能实现，要么是既存在概念错误也不可能实现。传统的参与民主和直接民主的支持者，包括让-雅克·卢梭和他的学术继承人，否定第一种民主制度，理由是代议民主制度中的民众将自治权交付给决策者。他们认为，仅通过选举或游说他们的代表来参与政治不属于民主制度的范畴。

直接民主和代议民主的支持者则认为，第二种民主形式，即传统的参与民主制，不符合民主之名，因为某人或某些人独掌最高权力与人民主权不符。

代议制民主的支持者会宣称，在大多数情况下，直接民主要么不可取，要么不现实，要么既不可取也不现实。他们可能会宣称，组织中的一些成员比其他成员更有资格参加政治活动，因为他们更明智、更有经验，政治决策的结果对他们的影响更大；支持者断言，挑选一些公民来代表其他公民制定决策，这种制度能够更好地服务全部公民。支持者还指出，让大量公民都积极参与决策的制定不切实际。因此，这些理论家将直接民主看成

---

① Mandela, *Long Walk to Freedom*, p. 21.

是一个空洞的概念,认为在一些大国中,直接民主将不可避免地让位于代议制政府。

代议民主和传统民主都可被视为是混合政体。传统民主整合了君主制的内容,而现代国家中的代议民主则显示出了寡头政治的某些特性。但是,判断这些不同类型的统治方式是不是所谓的"真正民主",或者断定只有一种民主形式真正名副其实,都不是我的目的。相反,不论民主的定义如何,我的目的只是要指出领导力的重要性,阐明领导力在民主制度中可能存在的困境。

民主制度下的领导力

我们识别出代议制民主中的领导人并不困难。公民选举的议会议员和执行官员以及他们任命的其他人员,负责制定决策和执行选定的决策。普通公民可以作为政党和利益集团的决策者,或是作为同伴中的"意见领袖",参与政治发挥领导力。在曼德拉所描述的那种传统社会,领导者是酋长和担当酋长顾问的智者。

在直接民主中,领导人同样很重要。简·曼斯布里奇描述了原始狩猎社会中成年男性平等的决策权。她指出,成年男性在"社会地位上的根本平等",不代表他们就具有相同的决策影响力。她还说道,如果某个人慷慨、仁慈、自制、经验丰富且善于判断,同时又精于打猎,深谙战术,那么他的建议可能就比其他人的建议更有分量。但是,他的影响力,不是源于他在正式权威机构的某个职位,也不代表他要为群体的其他成员承担责任,更没有为他带来身居高位的头衔或福利。[1] 在原始社会的这种体制中,德高望重者(或是任何有想法要提出的人)都能给他人提供可作参考的建议。同样,在其他直接民主制度中亦是如此。贵格会议中,人们会更加仔细地倾听"重量级教友"的意见;雅典公民大会中,演说家——严格意

---

[1] Jane Mansbridge, *Beyond Adversary Democracy*, Chicago: University of Chicago Press, 1983, p. 11.

上说，是"任何想演讲的人"——会站出来提出建议……类似的例子不胜枚举：在小型共同体中，成员们站出来，说出他们的行动方案，赢得同伴的支持。①

然而，即使在简单的共同体中，也是将一些领导活动正式分配给特定人员。在雅典的古典民主中，领导力融入一系列复杂的职位中。一些人会担任公职，承担规定的义务和责任；他们或是由同辈选举，或是由抽签决定，或是由其他领导者任命。② 每个直接民主制度都有向大众集会反映问题的程序和管理机制，并要求官员代表全体公民行事，尽职尽责，且必须陈述他们的工作。

领导力与民主制度之间的矛盾

在各种民主制度中，都需要一些人来想出解决问题的政策，实施这些影响公众的政策。有鉴于此，这些人的工作便是有益而且必需的。但是民主制度中的领导力却可能在好几个方面出现问题。

民主制度中领导力的难解之题

即使是最简单最健全的参与制民主，也不得不面对这一事实，即西摩·马丁·李普赛特所说的事实："全体人民都积极持续地参与决策，从

---

① On *ho houlomenos*, Mogens Herman Hansen, *The Athenian Democracy in the Age of Demosthenes*, Oxford: Blackwell, 1991, ch. 11。梅丽莎·莱恩推荐的这一引用，特此表示感谢。

② 论述古雅典统治的文学作品数不胜数。除了汉森的《雅典民主》，还有 Josiah Ober, *Political Dissent in Democratic Athens: Intellectual Critics of Popular Rule*, Princeton, NJ: Princeton University Press, 1998; Bernard Manin, *Principles of Representative Government*, Themes in the Social Sciences, Cambridge: Cambridge University Press, 1997; and P. J. Rhodes, ed., *Athenian Democracy*, Edinburgh: Edinburgh University Press, 2004。

这个意义上理解的民主，是根本不存在的。"① 而李普赛特所表达的意思，也不是说普通民众不具备做出正确政治决策的能力。虽然不少理论家（乃至很多普通群众）都曾怀疑过普通民众的决策能力，但在李普赛特看来，民众集体全身心地持续参与政治活动、群策群力，也并非坏事，只是这实在是难以达成的目标。

在地广人多的民族国家中，让所有民众都持续地参与政治，既不可行，也不现实。成千上万的民众同时联网投票倒是可行，但让民众为摆在眼前的种种问题都想出对策，恐怕就不太可能。科技的巧妙运用，确实能带来改进，能够让众多民众更加有效地参与决策。然而，所有民众持续参与决策"根本不可能"的原因，却跟国家规模和科技水平无关。实际相关的原因是劳动分工和政治活动的需要。

即使是在人口稀少的平等社会，人们也有很多关系民生的事情要去做。做着这些事情的同时，他们就不能一直参与政治活动。大部分人的大部分时间都花在政治之外的事情上——种植粮食、进行贸易、照顾家庭、讲道、授业、医疗伤病。亚当·斯密在《国富论》中也论证说，劳动分工是所有人类社会的特点。在柏拉图的《理想国》中，人们建立理想国的最初阶段也很好地阐明了这种观点。如果每个人都只照顾自己家庭的各种需要，自己种地、制造工具、保卫家园、买卖货物，那么就会浪费大量的劳动力，社会中的诸多潜在优势也会丧失殆尽。人们各有其才，善于务农的种植粮食，精于手工的制作工具，会养牲畜的饲养牲畜，懂得经商的与人买卖，英勇善战的抵御外侮，如此，各尽其长的好处便一目了然。这里所概括的除了商业活动、社会活动、宗教活动和家庭生活，也包括政治活动。在复杂社会中，人们的角色分工更细，可谓专人专项。制定会议议程或实施决策，只是一些人在一段时间内的工作，是他们在劳动分工中分配到的角色。

那么，这种意义上的领导力如何会给民主社会带来问题呢？领导者往

---

① Seymour Martin Lipset, introduction to Robert Michels, *Political Parties: A Sociological Study of the Oligarchical Tendencies of Modern Democracy*, New York: Collier, 1962 (1915), p. 34.

往很享受领导过程和领导工作带来的影响。他们可能会迷恋权力,想长久地占据领导职位。这样,相较于其他人,一些人长期执掌权力,参政时间较长。而这就增加并加重了领导力特有的不对称影响,削弱了民主体制特有的粗糙的政治平等。即使这些领导者并没有非法地长期专权,而是经过民众反复选举才得以上任,但这还是会给民主社会的管理带来不和谐的影响。而这种影响既不是围绕着领导任务,也不是基于领导职位,而是依附于领导者个人。

很多时候,领导者还会借职位之便,为自己谋取诸多福利——金钱利益、象征显贵身份的头衔、随员,以及享受吃喝玩乐的便利。这些福利强调的是领导者的地位,领导者可能还想让他们的家庭成员也能同享尊荣。在君主、贵族和寡头统治的国家中,领导者永享特权和权力是司空见惯的事。但在民主国家,个人长期专权或以权谋私,就会破坏民主制度的运行,歪曲民主制度的发展方向。即使在人们互相熟知的小共同体中,当人人参与和权力分享已成惯例,这样滥用权力也会引起大家的担忧。而在现代大的民族国家中,滥用权力带来的威胁则要严重得多。

成功的民主国家必须确保有人来承担领导工作,以免公众忽略给人民带来麻烦的问题,在各种政策方案间反复摇摆不定,只做决策无法执行,等等。然而,领导者非分妄为,以权谋私谋权,损害其他人民的权益,会威胁到人民参与和人民主权。一个民主政府想要高效、长久,就必须要有领导者;而且政府的领导者必不得长期占据权位、以权谋利,否则势必破坏人民参与的制度,损害政治公平。如何拥有清廉的领导力?这就是民主制度中领导力的难解之题。

为了突出这一难题,我转向两种理论观点,因为这两种观点让这一难题显得更加突出。一种观点认为根本不存在没有任何领导力的社会,另一种观点认为最坚定的民主制度也有发展成寡头政治的趋向。

完全不存在领导力的社会是什么样?

几十年来,无政府主义者都在推崇无政府社会的构想。在无政府社会中，任何领导力都会遭到削弱，任何领导力都会经过大家一致同意但又严重限制。任何一个共同体，想要运行下去，又不指定任何领导者，总会在某个点出现领导力。从乌托邦社会到19世纪至20世纪初的无政府工团主义，再到20世纪60年代的学生示威，乃至20世纪70年代我在斯坦福大学经历的那种激进派女权主义组织，无不如此。① 而且最终，出现的领导力都会逐渐制度化。一些公开承认信奉无政府主义的组织，虽然曾于动荡之中（如在20世纪30年代时的巴塞罗那）夺权，但维持统治的时间却十分短暂。如此短暂的统治，一方面应归因于无政府主义者反机构主义的意识形态，一方面是因为遭到传统组织和热衷权力的个人的强烈反对。著名的无政府主义者乔治·伍德科克②指出，执掌权力将"无政府主义者置于痛苦的两难境地"。他们明确的动机就是"反对既定的权威"。他们展望了一个革命后的社会，在这个社会中，"自由主义之圣将迈入从已灭亡世界的废墟上升起的自由至上的共产主义天堂"。③ 但这只是展望。

深入研究上述实例必将有所启发，但这却不是我在本书中的目的。我只是定下一个理论基准，让我们思考完全不存在领导力的社会将会如何。我是根据民主制度雄辩的支持者——约翰·杜威提出的思想，进行了一个思想实验。我的目的不是概述杜威的政治思想，只是总结一下他在一部重要著述中的论述。

杜威在《公众及其问题》（1927）中，廓清了民主的基本情况。杜威的观点意味着民众组成一个能够认识自身且可自我治理的社会。在杜威的论述中，根本找不到领导力一词，甚至连领导力的概念也不存在，仅仅含

---

① Richard David Sonn, *Anarchism*, New York: Twayne Publishers, 1992, 对数十年来的无政府主义理论和实践做了深入浅出的论述。

② 乔治·伍德科克（George Woodcock, 1912—1995），加拿大政治传记和历史作家，无政府主义思想家、散文家、文学评论家和诗人，因《无政府主义》一书而蜚声国外。——译者注

③ George Woodcock, *Anarchism: A History of Libertarian Ideas and Movements*, Harmondsworth: Penguin, 1963, p. 368.

糊地提到几次人民选出的行政人员。杜威也没有点明这些行政人员的作用，更没有描述他们的活动。他只是在间接提及几种不当的政治行为时，稍微明显地提到这些行政人员，提及他们时的语气也是完全消极的。在杜威对人类政治生活的描述中，不存在特定的行动者，只有人类逐渐联合步入文明。

根据杜威的观点，发展至今的民主机制，只是对真正民主的一种拙劣的社会实践。人类在过去的几个世纪里一步步走近民主，而普选、多数统治和代议制政府是"民主进程中逐渐形成的手段"。在未来的数十年中，我们可以预见，社会的发展会产生更能密切反映人民意志和人民宗旨的民主形式。"我们完全有理由相信，"杜威断言，"无论现有的民主机制中会发生什么样的变化，这些变化都是为了让公众的利益变成政府活动更高的指导和标准，让公众形成并表露出更具权威的意志。"①

杜威最感兴趣的是公众意志的形成和表露。他用了好几章来解释公众意志的含义。"最大的困难，"他说，"是去探索分散而且流动的庞大民众应采用何种途径，才能如此认识自身、认清并表达出他们的利益。"但关于公众如何"认识自身"，杜威给出的回答是，公众既是有机的，也是机械的。"人类，"他声称，"像原子、恒星群和细胞一样，直接而无意识地联合在一起；同时又直接而不知不觉地分开和叛离……就像原子触电相互结合、羊儿遇冷挤作一团一样，人类在外部环境压力的作用下也会联合在一起。人类联合在一起无需任何解释，是自然而然的事。但人类仅仅是聚集在一起共同行动，而无论行动多少次也不能构成一个共同体。"也许领导力就是从这儿介入进来，将人类不成章法的联合转换成人类的共同体？但杜威的描述未免消极而且抽象。共同体能否与随意的人类联合不同，就取决于"人类行为和行为结果的符号和标志"出现后的沟通。

那么，谁来沟通，沟通分享的又是哪种讯息？显然这里又没有提到行

---

① John Dewey, *The Public and its Problems*, Chicago: Henry Holt, Swallow Press, 1927, pp. 145–146.

动人。作为替代，人们沟通分享目标，便将"欲望和冲动""转变成愿望和目的"；这些目标"成为新的纽带，将人们联合的行动转换成共同利益和共同努力"。由此，便产生了"公众意志或社会意识"。杜威认为，人类建立共同体的唯一途径是沟通途径和沟通方式的完善，只有沟通途径和沟通方式得到了完善，独立行动之后真实分享的利益才可能会体现出愿望和努力，从而指导行动。① 杜威随后在论述民主的发展中，探讨了实现这种沟通的几种途径；而且他始终认为问题在于公众的自我发现和自我识别。但是杜威在论述中还是没有解决核心问题：公众如何识别自身？那些行动人在哪儿，他们做什么？

协商民主②理论家描述了公众可能实现目标的几种方法。③ 他们讨论了民主参与成功的前提条件、民主参与过程的最佳设计方式以及期望中的几种结果。但是，他们也和杜威一样，没有关注领导力。阿米·古特曼和丹尼斯·汤普森提到，可以将选举出来进行公民协商的代表视为完全有资格代表公民协商的"经过实践检验的领导者"；在他们的讨论中，代表公民是领导者出现的唯一方式。④ 在《强势民主》一书的结尾处，本杰明·巴伯简略地提到人民协商中中立的"推动型领导者"，表示出对"天生的领袖"的担忧，认为必须仔细监督这些有领导天赋的人，确保他们不会破坏人民自治。巴伯还提到了"过渡"型或创始型领导者及耶稣、甘地等"道

---

① John Dewey, *The Public and its Problems*, Chicago: Henry Holt, Swallow Press, 1927, pp. 153 – 155, 185。熟悉卢梭的读者可能会将目光停留在"公众意志"一词上。但是卢梭非常清楚领导者在民主制度中扮演的角色（包括开创组织的立法者和延续组织的执行者），强烈反对公众意志形成中的公民交流。

② 协商民主（有的译为审议民主）是 20 世纪后期西方学术界开始关注的新领域。协商民主理论源自并超越了自由民主和批评理论。它强调在多元社会现实的背景下，通过普通的公民参与，就决策和立法达成共识。其核心要素是协商与共识。协商民主有助于矫正自由主义的不足，同时也有助于不同层面的政治共同体的政治实践。——译者注

③ Stephen Macedo's collection, *Deliberative Politics: Essays on Democracy and Disagreement*, New York: Oxford University Press, 1999, 书中探究了协商民主的各个方面；可特别关注马赛多的引言部分。

④ Amy Gutmann and Dennis Thompson, *Why Deliberative Democracy?* Princeton, NJ: Princeton University Press, 2004, p. 30.

德领袖"。他所说的创始型领导者是以卢梭在《社会契约论》中提及的"立法者"①为模型。但是巴伯同时还描述了没有领导者的决策过程以及没有领导力的"共同行动"。"共同行动"中，公民自发发动战争和建造校舍。② 这些例子表明，在直接民主和协商民主的讨论中，领导力始终没有引起重视，也没有得到研究。

寡头铁律

与杜威同时代的罗伯特·米歇尔斯③提出了一个截然相左的观点。米歇尔斯极其反对共同体可以没有领导者的观点。他指出，"在人类活动的任何时期、任何发展阶段和任何方向，都存在领导者。"④ 除此之外，米歇尔斯还认为，领导者长期占据权位是普遍而且无可避免的。民主性组织可能会强烈遏制所选举的代表攫取不正当的权力，但却只能是徒劳。米歇尔斯断言，民主制度必然要遭遇重重障碍，"不仅仅是外部施加的阻碍，同时还有内部出现的障碍"。在米歇尔斯的学说中，民主不可避免会走向寡头集权是基于三点："（1）人性；（2）政治斗争的性质；（3）组织的性质。"⑤

米歇尔斯指出了人性的几个特点，他认为这几个特点可以解释寡头集权为何不可避免。第一个特点是人类都想将好东西传给子孙。第二个特点是大部分人都觉得"极其需要指导和指引"，故而追随者常常会美化给予

---

① 共同体成员无法实现自我启蒙之任务，必须由一外在更高的力量加以完成，于此卢梭导入了"立法者"（Legislator）的概念。——译者注

② Benjamin R. Barber, *Strong Democracy: Participatory Politics for a New Age*, Berkeley: University of California Press, 1984, pp. 173–198, 238–242.

③ 罗伯特·米歇尔斯（Roberto Michels, 1876—1936），德国社会学家，着力于研究并描述精英的政治行为，对精英理论颇有贡献。其最出名的作品是1911年的《政党政治》，书中阐述了"寡头铁律"。他是马克思·韦伯的学生，还是维尔纳·桑巴特和阿基利·劳瑞亚的好友及信徒。——译者注

④ Michels, *Political Parties*, p. 72.

⑤ Ibid., p. 6.

他们引导的人，视这些人为英雄。① 米歇尔斯不相信普通群众的政治能力，也不相信他们会持续地参与政治活动。他说，"人的本性注定了人需要引导"，而人作为社会群体的一员处在复杂社会中，就更加需要引导。"一方面，群众不积极，需要引导，另一方面，领导者却对权力具有天生的渴望。"有些人渴望权力，为获取权力愿意付出大量的努力；而一旦他们获得了权力，他们往往就不愿意再回归平凡的生活。倘若领导者再没有别的营生，生活全靠职位收入，那他就更加不愿意失去权力了。② 而如果一位官员随时可能官位不保，那他也不可能会"全心全意地投入工作"，也不可能与组织目标保持一致。只有领导者拥有一定的安全感，有做出规划的眼界，且熟悉岗位，才能精力充沛地投入领导工作。而追随者则更乐意安于现状，不太愿意为求变革而付出努力。所以，人性的这几个基本特点，是寡头集权趋势的根源所在。

其次，一些社会因素使得个别人能与众不同，拥有担当领导的平台。这些社会因素包括"金钱及其等价物（经济优势）、传统和传承（历史优势）"以及领导者的专业知识（所谓的智力优势）。米歇尔斯认为智力优势最为重要。他指出，当基本平等的人们建立起正式的组织，例如政党，一些人长期担当领导职位所积累的经验和知识，立马就将他们与其追随者区别开来。③ 此外，当权之人身边围绕的也都是志趣相投之人。处在这些人的包围之中，领导者也就与他原本应服务的利益方相隔绝了。④

"组织的性质"同样会促进寡头集权的形成。米歇尔斯说道，即使组织的所有成员都认同某个政策指令，但让所有成员共同决定行动方案，却不太可能。组织成员也不可能集体实施决策。"即使一个集体由衷推崇民主精神，集体的日常事务、紧要行动的准备和实施也都得交由一些集体的

---

① Michels, *Political Parties*, p. 52, 88, 92-93.
② Ibid., pp. 205-207.
③ Ibid., pp. 107-110.
④ Ibid., p. 126.

成员来完成",集体的其他成员赋予他们处理诸事的权力。米歇尔斯说,集体分配职权后,"就立即采取措施,束缚当职之人的手脚,促使他们服从群众的意志,尽可能地维持纯粹的民主"。但是日积月累,那些得到集体授权的人便逐渐有所专长,笔记、交流、管理等专业能力日益精进,更加有别于其追随者。而随着组织的日渐成熟,这些独特的能力也就愈加必不可少。①

米歇尔斯讨论了为避免领导者长期担当领导产生问题而采取的各种措施,但是他又认为,这些措施通常作用都不大。他的基本观点是"劳动分工铸就专业",而专业(即专门化)"就意味着权威"。② 最后,米歇尔斯断言:"民主党派走向寡头政治的主要原因就在于领导力是必不可少的专业能力。"③

社会学研究验证了米歇尔斯的部分理论,但也让我们有理由质疑他所谓的寡头不可避免。在《再议寡头铁律》中,罗伯特·哈默尔认为米歇尔斯夸大了寡头趋势,因为米歇尔斯并没有充分考虑"政党内部组织化的各个宗派,而宗派能够抑制寡头政治"④。哈默尔指出,在很多情况下抑制寡头政治的关键因素,是宗派之间或宗派内部成员之间的竞争。

约瑟夫·熊彼特关注政治家之间为争取选民选票而展开的竞争,由此开创了一连串的政治理论。熊彼特提到,"除了'直接民主'呈现出'人民'参与统治或'人民'影响控制实际统治者的无限可能外,其余所有民主形式都没资格标榜为人民政权"⑤。根据熊彼特的观点,"古典民主理论"赋予"选民完全不现实的公民创制权,实际上等同于忽视领导力"。对比之下,他认为"比较民主的做法是对政治决策做制度安排,个人想得到决

---

① Michels, *Political Parties*, pp. 67–70.
② Ibid., pp. 111–114.
③ Ibid., p. 364.
④ Robert Harmel, in Jones, *Political Leadership*, p. 173.
⑤ Schumpeter, *Capitalism, Socialism, and Democracy*, p. 247.

策权，就必须展开竞争，赢得人民的投票支持"。领导者竞争上岗的过程，便将民主制度与其他统治形式明确区分开来，而且同时又"留有空间，让我们得以正确认识领导力的重要实情"。熊彼特指出了为获得领导力而存在的多种竞争，但他又肯定地说，民主制度的独特之处在于"为争取自主投票展开的自由竞争"。①

大部分当代政治学家，包括原创性思想家罗伯特·达尔②，都紧随熊彼得，将民主定义为社会精英为争取公民选票而展开竞争。③ 这种竞争恐怕是我们能期许的最好的民主形式；但是我们也能够理解，为什么民主的忠实支持者会否定这种民主制度，认为它只是连续的寡头政治。

民主与平等

虽然米歇尔斯等理论家夸大了寡头集权的不可避免性，但是所有的民主制度都会面临两难之境：既要保证领导工作的完成，又要防止领导者集聚私利和长期占据权位。这也就是我所说的民主制度中领导力的难解之题。产生此难题的原因是，民主制度依靠的是公民之间勉强的政治平等。

民主如何与平等相联系？

我先前曾提到，集聚私利和长期占据权位在寡头政治制度和君主政治制度中司空见惯；而且除非滥用职权，否则集聚私利和长期占据权位一般

---

① Schumpeter, *Capitalism, Socialism, and Democracy*, pp. 269 – 272.
② 罗伯特·达尔（Robert Dahl, 1915—2014），美国政治学家、美国政治学会前主席、当代政治学巨擘、民主理论大师，耶鲁大学政治学荣誉讲座教授，哈佛大学荣誉法学博士。——译者注
③ Carole Pateman, *Participation and Democratic Theory*, Cambridge: Cambridge University Press, 1970, pp. 5 – 16，总结了罗伯特·达尔等作者的观点。

不会成为问题。但在民主制度中，长期占据权位本身就有损有效的人民主权，而集聚私利则会歪曲人民参与。人民主权的有效行使要求公民之间高度平等，而真实的平等对健全的人民参与也很重要。平等与民主之间如此显见的关系，得到了自亚里士多德和卢梭到当代作家等众多民主理论家的支持。①

在民主制度中，每个人的意见在决定最终结果时的分量都应是相等的。这是一个难以企及的标准，却又是人们普遍认同的一个原则。如今对这一原则的阐述是"一人一票"，无论一个民主制度是否名副其实，过于偏离这种理想状态都会产生问题。查尔斯·贝茨也证明说，准确描述什么是政治公平的标准实在不易；实际上，政治公平的标准包含各种因素。不只是公民对政治结果具有基本平等的影响力；政治决策还应反映出对公民需求和公民利益予以同等关注。②

在民主制度中，对基本政治平等的这些要求，在确定何种程度的社会经济不平等属于可接受范围时，也具有重大意义。在存在贫富差距和社会地位悬殊的公民个人之间，享有较多世俗利益的人在议会或选举中往往比权势低微之人更具影响力。而公民动用经济力量和社会力量去影响别人或让别人保持沉默，也是同样的情况。不过，一个人要更具影响力，并不一定要依赖经济力量和社会力量。富人或上层阶级往往有机会接受更好的教育，他们更善于表达，在公众场合发表言论也更加从容，相对比较自信。而弱势群体想要获得影响力，就必须另辟蹊径，或以人多求势众，或发挥魅力型领导力，或借助组织的力量或程序的保证，或极度自信，或持之以恒。

---

① 曼宁在《代议制政府的原则》中指出，"政治平等的概念"在民主制度的古典定义和现代定义中都存在。丹尼斯·汤普森提到，所有"公民权理论家"都认同一个观点，即"无法接受民主制度没有重要的平等形式"。*The Democratic Citizen: Social Science and Democratic Theory in the Twentieth Century*, London: Cambridge University Press, 1970, p. 149.

② Charles R. Beitz, *Political Equality: An Essay in Democratic Theory*, Princeton, NJ: Princeton University Press, 1989.

有鉴于平等与民主之间的这种联系，民主制度中领导力的难解之题就比我们目前所认识到的要更加复杂。指挥或管理其他人从一开始就有失平等。领导者与追随者之间影响的不对称，本身也是一种不平等。所以，真实的情况是，领导者和追随者在定义上就是不平等的。

基于这种观点，本杰明·巴伯断言："领导力与人民参与的自治相悖；领导力会取代行为人的自治权，或在某种程度上侵害行为人的自治权……因此，你可能会想说，在理想的参与制民主中，领导力完全绝迹。"① 我们已经看到，领导力"完全绝迹"的观念很快就会变得毫无意义。而且巴伯也承认："实际的参与制民主……确实需要领导力，并且为这种需要所累。"纵观全书中我们已经思考的所有原因，我们不能将领导力简单地视为某个共同体的"负担"。但是直接民主的支持者会对领导力感到不安，却是有充分理由的。

多数情况中，领导者看起来都要高人一等。想想共和国的总统们，虽然他们也像我们一样坚定地忠于民主制度，但却享受着尊贵的礼遇：士兵们列队立正、鸣礼炮 21 响、乐队奏着"向统帅致敬"、"空军一号"总统座机等等。在就职期间，领导者不仅比追随者更有权势，更有地位，特权也更多。所以，即使领导者克己奉公，尽量不滥用特权，这些因素也让领导者显得更加优越。如此看来，领导力与平等之间存在着固有的矛盾。而由于平等与民主紧密相连，领导力与民主之间也存在根本矛盾。

清楚民主与平等之间紧密联系的人，往往都会支持采取措施减少不平等；而在一定范围内，这些措施确实能够巩固民主制度。但是，纯粹的平等却是个不太现实——且基于很多原因无法实现——的目标。库尔特·冯内古特②

---

① Benjamin R. Barber, *Strong Democracy*, pp. 237-238.
② 库尔特·冯内古特（Kurt Vonnegut, 1922—2007），美国作家，黑色幽默文学代表人物之一，与马克·吐温并称。其代表作《五号屠宰场》《猫的摇篮》抓住了他所身处时代的情绪，并激发了一代人的想象。——译者注

第五章 | 领导力如何在民主制度中发挥作用?

在短篇小说《哈里森·布吉朗》(又译《平等时代》)里简明扼要地描述了达到纯粹平等的要求:既要改善弱势群体的处境,又要剥夺特权一族的利益——"济贫"还得"劫富"。芭蕾舞演员练就一双铁足,所以笨拙的普通人只能对着她们精湛的舞技和优雅的身姿仰叹。聪明的人就像脑子里排列着信号部队,好点子层出不穷,而平庸的邻居绞尽脑汁也望尘莫及。冯内古特的故事有力地控诉了为追寻人与人之间的公平而不惜一切代价的错误信念。①

即使我们只关注政治平等,但若过分追求政治平等,也会出现重重问题。简·曼斯布里奇总结了"让权力更加平等"所可能产生次佳政治结果的几种方式。如果人民参与越多政治上就越平等的话,那么,政治平等必然造成不太专业的劳动分工。这就意味着于组织成功必不可少的复杂任务可能得不到专业的关注,执行起来也缺乏效率。将权力平等化会分散责任,人们也不太可能再视出谋划策为己任,也不会坚持不懈直至工作完成。惠及集体的工作,例如公共厨房里的碗筷,只有明确安排专人专责,才会得到及时有效的清洁。倘若职责模糊,这些工作就不太可能会有人去做。严格的政治平等还意味着,分配人员执行决策时胡乱安排,以致"具有独特组织天赋的人在组织中浪费了管理才能",降低了能力的价值,于组织有害。② 鉴于上述种种原因,健康的民主制度不应抛却一切而追求平等。

不管怎样,现代民主国家的多数公民都不太忧心不平等的问题。拉里·巴特尔斯③曾指出,考虑到社会经济差异与不平等在有效政治权力中

---

① 这个故事出自 Kurt Vonnegut, *Welcome to the Monkey House*, New York: Delta, 1968。
② Mansbridge, *Beyond Adversary Democracy*, pp. 246-247.
③ 拉里·巴特尔斯(Larry Bartels, 1956—),美国政治学家,创立了普林斯顿大学伍德罗·威尔逊公共和国际事务学院民主政治研究中心,并担任该中心的唐纳德·E. 斯托克斯公共政策与国际关系教授。——译者注

的密切联系，民众持这种态度可能是欠缺政治上的判断力。① 但除非贫富差距太大，地位过于悬殊，或专业程度相差甚远，否则人们都将财富、地位及专业上的不同视为人类生活的正常现象。而且民众认为政治组织中存在领导者是理所当然的事。他们尊重而且称赞这些领导者，不觉得有权的领导与民主制度之间有何矛盾。

然而，有些公民（包括很多政治理论家）却对集权谋利扭曲民主制度的现象忧心忡忡。乔治·奥威尔在《动物庄园》描述了一群农场动物反抗农场主、宣布平等自治。然而，时日一久，贪婪的猪攫取了越来越多的权力。猪将农场的准则——"所有动物一律平等"——改成了"但是有的动物较之其他动物更为平等"。② 为什么会如此呢？如何才能遏制这种趋势，避免给共同体带来引发动荡的不平等？

不平等为何会出现在民主制度中？

基于米歇尔斯的见解，我们可以进一步深入挖掘，除了民主制度中领导力特有的不对称影响之外，民主制度中领导者容易变得"较之其他人更为平等"的原因还有哪些。米歇尔斯提到了三大因素：人性的特点，生活中其他方面不平等的利益影响，以及社会中的劳动分工。我在这里已经对这三种因素做了讨论和简单的总结。而引发不平等的第四种因素便是民主进程的缓慢步伐。另外两种因素是领导者对信息的控制和政治在人类生活中的特殊含义。

我们已经看到，问题主要源自人性中的普遍倾向。有些人较之其他人对权力更感兴趣，更想承担领导工作。领导者往往享受伴随领导力而来的权力，而且顺应人类想要留住美好事物的倾向，领导者总是想要延续他们的领导权。按照我们平常对"腐败"一词的理解，他们可能谈不上腐败：

---

① Larry M. Bartels, *Unequal Democracy: The Political Economy of the New Gilded Age*, Princeton, NJ: Princeton University Press, 2008.

② George Orwell, *Animal Farm*, New York: Penguin, 1956.

除了固定工资，他们可能并没有利用职位谋取经济利益，也没有利用职权惠泽亲属。尽管如此，人类想要保留权力和积累利益的倾向，还是使得领导者相比追随他的公民，更加不平等。

人们还将不平等的社会地位、财富和资历带入政治领域；而人与人之间的这些差异又会在他们影响政治结果的能力中反映出来，即使是主张人人平等的社会也同样如此。在研究佛蒙特州的一个小镇时，简·曼斯布里奇发现，年龄、性别等身份的差异以及在镇上的居住年限，都会大大影响一位镇民参与镇民大会讨论时发言的分量以及当选官员的可能性。① 卢梭的《论人类不平等的起源和基础》权威性地论述了财富、地位等不平等的形成、权威的累积方式以及这些是如何加剧了权力的差异。②

人们才能不同，在劳动分工中所涉专业也不同，如此，获得的能力也就各有不同。领导者在领导工作中历练出一系列有益于共同体的能力；而无论是领导者还是追随者，都不愿意为了维护权力的更替制度而贡献自己的能力，尤其在共同体面临重大挑战时，就更加不愿意有所牺牲。结果，领导者的领导权就得以延续，而领导者和非领导者之间的差异也就变得更加明显。

西德尼·胡克描述了第四种因素。具有道德操守但比较强势的领导者"发现自己对抗着民主进程中的两大特点"：多数统治的要求和民主决策"实施的缓慢"。根据胡克的观点，强势的领导者要说服多数人接受他提出的行动方案，要么去蛊惑其他人，要么通过讨论和辩论来争取支持。③ 蛊惑不是基于事实的协商，而是有意地歪曲信息，制造偏见，或者从情感上煽动群众。虽然尽责的领导者为达目的也会有选择地提供信息，但是蛊惑却是将其他公民当作工具而非服务对象、当作操作的对象而非平等的伙伴，

---

① Mansbridge, *Beyond Adversary Democracy*, ch. 9.
② Jean Jacques Rousseau, *Discourse on the Origin of Inequality*, in *The Social Contract and Discourses*, pp. 265–266.
③ Hook, *The Hero in History*, pp. 158–159.

会将民主政府引入歧途。

而另一种方式——基于事实进行协商以争取支持——却是非常耗费时间的过程。领导者如果坚信自己已经找到解决共同体所面临问题的正确答案，往往就没有耐心再等待民众完成协商过程。如果共同体所面临的问题危急万分，也没有时间供民众协商辩论。情况紧急时，为应对紧迫的危机，人们会授予经验丰富的领导者以独裁之权。杰弗里·图利斯列出了宪制传统中一些可以临危获得独裁特权的时机，他还以林肯为例，认为林肯是在美国内战时抓住机遇临危受命的政治家。① 但是为了民主制度的健康发展，危机解除之后民众必须撤销或收回紧急授予的权力，这非常重要，但往往很难实现。

在民主制度中导致不平等的第五种因素是当权人士拥有获得信息的特权渠道。人们获得信息的途径存在差异，这是不可避免的。获取信息非常耗时，会遏制人们履行职责的积极性，即使是愿意认真履行职责的公民和领导者也不例外。但是当领导者为达成其目的而有选择地提供信息时，就增加了领导者和其他公民之间的不平等。领导者选择性地提供信息，这存在一定的范围，从尽可能公正地说明问题让公民自己得出结论，到故意遮蔽问题，或有意地保留重要信息。

对信息的控制和选择性运用，是领导力问题极为复杂的一个方面。詹姆斯·菲什金提到，公众缺乏背景信息或掌握着误导信息时，往往"易于操控"，而且有些领导者会倾向于"突出"政策的某个方面，使之"更为显著，以掩盖政策的其他方面"。② 彼得·巴克莱奇和摩尔顿·拜拉茨指出，民主社会中的精英人士通过将公众的注意力引向没有争议的事项以减少竞争。凭借这种方式，领导者隐藏社会中"重要但不明显的权力冲突"，

---

① Jeffrey K. Tulis, "The Possibility of Constitutional Statesmanship," in *The Limits of Constitutional Democracy*, ed. Jeffrey K. Tulis and Stephen Macedo, Princeton: Princeton University Press, 2010.

② James S. Fishkin, *When the People Speak: Deliberative Democracy and Public Consultation*, Oxford: Oxford University Press, 2009, pp. 3–4.

私底下予以解决或直接予以忽略。① 史蒂文·卢克斯深化了这个讨论,他引用安东尼奥·葛兰西和查尔斯·蒂利的见解,突出领导力的"第三面"——防止民众心生不满。蒂利提到,领导者防止民众心生不满的方式是"让他们安于现存秩序,左右他们的观念、认知和喜好"。② 凡此种种,领导者对信息享有特权的运用,增加了领导者和其他公民之间的不平等。

第六种因素在任何制度中都能让政治领导者占据显著优势,即政治在人类活动中的独特性。③ 马克·菲尔普指出,政治"基本上框定了民众的种种活动",而且"深切地影响到无数人的自由、安全和生活质量"。④ 亚里士多德认为,政治是所有社会的主要组织规范,是其他一切活动的基础。政治组织是致力于为整个社会达成最全面的目标。人们共同的政治制度是社会生活、家庭生活和经济生活的参照标准,而社会的其他方面则呈现出政治制度所体现和所代表的特点。⑤ 柏拉图断言,政治的艺术就是让其他一切成为可能的控制艺术,因此政治家的责任包含而且影响着国家组织内部其他共同体领导者的责任。⑥ 在亚里士多德和柏拉图的论述中,政治赋予领导者机会去控制人们生活的其他方面——社会生活、经济生活、文化生活及宗教生活。

通过所有这些方式,领导者能够在民主制度中变得"相比其他人更为平等"。然而,我们在讨论劳动分工的过程中也了解到,如果我们过于追求政治影响力的平等,我们就得牺牲掉领导力的很多优势。经验丰富的领导

---

① Cited in Steven Lukes, *Power: A Radical View*, 2nd ed., New York: Palgrave Macmillan, 2005 1974), p. 6.

② Ibid., p. 11.

③ 我要感谢马克·斯蒂尔斯帮我初步构思了本章的这些思想。

④ Philp, *Political Conduct*, p. 11.

⑤ Aristotle, *Politics*, I: 1, 1252a.

⑥ Plato, *Statesman*, 305d - e, in *The Collected Dialogues*, ed. Edith Hamilton and Huntingdon Cairns, Bollingen series, New York: Pantheon, 1961.

者见多识广，他们的观点只会增强民主制度，不会削弱民主制度。思考至此，便能部分理解和解决民主制度中领导力的难题。

领导力与专业知识

耶鲁大学政治学与哲学教授塞拉·本哈比发现，在很多领域，我们"似乎倾向于认为，判断者拥有大量的专业知识"。譬如法律判断或医学判断，就是如此。"初看起来，我们似乎没有理由不让政治家、外交家、选举的代表、行政人员等特定人群拥有政治判断的专业知识。"然而，本哈比又肯定地说，"这种形式的政治判断"，作为"一种专家意见，从民主理论的角度来看是不合格的"。民众必须能够做出自己的判断。接着，她还说道，"对专家文化的批判，以及将专家手中的判断权力和特权移交给公众，由此被认为是构建民主精神的关键"。①

民主国家的所有成员在思考公共生活中的问题时，如果都能运用良好的判断力，那当然最好不过。但更为重要的是，负责说明决策、实施决策的人以及执行法规和政策的人必须具有良好的判断力。在一个共同体中，虽然某些成员判断力不佳，但只要其他成员判断力良好，这个共同体依然能够有效运行。但是负责监管和进行政治活动的人缺乏良好的判断力，就会损害到公共生活，其他公民也会处于危险之中。宣称领导力有助于民主社会中政治专业的发展，并不妨碍其他公民做出自己的判断。经验丰富的领导者有时能够带来有经验的观点，而其他公民的判断可以补充领导者的判断。

无论是何种社会，政府的某些工作都要依据专业知识。古典主义思想家约翰·斯图亚特·穆勒②指出，"公共管理的各个分支都是需要技能的职

---

① Seyla Benhabib, "Judgment and Politics in Arendt's Thought," in *Judgment, Imagination and Politics: Themes from Kant and Arendt*, ed. Ronald Beiner and Jennifer Nedelsky, Lanham, MD: Rowman and Littlefield, 2001, pp. 186 – 187.

② 约翰·斯图亚特·穆勒（John Stuart Mill, 1806—1873），英国著名哲学家、心理学家和经济学家，19世纪影响力很大的古典自由主义思想家。边沁后功利主义理论的最重要代表人物之一。——译者注

业，都具有其独特的原则和传统规则"，只有"那些亲身处理过一段该事务的人"才了解。① 在代议民主制中，我们依靠一群受过培训的经验丰富的行政人员，来支持和扩展每一批新领导人的能力，而行政人员自身又不具权力。只要这些行政官员和职员由人民选举的领导者任命且对这些领导者负责，他们所掌握的专业知识和民主制度之间也就不冲突。但是人民选举的领导者也可能积累一套自己的专业知识，思及这点，很多民主主义者倍感不安。

柏拉图反对民主制度，因为在他所熟知的民主制度中，领导者的专业知识被刻意地贬低了。在雅典，有些领导者（包括将军和财政专家）的选举会考虑他们的专业知识。然而，法国学者曼宁指出，"（职位）更替与抽签的结合源自人民对专业的极度不信任……不让专家参与政治或严格限制专家的作用，都是设计用来保护普通民众的政治权力"②。依柏拉图之见，最后掌管国家的不是忠于公共利益、能力卓著的理智之士，而是无知而盲目的民众，他们追求的是自身及亲属狭隘的利益。

柏拉图常常使用船长的形象来描绘理想的政治家或领导者。经验丰富的船长运用他的航海和水手知识来应对各种航海问题。他不采用硬性标准，也不征询船员们的想法和听从多数人的意见。柏拉图认为，最佳的政治领导应采用同样的方式。政治家掌握的专业知识包含而且超越了善于游说的演说家、军队统帅和法官。政治家监督并控制演说家、将军和法官，"并以高超的技巧将所有人编织进统一国家的布匹之中。这是影响全体的艺术，所以我们用一个普遍范围的名称来命名这种艺术：……政治才能"。在《政治家篇》中，柏拉图坚称，"唯一名副其实的组织"，"其统治者不是炫耀政治才智的人，而是真正科学理解统治艺术的人"。这对于法治国家，都是更为理想的境地，因为"依法颁布的命令永远不能在约束一切的同时，还确实于各方最优：法律始终无法精确规定所有对国家全体人民又好又对

---

① John Stuart Mill, *Considerations on Representative Government*, Chicago: Regnery, 1962, p. 98.

② Manin, *Principles of Representative Government*, p. 32.

的事"①。

我们大部分人可能都不太接受"科学理解统治艺术"的概念。詹姆斯·麦格雷戈·伯恩斯认为,柏拉图将政治家比作船长,通向的是"政治思想历史上的一条死路",因为它强调船长拥有的知识是其他船员们所不知晓的。而我们现代人则更聪明,也更悲哀,因为我们知道可以轻易地伪装专业。历史上的领导者们经常伪装专业,要么宣称自己掌握着神秘知识,要么宣称自己通晓神谕。因此,我们对让领导者掌握特殊专业知识心存谨慎,也是可以理解的。伯恩斯想要找到现代对领导权威更恰当的理解,在他看来,也就意味着要"强调追随者对领导者的影响"。②

现代民主国家的民众,都明白领导者不是具有超凡的神秘能力的特殊人群。然而领导者作为难免犯错的普通人,常常会从领导经历中获得更宽广的视角,而这种视角并非源自"追随者对领导者的影响"。通过领导经历,有些领导者获得了财政或通讯等复杂领域的知识。而通过领导活动,人们还能培养一种专长,这种专长虽不专业,却得益于经年累月的经验积累,是追随者往往很难具备的见多识广。我们在第二章中已经了解到,这种见多识广在"判断力"的概念中涵盖很广。

大卫·伊斯特兰德③坚持认为,"即使我们承认政治决策有好有坏……有些人相比其他人对应如何去做持有更好的见解……也不能因为他们具有的专业知识,就简单地认定他们有权支配我们或应该有权支配我们。"④ 但这不是我的观点。不过,我不是说因为你具有专业知识,我就应该服从你的权威,只能说,你在发挥领导作用的过程中,会增长认识,调和能力,

---

① Manin, *Principles of Representative Government*, 293b – 294c. See also *Republic*, VI, 488b – 489a.

② Burns, *Leadership*, p. 23.

③ 大卫·伊斯特兰德(David Estlund, 1958—),布朗大学伦巴多家族哲学教授,他在《民主权威:一个哲学框架》(*Democratic Authority: A Philosophical Framework*)一书中创造了"乌托邦恐惧症"(Utopophobia)的概念。——译者注

④ David Estlund, *Democratic Authority: A Philosophical Framework*, Princeton, NJ: Princeton University Press, 2008, p. 3.

逐渐成为一位好的领导者。我也不是说，领导者将某些方面——管理、财务、军事、国际事务等领域——的专业技能带入领导工作，就能凭借这种专业知识要求我们服从他。相反，我的论点是，领导者通过领导工作获得一种独特的专业知识，并将这种专业知识用于解决我们公共生活的问题。即使在关系紧密的小共同体中，领导者因为掌握各种信息，在做惠及全体的决策时又要思虑各种因素，如此长期从事领导工作，久而久之，相比其他人，看待问题的视角自然不同。

轮流统治与被统治

与领导力包含或赋予专业知识的观点完全相悖的概念是"群众的智慧"。亚里士多德用"由众人集资操办的宴席较之于由一人出资的宴席更好"来说明，"个人在判断力上可能确实不如专家，但是所有人聚在一起，相比专家，判断力只会更好，不会更差"。[①] 詹姆斯·索罗斯基认为，"在合适的环境中，群众才智非凡，往往比他们中间最聪明的人还要聪明。"他首先列举的是，让出席展览的客人们估量一头狐狸的重量，再计算众人估算重量的平均值。最后，这个平均值就非常接近狐狸的实际重量。[②]

无论我们在比较狐狸估算重量的过程中有何发现，仅凭此就断定面对复杂的政治问题时，群众的直觉胜过经验老到的政治家，实在难以令人信服。太多集体性愚蠢和误解的例子令人无法接受这种观点。在《信息乌托邦》中，凯斯·桑斯坦根据孔多塞有名的陪审团定理[③]，更加仔细地描述

---

① Aristotle, *Politics*, 1281a, 1282a.; Ⅲ: 11, 108. Also 1286a, Ⅲ: 15, 124. John T. Bookman, "The Wisdom of the Many: An Analysis of the Arguments of Books Ⅲ and Ⅳ of Aristotle's Politics," *History of Political Thought* 13, no. 1, Spring 1992, pp. 1 – 12.

② James Surowiecki, *The Wisdom of Crowds: Why the Many Are Smarter Than the Few and How Collective Wisdom Shapes Business, Economies, Societies, and Nations*, New York: Anchor Books, 2004, xiii, xvii.

③ 陪审团定理：又称孔多塞陪审团定理，是指假设每个陪审员做出正确决定的概率大于0.5，那么陪审员越多，整个陪审团就越容易做出正确决定。当陪审员多到一定程度，正确的概率就无限趋近于1。——译者注

了人群在决策特定类型问题中的恰当作用。① 普通民众参与民主决策之所以比较重要，不是因为群众的智慧总是胜过领导者的智慧，而是因为每个人对如何开展自己的生活有最清楚的认识，而对民主决策之于公共活动的意义，每个人也都有自己的看法。恰如巴伯所言，"强势民主不会无限地信赖群众的自治，但它肯定马基雅维利的观点：民众整体的智慧不逊于君主的智慧，也认同西奥多·罗斯福的断言，即'多数普通群众在日复一日的自治中所犯的错误，要少于少数人在统治普通群众时所犯的错误'"②。

然而，对民众整体的政治能力做如此评价，前提是民众必须认识到，要想出对他们最好的决策，需要集思广益，而且集体也未必总能想出明智的决策。想想美国加利福尼亚州陷入的财政困境与政治困境，其部分原因就是做政治决策时过分依赖公民投票。我们在第四章中也已经看到，通常理想的情况是领导者和一些追随者共同出谋划策，或者领导者在制定政策时聆听民众的观点。在民主制度中，这就意味着，领导者与一些公民合作决策，又或者依靠公民所选官员的最佳判断来解决复杂问题。集体判断是民主决策的一个重要因素，民主决策的其他重要因素则包括集体中领导者的见识、经验和智慧。

亚里士多德认为，达成此目标的最佳途径是所有公民"在国家统治制度中被一视同仁，轮流统治与被统治"③。在亚里士多德的理论中，这种程序不仅能够产生最佳决策，而且反映出民主平等的基本要求以及曼宁所提到的"赋予命令的合法性"。如此，领导者就能够在做决策时设想出决策对普通群众的影响，因为他们不久前的身份就是群众，而且他们也有兴趣去思考这种影响，因为他们很快又会回归为群众。④ 亚里士多德在论述最

---

① Cass Sunstein, *Infotopia: How Many Minds Produce Knowledge*, Oxford: Oxford University Press, 2006, pp. 21 – 43.

② Benjamin Barber, *Strong Democracy*, p. 151, quoting Machiavelli's *Discourses on Livy*, book 1, ch. 58, and Roosevelt as cited in an essay by R. A. Allen in the *Nebraska Law Review* (1979).

③ Aristotle, *Politics*, 1332b, VII, p. 14.

④ Manin, *Principles of Representative Government*, pp. 29 – 30.

好的政治制度是公民轮流统治与被统治、轮流成为领导者和追随者时，还认为我们是从身为追随者的经历中锻炼出领导能力。① 我们在某种程度上是通过扮演好追随者而学会如何领导他人。

公民们"轮流统治和被统治"，在时间上和心理上尤其存在着领导者身份和追随者身份的变换。在第二章中，我们讨论过复杂统治集团中位于"中层"的领导者，他们既是领导者，又是追随者。在健康的民主制度中，公民在不同的意义上就既是领导者又是追随者，这种双重的"公民身份"增强了公民的能力，既能提供领导力，又能成为有知识且积极参与的追随者。

民主制度中的公民，在以亚里士多德描述的双重身份参与"统治"活动时，要想获得成功，必须形成不同于"被统治"时的视角。你的思维定式和能力储备，在做领导者时与做追随者时肯定不完全相同，而且思维和能力上的这种差异会日积月累。亚里士多德指出，"实践的智慧是为统治者所独有的一种卓越。而其他的卓越则似乎是统治者和臣民所平等享有的"。但是按照公民"轮流统治与被统治"的观点，"公民应同时具备两种知识，并融汇使用"。②

该如何去做？

我们已经特别关注了无领导社会的不可能性、导致寡头政治的因素、领导力与平等之间的关系、不平等的源泉以及政治专长的益处，现在我们回到民主制度中领导力的难题上，看如何解决这个难题。如何在让领导者有效工作的同时避免一些公民"较之其他人更为平等"？如何才能使领导

---

① Aristotle, *Polttics*, 1279a, III：6；1283b, III, p.13；99, 117.
② Ibid., III：4；1277a-b.

力与民主制度相调和？

解决长期占据权位的问题

我们不能撇开领导力来解决民主制度的难题。我们已经看到这种不可能，所有的集体行动都需要领导力。而且好的领导力非常有益于民主制度。而撇开民主制度解决领导力的难题也是没有意义的。人民广泛参与政治活动，人民承担行使权力的终极责任，从根本上说都是民主制度十分重要的方面。至于为什么重要，原因很多，包括能够保护公民的权利和自由，有益于公民个体培养政治能力，避免缺乏政治行动力和激情，等等。民主制度能够在解决问题的过程中融入各种不同视角，兼顾社会中的各种利益和各种关切，同时为防止滥用权力设置制度性屏障。引用丘吉尔的名言，民主制度是"最糟糕的统治形式，是反复尝试过所有其他统治形式后的选择"。[1]

针对民主制度中领导力的难题，虽然不能予以解决，但与其撇开领导力或民主制度，公民不如采取一系列措施去予以缓解。古典的雅典式民主[2]想出了很多方法来遏制滥用权力，包括流放傲慢自大、逾越职权以及利用专业知识威胁控制其他公民的掌权者。对于那些在公民大会上提出轻率危险提议的人，雅典还会向其送交令状予以起诉和惩罚。公民甲如果认为公民乙向公民大会提议的措施不合法，还可以控告公民乙涉嫌犯罪。[3]

为了防止权力滥用，现代民主国家也想出了其他一些不太激进的方法。但人们如心系民主制度的长存，应寻找方法防止同一个人长期占据领导职

---

[1] Jonas Linde and Joakim Ekman, "Satisfaction with Democracy: A Note on a Frequently Used Indicator in Comparative Politics," *European Journal of Political Research* 42, no. 3, May 2003, p. 392.

[2] 雅典民主政治是建立在奴隶制基础上的，其实质上是以雅典工商奴隶主为领导的奴隶主阶级对于奴隶、非公民群众实行专政的工具，归根结底，它是为奴隶主阶级整体的经济利益而服务，是奴隶主自由民阶级的民主。——译者注

[3] Manin, *Principles of Representative Government*, pp. 19–21.

位，应强调领导者对其他公民的责任，确保公民可以自由接触各种信息渠道，扩大人民对国家治理的参与，限制特权的集聚。为实现上述各种目标，民主国家采取了各种措施，在结束本章的论述时，我们会略微提及其中几种措施。

美国专门从事社区运动的组织常常会强调培养领导力的重要性。他们和亚里士多德持相同观点，认为领导力在某种程度上是通过实践获得的能力，包括做好追随者的实践。保罗·奥斯特曼在分析工业区基金会（IAF）等西南部弱势公民组织时，注意到培养领导力成为这些组织的重中之重。工业区基金会的"明确目标就是教人们如何玩转政治"①。

问责，按照露丝·格兰特和罗伯特·基欧汉的定义，"意味着一些参与者有权要求其他参与者遵守一系列规范，参照这些规范判断他们是否履行职责，如果认为他们未能履行职责，则加以制裁。"② 可以在选举过程中提出领导者对公民的责任，也可以在常规的审查程序中制定并实施任命官员的问责制度。有效的问责制度依靠有效的监督，领导者必须认清公民的合法权益和终极控制权，定期汇报领导工作。警觉的司法制度和精心设计的行政法律制度同样能发挥重要监督作用；而充分的新闻自由同样很重要，在凯瑟琳·格雷厄姆的自传中，《华盛顿邮报》专业的记者们深入揭露五角大楼文件和水门事件，就说明了这点。

很多民主制度都规定领导者陈述领导活动和争取民众选票的时间和地点。选举制度通过允许民众聆听候选人当选后的工作规划，或者了解任职者在任的工作，实现重要的问责制。工业区基金会（IAF）的一

---

① Paul Osterman, *Gathering Power: The Future of Progressive Politics in America*, Boston: Beacon Press, 2002, pp. 24, 35–37, 52–55.

② Ruth W. Grant and Robert O. Keohane, "Accountability and Abuses of Power in World Politics," *American Political Science Review* 99, no. 1, February 2005, p. 29.

大显著特点便是"问责会议",在问责会议中,领导候选人或在职领导人会接见聚在一起的追随者。基金会成员一般都会参加问责会议。而领导候选人或在职领导人,如接到基金会问责会议的邀请,为避免产生不利的公众影响和影响选举投票,通常也会出席问责会议。基金会成员会询问这些政治领导是否支持该基金会为解决地方问题而制定的政策。基金会会记录下这些领导的回答,并分享给基金会所有成员,作为下次选举的指导,如此,这些领导也就被迫要兑现他们的承诺。①

多数民主制度中,组织良好的政治问责活动包括官职候选人参加市民大会、政党会议、筹款晚宴、选举人在客厅或当地餐馆举行的聚会和电话交谈节目。在美国的政治制度中,最健全的类似问责出现在爱荷华州和新罕布什尔州。在这两个州,总统大选前夕都会举行初选,总统候选人一个个或一小批一小批地会见选民。媒体会全程拍摄整个会见过程,从而让其他州的选民也有机会看到总统候选人的表现,了解他们承诺要做出的成绩。问责制还取决于获取信息的各种渠道。在健康的民主制度中,民众有很多信息获取途径。因此,言论自由、集会和新闻自由就非常关键。

公民的最佳参与和限制特权的攫取

在思考完人民参与政治的众多优点,例如保护个人权益和全面发展人类能力之后,约翰·斯图亚特·穆勒又肯定地说:"唯一能够完全满足社会和国家各种需要的政府是全民参与的政府;人民只要参与,哪怕是规模最小的集会,也能发挥作用;全民参与应在改善国家的全面

---

① Mark R. Warren, *Dry Bones Rattling: Community Building to Revitalize American Democracy*, Princeton, NJ: Princeton University Press, 2001, p. 54.

范围内尽可能地普遍。"① 像工业区基金会（IAF）一样吸收培养领导者及实施问责制等措施，都能促进人民参政。还有许多其他方法也能促进人民参政。通过动员投票竞选活动，便利选民的登记和投票，或者支付投票报酬，都可以鼓励公民行使投票权。有些民主国家更是让投票成为一项公民义务，不履行投票义务的人会受到处罚。社会学家已经讨论过，使用因特网和万维网等科技创新渠道能够增加公民间的交流。凯斯·桑斯坦探究了维基百科和博客在公民聚集信息和促进公民广泛讨论中的效用（以及缺点）。②

詹姆斯·菲什金构想了一个叫作"商议式民意调查"的程序。在商议式民意调查中，调查者会随意抽取普通公民来代表我们所有人。世界上对此感兴趣的国家已经将此建议付诸实施，效果比较令人满意。③ 卡罗尔·帕特曼等人则推崇工作场所管理中公民的广泛参与。④ 还有一些政治学家，包括罗伯特·帕特曼以及西德尼·维巴、凯·施洛兹曼和亨利·布雷迪，则通过研究证明公民参与与各种社团中的参与存在紧密联系。⑤ 史蒂芬及其同事发现，"空间会影响到公民参与"，多数证据都证明"较小的空间会吸引公民参与"。社区委员会等机构就是典型的这种例子。⑥ 而一些理论家（包括汤普森和巴伯）更是紧随亚历西斯·德·托克维尔和穆勒之后，认为应采取更活跃更广泛的联邦制，认为联邦政府应将更多的权力和决策职

---

① Mill, *Considerations on Representative Government*, pp. 73–74.

② Sunstein, *Infotopia*, pp. 148–191.

③ James Fishkin, *Democracy and Deliberation: New Directions for Democratic Reform*, New Haven: Yale University Press, 1991, ch. 1.

④ Pateman, *Participation and Democratic Theory*, chs. 3–5.

⑤ Robert Putnam, *Bowling Alone: The Collapse and Revival of American Community*, New York: Simon & Schuster, 2000; Sidney Verba, Kay Lehman Schlozman, and Henry Brady, *Voice and Equality: Civic Volunteerism in American Polities*, Cambridge, MA: Harvard University Press, 1995.

⑥ Stephen Macedo, *Democracy at Risk: How Political Choices Undermine Citizen Participation, and What We Can Do about It*, Washington, DC: Brookings Institution Press, 2005, pp. 67–70, 91.

责移交给地方，如市镇或社区。① 陪审团在雅典的古典民主和盎格鲁-撒克逊民主中，都是重要的公民参与方式。

几个世纪里的民主理论家都强调公民参与应更加深入更加丰富。他们承认公民需要进行权衡：公民参与会耗费公民追求生活中其他美好事物的时间和精力。但是马塞多等理论家也"坚持认为，公民参与也是美好生活的一部分"，而且能够补充生活中的其他重要活动。② 增加对公民教育的认真关注，让公民了解他们的义务，了解他们可能从参与中得到的乐趣，可以强化公民参与政治的意识。

滥用特权是指利用权力积累财富，追求较高的社会地位，谋求诸多福利。这会扩大领导者和追随者之间的鸿沟，使领导者面临更多的机遇和诱惑，增加领导者滥用职权乃至长期占据权位的可能性。这个问题可以从多方面加以解决，比如限定领导者的薪资，制定法规杜绝领导者收受礼物和谋求各种形式的特权。此外，新闻自由和健康的司法制度也能有效保证这些限制的有效性。警觉的记者和公诉人可以警惕公共资金的非法使用和领导者的奢侈生活。如此限制领导者累积福利，也约束了领导者将特权传递给子女的机会。

从其他方向限制领导者累积特权也很重要。由于领导者可以利用权力来获取社会经济利益，也可以再利用这些社会经济利益去谋求权力。财富在政治中的过度影响是各种民主制度中都存在的问题。这使得富裕的公民可以通过多种渠道影响领导者，让领导者偏向他们狭隘的个人利益，打击社会底层公民参与政治的积极性，因为他们极容易觉得，相比特权阶层，自己人微言轻。除了防止公职人员累积经济利益，还可以采取措施让不富裕的公民也有机会担任公职。用竞选财政法限制财富在选举领导者中的作用，阻止富裕的公民控制通讯工具，都是可以设计用来解决这一问

---

① Benjamin Barber, *Strong Democracy*, pp. 246 - 249, 256 - 257, 262; Dennis Thompson, *The Democratic Citizen*.

② Macedo, *Democracy at Risk*, p. 5, 14.

题的措施。

结 论

本章中陈述的主要问题是如何让领导力与民主制度相调和。我们探究了这一难题的几个方面，并在最后一节提出可以解决这个难题的若干措施。通过这些解决措施，可以减少民主制度中领导者积累特权和长期占据权位的可能性。

但无论是在何种政治制度中，领导者都会通过很多其他方式来滥用权力。权力给握有权力的人带来种种诱惑，也带来创造美好的机会。这种种诱惑中，有些很低级，有些很微妙。领导力也是有成本的，思考领导力必须同时思考它能带来的享受和回报。在整本书中，我已经多次提及领导力的这些诱惑和成本，下一章中我会对这些诱惑和成本做更加系统的思考。

第六章　性格、道德品质与领导力之间如何相互影响？

长期掌权会对一个人产生怎样的影响？罗伯特·米歇尔斯认为，"行使权力会给一个人的性格带来深远而不可消除的改变。"大部分观察家都表示认同，并且像米歇尔斯一样补充说，这种影响往往都不太有利。"长期行使领导权对领导者品德产生的影响在本质上是有害的。"① 这种评价是否公正？

马克·菲尔普发现一个重要因素，即"政治是比大部分政治理论认识中的都要复杂、肮脏且考验人性的人类活动领域。在这个领域中，人类的激情、野心、忠诚和背信都对政治权力的使用者和使用方式产生重要影响"②。而且，并非只有堕落之人才会想要成为领导者，领导力也不是一定会让领导者堕落；但是政治——以及某种程度上公司等复杂组织——的肮脏和复杂，都会产生一系列我们不曾预料的问题。

在较早的章节中，我们讨论了一些领导者，他们有的在掌权中道德缺陷更加恶化，有的使用权力作恶。我们同样也关注了一些在权力中辉煌绽放的领导者，他们显示出出人意料的高尚品德和卓越才能。詹姆斯·戴维·巴伯这样说道："权力可以让人堕落，可以使人崇高，可以让人害怕，

---

① Michels, *Political Parties*, pp. 205 – 206.

② Philp, *Political Conduct*, p. 4.

第六章 性格、道德品质与领导力之间如何相互影响?

可以激励人，可以吸引人。具体如何则取决于这个人堕落或者廉洁的倾向，简言之，取决于他的性格……政治权力譬如核能：能毁灭一方，亦能繁荣一方。"① 权力与性格之间双向影响。掌握权力对一个人的性格有特殊的影响，而且好坏影响都有（有时同时存在）。但是性格也会决定一个人掌握权力时的反应。如罗伯特·卡罗所言："**权力揭露性格**。"②

领导者面临的特殊吸引、特殊诱惑和潜在的堕落影响，都是行使权力的后果和特性。因此，在讨论这个话题时，主要关注行使权力，所以如果将行使权力理解为迫使人们努力完成领导者制定的目标，那就比较有意义。但是我们纵观全书所思考的领导力——"为一群个体指定目标，并集聚群体成员的力量完成这些目标"——涉及领导者和其他个体（很多时候，是众多个体）之间复杂的相互影响。而在"强迫某人做某事"这样粗糙的概念中却不包含这种相互影响。领导者与其他个体的这些相互影响，在道德乃至领导战略和领导才能上为领导者创造挑战和机遇。③ 在本章中，我们的论题是领导力的道德层面。虽然我有时也会提及其他领域中的领导者，但我们主要关注的还是政治领域的领导力，至于为什么会选择政治领域的领导力，我会在后面的论述中逐渐点明。

2009年10月3日，《纽约时报》头版报道了几内亚"反复无常的新领导人"穆萨·达迪斯·卡马拉上尉④。卡马拉于2008年12月夺得政权，而他继任国家领导人曾在短时间内给几内亚人民带来希望，因为他曾追捕威胁其他公民的毒枭，逮捕"前政府的腐败走狗"，也没有表现出想长期执

---

① James David Barber, *The Presidential Character: Predicting Performance in the White House*, 2nd ed., Englewood Cliffs, NJ: Prentice Half 1977, p. 12.

② Caro, *Master of the Senate*, p. 862（黑体为原文强调）。

③ 感谢凯拉姆·康纳帮我阐明这一观点。

④ 穆萨·达迪斯·卡马拉上尉（Captain Moussa Dadis Camara, 1964— ），曾任几内亚临时总统。2008年12月22日，几内亚总统兰萨纳·孔戴病逝，尚为初级军官的卡马拉带领军人发动政变，成为几内亚共和国国家民主和发展委员会主席。政变军人宣布组成"过渡政府"，推举政变领袖卡马拉为临时总统，并把新总统选举时间推迟两年。——译者注

政的任何兴趣。然而，后来卡拉马身边侍卫前拥后簇，不仅未能履行改善政府的承诺，还紧抓住权力不放，人民由希望很快转为放弃和失望。2009年10月2日，几内亚人民在首都的足球体育场抗议卡马拉的统治，卡马拉让士兵袭击抗议群众，打死打伤很多人。① 及至12月3日，卡马拉在一次暗杀行动中被自己的警卫所伤，随后离开了几内亚。马基雅维利的命运之轮从未转得如此之快。

同样是2009年10月3日，《纽约时报》刊登了另一则故事。故事的主角是穆罕默德·艾登，一位"偶然崛起的军阀"，来自另一个饱受战乱之苦的国家——索马里。艾登出生于索马里，22岁时移民美国。移民后，他住在美国明尼苏达州明尼阿波利斯的郊区，在此期间，他完成了他的大学学业。而且这段时间，艾登依旧保持着他和祖国的联系。2008年，他回到故乡安达都，"打算花几个星期，帮助家乡的人们度过一次要命的干旱。他组织卡车运水，分发急救食物，并从旅居美国的索马里裔中产阶级手中募得好几万美元，救助饥渴交加濒临死亡的流浪者。后来，安达都的长者……找到艾登先生，问他说：'你愿意当我们的头人吗？'"艾登在两次拒绝长者们的恳请后，最终同意担当他们的领导人。"'我的妻子和孩子们过得比较艰难，'他说，'但我在这里做大事，他们能够理解。'"依靠着长者们的坚定支持，他让族人们组建了一支警力，保护他们居住的区域，不让伊斯兰极端分子肆意破坏。他无情地惩治挑战他权威的人，并亲自到市镇广场上宣布新法令。然而，对于其所在领域的人们，艾登一如既往地心存怜悯。"他开拓出的庇护所井然有序，像磁铁一样吸引着流离失所的人们"，这些人为逃离流血而离开家园。每一天，这片荒漠上都会出现新的家庭。②

---

① Adam Nossiter, "Guinea Seethes as a Captain Rules at Gunpoint," *New York Times*, October 3, 2009, pp. 1–3.

② Jeffrey Gettleman, "Back from the Suburbs to Run a Patch of Somalia," *New York Times*, October 3, 2009, p. 5.

第六章 | 性格、道德品质与领导力之间如何相互影响？

我们不知道随着时间慢慢地过去，艾登的领导会如何发展。但毫无疑问的是，他的性格决定了他会接受领导职位：一开始他心中没有任何追求权力的欲望，他只是想为自己在乎的一群人谋得幸福。他的性格也决定了他运用权力的方式，而领导经历也对他的个性产生了影响。性格、道德品质与领导力之间的联系被演绎得非常复杂。

权力的魅力

无论你追求权力的动机是什么，无论你将什么样的个性带进领导力，行使权力无疑会对你有所影响。即使领导者不曾觊觎权力，掌握权力时和不掌握权力时都是两样，领导者很容易就变成权迷。连理查德·尼克松都说："对于在乎权力的人来说，没有什么可与权力相媲美。但权力不是幸福。追求幸福的人不会去获取权力，即使真的获取了权力，也不会去使用权力。"[1] 掌握权力确实不能带来宁静的幸福，然而，权力却可以提供极大的快乐和满足。

我们在前面的章节中已经多次提到，领导力之于众人的一大魅力就在于领导力让你有机会为重视的机构或人群带来美好的结果：解决烦恼的问题，完成有价值的目标。对于领导者来说，她能够指挥众人解决难题，能够创立或延续一个值得付出的组织，都是非常兴奋的事。朝着美好的方向做出实质的贡献，是很有价值的事情，但对于放弃领导力的人来说，却是不太常有的机会。但我们也不能因为这种认识，就假设只有道德上短视的人才会对权力感兴趣。

在学校等复杂组织中的领导力，可以让领导者得以从新的视角体会人

---

[1] Richard M. Nixon, *Leaders*, p. 324, as quoted by Jeffrey Pfeffer, *Managing with Power: Politics and Influence in Organizations*, Boston: Harvard Business School Press, 1992, p. 13.

类生活的多种方面,熟识各种社会背景的人并与他们共事——慈善家与门卫、运动场管理员与州立法委员、图书馆管理员与国家立法委员。我在文章开始所做的比喻——从"内部"认识领导力,解释了领导者觉得领导工作迷人而且有益的部分原因。领导力吸引我们的一点是,领导力能够拓展我们的见识,满足我们的好奇心,让我们一窥领导力与追随力之间"篱笆另一边"的风景。当我决定出任大学校长时,同样研究政治理论的同事回忆起柏拉图的《政治家篇》,就好奇地问我:"你在斯坦福已经是一名政治学家,为什么不享受这阳光照耀的高地,非得回到洞穴里呢?"我的另一位同事莫利·尚利则问我:"你想学到什么呢?"我担任的是威尔斯利学院的校长,而威尔斯利学院是一所女子学院,也是我的母校,在这样一所大型机构中掌握实权,会有什么样的意义,我感到非常好奇。作为一名政治学家,我想同时从"外部"和"内部"来研究领导力。

领导力带给人一系列心理上的吸引,这些吸引既能激发令人钦佩的行为,也很容易遭到滥用。领导者常常很享受决定行动方案时的感觉,就因为领导者说应该这样做,众人便朝着这个方向努力。我们有时会说到的一个词,用得非常贴切,那就是"享受权力"。让人们等候你的命令,执行你做出的决策——这实在是让人着迷的事。平头百姓常常艳羡君主奢华的宫殿和服饰,但根据贝特朗·德·儒维内尔的观点,"权威的真正乐趣"却完全不在于此。他认为,权力带来的最深层次的乐趣是我们在让他人成为我们意志工具时的感受。强大的统治者能够尽情地放纵这种欲望,"统治一方人民,这是何等助长自我的事啊!"没有什么经历能完全比拟"这种无上的满足,只是平常的心血来潮就可以辐射至广大群众,左右数百万不知名平民的行动"。

德·儒维内尔想象一位法国政府的下级官员,"看着自己手中的笔划过地图,就仿佛看见运河正顺着这条线开凿着,很快便有船只穿梭于上",想到自己的构想即将成为现实,满足之情油然而生。德·儒维内尔还提到,"拿破仑时常在信件中抒发出他从指挥社交游戏中获得的醉人乐趣",所以

第六章 | 性格、道德品质与领导力之间如何相互影响？

拿破仑在安排军队阅兵和监督法国的商品进口时是出了名的细致，因为"当他控制着大量人员和商品的流动时，他感觉就仿佛有新的血液正注入他的身体"①。

正因为掌握权力令人在心理上如此沉醉，也就难怪很多领导者不舍得放弃权力了。而领导力中陷阱、诱惑等负面内容也非常多，是这种叫人着迷的情感体验叫人烦恼的一面。

对于权力的魅力，T. S. 艾略特在诗剧《大教堂凶杀案》中有极为透彻的思考。在《大教堂凶杀案》的第一部中，好几位诱劝者来到大主教托马斯·贝克特②跟前，劝说他改变路线避免就死。第一位诱劝者是托马斯的一位老朋友，他提起他们年轻时同在伦敦的美好时光，"操场上弄笛，大厅内操琴，流波上荡漾着欢笑声，飘荡着苹果花香"。第二位诱劝者用托马斯就任英国枢密大臣时的权倾朝野来吸引他，告诉托马斯说，只要他顺从国王，他就有机会再次担当枢密大臣："还是得让您，有定评的治国大臣来重掌国家的航向……国王下令，枢密大臣经费宽裕地治理……安抚住大人物，保护好草民，在上帝的庇护下还能有什么别的想头？"③ 托马斯拒绝这一诱惑的理由透露了他的根本动机。"不！"他叫道。"难道我，掌管着天堂和地狱钥匙的人，在英格兰是至尊，收紧和放松都由我做主，权是教皇亲授，竟会向一个更低下的权力低头？"第三位诱劝者试图说服他让教会与罗马的领主们结盟，共同抵抗安茹来的亨利国王。但是托马斯再次拒绝了这一诱惑，拒绝的理由同样是他已经享有过大得多的权力："我当过枢密官行使过威权，你这样的人都巴不得在我门外排成行……我曾像鹰隼御领着鸽群，莫非现在让我当狼群里的一只狼？"

---

① Jouvenel, *Power*, pp. 110–111.

② 托马斯·贝克特（Thomas Becket, 1118—1170），又称"圣托马斯·贝克特"，原为英格兰国王亨利二世的大法官兼上议院议长，是亨利二世的亲密战友。1162 年亨利二世为了能在教会里有盟友而举荐他担任坎特伯雷大主教，但他却与亨利二世反目，在亨利二世干涉教会、试图收回教会司法权时，更是请求教宗的干预，触怒了亨利二世，被亨利二世的骑士刺杀而死。——译者注

③ T. S. Eliot, *Murder in the Cathedral*, New York: Harcourt Brace, 1935, pp. 27–44.

所有这些诱惑都不足以撼动大主教；但是第四位诱劝者出现了，这是四个诱劝者中最诡秘的一位。这位诱劝者承认托马斯确实会遭到谋杀，但他却力劝他思考慷慨殉道之于他的意义："有收紧与放松的权力：收紧，托马斯，只需收紧，国王和主教便都被你踩在脚底下……那永恒的有关生与死的一根线，你掌握着这个权力，握紧了可别放松。"托马斯问这对他意味着什么，他说："要想到，托马斯，想到死后的荣耀。国王死了，又会有另外一个国王……圣者与殉难者却在坟墓里施行统治……想想朝圣者们，排列成行，在镶嵌着璀璨珠宝的圣殿前，一代代地绵延不绝，屈着膝跪在地上祈求。想想各种神迹，那是上帝的恩赐……什么样的尘世光辉，国王或是皇帝的"堪与此媲美？在认识到这正是他内心的欲望，而他摒弃其他所有诱惑而寻求的殉道可能使他走上"骄傲而受天谴的岔道"时，托马斯内心受到了极大的震撼。但他依旧坚定他自己的路线，认识到"最后的诱惑将是那最大的背叛：为了错误的理由去做正确的事情"。

这种认识反映了奥古斯丁主义道德心理学中最为微妙的观点，骄傲巧妙地变身成慈悲。① 对于圣奥古斯丁和T. S. 艾略特来说，这是领导者时常遭遇的诱惑：投身令人敬佩的事业却不是因为热衷于事业本身，纵然不是为了成圣，也是为了获取荣耀。当然，马基雅维利会赞同，荣耀往往也是领导者雄心勃勃的动力，而且还肯定地说，追求荣耀本身就是值得嘉许的。马基雅维利还指出（我们在本书中也已经多次见到），追求个人荣耀也能够极好地促进我们成就崇高的事业。

人们尊崇托马斯·贝克特为圣人和殉道者；出身不算高贵的领导者有时也会身处相反的境地——为了正确的理由而做了错误的事情。这里可能存在判断错误或能力不足，但是如果另做解释的话，"为了正确的理由而做了错误的事情"，会引发手段与目标的麻烦。在思考"公德与私德"的时候，我们会思考，如果领导者为了达成集体的重要目标，而采

---

① John Parrish, *Paradoxes of Political Ethics*, Cambridge: Cambridge University Press, 2007, pp. 78 - 81, 详细探讨了奥古斯丁派道德心理学在形成我们所说的"脏手"问题中的作用。

第六章 | 性格、道德品质与领导力之间如何相互影响？

取了我们通常视为不道德的行径时，我们是否可以判定他是情有可原，不该受到谴责。然而，我首先想要指出一些领导力之于领导者的不利和诱惑，这些不利和诱惑让很多有能力有潜质成为领导者的人不愿意承担领导职责。

领导力之于领导者的不利

约翰·加德纳对四种联系紧密的现象做了区分：权力、地位、权威（他定义为"合法的权力"）和领导力。他提到："领导力始终带有一些权力"，但是"很多拥有权力的人却不具备领导才能"。他随后又说："领导力需要付出极大的努力和精力——大部分人都不愿意做此付出。当我向我熟悉的一个少年概述了前面所做的区分，然后向他描述领导工作之困难时，他说：'我还是把领导力留给您吧，加德纳先生。我只要一些权力和地位。'"①

作为大型组织的领导或国家首脑，其生活中所存在的极大不便，与领导工作带来的回报和机遇完全对等。他们的工作需要诸方涉猎——为了给组织谋求福利，领导者不停地工作，常常需要连周工作，休息很少。我在当了大学校长之后，就很沮丧地发现，一张小小的绿色卡片上便陈列了我的全部生活，上面写着我一周内从早餐到晚餐（用餐有时只能在 15 分钟的休息时间里进行）之间需要完成的工作。想要抽出时间持续反省和休闲娱乐都非常困难，尽管反省和休息对保持头脑清醒非常重要。在评价列宁成功指导布尔什维克革命时，西德尼·胡克强调了列宁的专心致志："他远离任何享乐的腐化，摒弃任何不切实际的乐趣。"② 但是，弗吉尼亚·伍尔

---

① John Gardner, *On Leadership*, pp. 2–3.
② Hook, *The Hero in History*, p. 151.

芙却发现，这种领导者却有失去理智的危险。"不看……不听。"他们没有时间欣赏艺术和音乐，也没有时间与人交流。"他们丧失了恰如其分的判断……失去人性……失去健康……一个闭目塞听不能做公允判断的人，还剩下什么呢？"①

领导者必须避免与同事和下属建立过于亲密的个人关系。她在管理过于亲密的同事和下属时，很可能会有徇私之嫌，还可能丧失客观性——韦伯所说的"超然"。然而，高明的领导者能够让很多同事和下属都成为她的朋友。实际上，有时候，可能在她当上领导之前，这些人就已经是她的朋友。② 很多领导者会聘用熟识之人，信赖他们参与她的领导工作，从美国白宫办公室到地方社区组织，无不如此。这就使得超然尤其困难。即使不存在友谊的问题，掌握权力也可能破坏领导者与身边人之间"关系的可靠性"，尤其是掌握权力，最会让任何人类关系变得更加复杂。③

罗纳德·海菲兹在评断领导力面临的挑战时，极具洞察力。他发现领导者往往高处不胜寒，"因为那些领导者承担着构建组织支持环境的责任，而他们自己却很难奢求支持"④。虽然我在就任校长时，没有特别觉得"高处不胜寒"，工作时也是与亲信的同事和下属们合作，但我是靠着亲人给予的积极支持，来创造温暖的"支持环境"。组织之外的朋友也能给予领导者这种支持。我们比较担心的是那种既无家庭也没亲密朋友的领导者，他们全身心地投入领导工作，除领导工作之外没有任何别的生活和关注。

领导者必须经常忍受别人对她所做诸事的猜测以及由猜测产生的误解。她的一言一行都可能被认为是代表组织本身，即使她只是以个人而非组织

---

① Woolf, *Three Guineas*, p.72.

② 感谢大卫·贝纳塔尔分享的这个观点。韦伯在《以政治为业》中提出的"客观独立"，在本书第三章中有所论述。

③ "关系的可靠性"一词源于我和吉姆·马奇的一次交谈。

④ Ronald A. Heifetz, *Leadership without Easy Answers*, Cambridge, MA: Belknap Press of Harvard University Press, 1994, p.250.

第六章 | 性格、道德品质与领导力之间如何相互影响？

领导者的身份发表一些纯"私人"的言论。是代表个人还是代表组织，这条界线通常很难划清。领导者不能冒险去耍聪明，让自己沦为众相讥讽的对象，也不能在构想阶段试探舆论反应，因为下层某个地方的某个人可能会听见这个构想，将这个构想当成是领导者的决定，并着手实施。凯瑟琳·格雷厄姆就讲述了一个很好的案例，在一次劳务争议中，她只是向一个竞争对手说出她的评价，并没有认识到对方会将这个评价当成是"我的意见以及我的指示"。她提到："这是次教训，让我明白我话语的分量——在此之前，我并没有认识到，我再也不能随便说话，我说的每一句话都有可能包含一些我原本不想传达的讯息。"①

最高领导们无时不职责加身，无刻不受关注。近来霍华德·加德纳所谓的"隐私的丧失"更是加重了这一问题——领导者生活的方方面面，及至他对内衣的喜好，都沦为公共质疑的攻击对象。② 丹尼斯·汤普森就指出，在某种程度上，"公职人员的隐私相比普通公民的隐私，所受的尊重应更少"。领导者隐瞒婚外情、吸毒或晋升家庭成员，无疑都关系到对其领导力的评价。但是汤普森也指出，"人们消减官员隐私的动因已经明显超出与敦促官员履行公职直接相关的事项"。③ 在这个脱口秀节目经常完全公开的时代，很多时候追随者纯粹只是好奇领导者的个人习惯和家庭动态。隐私的丧失让很多人都不愿从事公共事业。

然而，更加麻烦的是，投身艰难危险道路的领导者有时还必须要全身心地投入工作。他们很少有时间与伴侣和子女相聚，也没有时间看望年迈的父母和会见老友，他们牺牲了许多其他人习以为常的宝贵时光。对此，纳尔逊·曼德拉深有感触。他献身于南非黑人的解放运动，虽然从不怀疑这是个正确的决定，但却失去了作为丈夫、父亲和儿子应该享有的天伦之

---

① Graham, *Personal History*, p. 351.
② Howard Gardner, *Leading Minds*, p. 299.
③ Dennis F. Thompson, *Political Ethics and Public Office*, Cambridge, MA: Harvard University Press, 1987, p. 123, 128.

乐。他不能侍奉老母,甚至连母亲的葬礼他都不能一全孝子之心。"我做出了我的选择,最终,她支持了我的选择。但这并不能减轻我的哀伤。"① 他深爱自己的子女,却很少与他们相伴。他在出席一个女儿的婚礼时,如是说:"当你的生活就是抗争,就像我一样,你就没有时间顾及家庭。这始终都是我最大的遗憾,也是我做此选择最为痛苦的地方……成为一国之父是无上荣耀;但是作为一个家庭中的父亲,却是更大的快乐。这份快乐我拥有的太少。"②

权力的诱惑

权力会诱惑领导者做出有损其名声、降低其效力的行为。其中一大诱惑便是马基雅维利和韦伯都明确指出的"自负"。所有人都来奉承你、敬仰你、服从你,你说什么,他们就做什么。这样一来,就像罗伯特·米歇尔斯所说的,"权力意识势必会滋生自负之心,即过分地相信自己的伟大"③。韦伯认为,"在政治领域只有两项不可饶恕的大罪:缺乏客观性和无责任心,这两者虽不总是,也常常是一回事。虚荣心,个人想尽可能站在前台被人看清楚的欲望,强烈地诱惑着政治家犯下这两种过失"④。

然而,一些我们极为尊崇的领导者就规避了这种诱惑。曼德拉脱离漫长的牢狱之灾后,发表了他的第一次重要讲话,他"首先想要告诉人们的是,我不是救世主,我只是一个普通人,因为特殊的环境而成为了一个领

---

① Mandela, *Long Walk to Freedom*, p. 445.
② Ibid., pp. 600 – 601.
③ Michels, *Political Parties*, p. 206.
④ Weber, "Politics as a Vocation," p. 116.

导者"①。但是米歇尔斯和韦伯却正确地发现,自负与虚荣是掌权者常见的职业危害。迈克尔·麦科比②在"自恋型领导者"标题下评论了这一话题。他发现,虽然一些高姿态的富有才华的领导者确实为其组织做出了伟大的贡献,但他们可能由此在"自我涉入、不可预测以及——极端情况下——偏执"上吃苦头,将组织带入灾难之中。③

我们已经在第三章中看到,韦伯认为"冷静的恰如其分的判断"(以及献身事业的激情和责任感)是领导者最为重要的品质。他称之为"政治家坚决果断的心理素质:面对现实内心专注冷静的能力"。韦伯观察到:"每时每刻,政治家内心都要克服……非常世俗的自负之心,要不脱离实际地投身事业,自负是死敌。自负也是超脱的死敌,从这个意义上说,也是超脱自我的死敌。"④ 如果你为自负所俘虏,你将丧失客观的恰如其分的判断,如此掌权"就纯粹变成了个人的自我陶醉"。寻找方法保持韦伯所说的"超脱自我",是领导者面临的最为重要也最为困难的挑战。如果你不能维持清醒的自我,手握重权产生的就不只是自负,而是狂妄自大乃至残暴。

对于很多领导者来说,自大是尤其有害的一种自负。霍华德·加德纳描述玛格丽特·撒切尔对英国的构想是"排他的而非包容的"。撒切尔寻求的不是"和解和友好,她总喜欢分'我们'和'他们',只是令人诧异的是,这种行动方针却在相当长的一段时期内都行之有效;然而最终,撒切尔喜欢划分的做法还是导致了她的垮台"。她很少质疑她自己的观点,她的"自信轻易地滑向了偏狭、顽固和道德说教"⑤。坚信自己是在为追随

---

① Mandela, *Long Walk to Freedom*, p. 566.

② 迈克尔·麦科比(Michael Maccoby, 1933—),美国精神分析师和人类学家,因其在领导力方面的研究、著作和项目而享誉全球。——译者注

③ Michael Maccoby, "Narcissistic Leaders: The Incredible Pros, the Inevitable Cons," *Harvard Business Review* 82, no. 1, January 2004, p. 92 – 101.

④ Weber, "Politics as a Vocation," pp. 115 – 116.

⑤ Howard Gardner, *Leading Minds*, p. 226, 238.

者做正确之事的道德主义领导者,其实跟那些自私自利不负责任的领导者差不多,都一样自大;没有人会比深受过分自信之害的道德家来得更自大。有名的例子便是法国大革命中的罗伯斯庇尔,他以道德的名义犯下累累罪行。他因为顽固地坚持其所作所为的正义性,以"不可摧毁者"著称。

韦伯告诫说:"政治行动的最终结果时常,不,应该是惯常,完全不及其本意,甚至常常看似符合本意,实际完全背离本意。"[1] 领导者根本无法完全控制他在行动中的所有因素和能力。不严格要求诸事都按照自己的预想来进行,面对不定之事谦虚谨慎,遭遇不公平或偶然取得成功也心中坦然,对领导者的长效和镇定非常重要。对于大多数位高权重的领导者来说,谦逊都不太容易,但是实事求是的理智和自嘲的幽默感也同样有助于维持领导者的长效和镇定。

通常很多人都会对领导者表示恭顺——当然,不是每个人都顺从于领导者,但也足以让领导者轻易地认为,他应当得到众人的恭顺。对于国家元首、最高法院大法官、大学校长和军队总司令,他们那引人注目的象征权力的服饰更是增强了人们的这种恭顺:官职金项圈、司法长袍、勋章、领导者代表权威组织出席的仪式,都极具象征性影响,而且这些地位和尊重有时会传递给领导者个人。习惯了众人的恭维,习惯了众人瞩目的象征物,领导者很容易为奉承之词所蒙骗。正如马基雅维利所言:"人们总是对自己的所作所为自满自足,以致走向自我欺骗,因此他们无法防御谄媚这种瘟疫。"[2] 出于各种动机,很多人都会去奉承领导者;领导者在荣获成功后,就很难再辨清哪些是溜须拍马,哪些是真知灼见。

领导者要远离奉承避免自负,其中一种方法是要认识到,领导力比较好的一方面是领导者能同时扮演公共角色和个人角色,并维持两种角色之间的分离,即韦伯所谓的"超脱自我"。帕斯卡曾写过这样一则寓言故事,有个人因为船只失事而流落到一个岛上,而这个岛上的岛民多年来都在等

---

[1] Weber, "Politics as a Vocation," p. 117.
[2] Machiavelli, *The Prince*, XXIII, p. 81.

第六章 | 性格、道德品质与领导力之间如何相互影响?

待他们传说中的王。这个流落到岛上的人，因为与传说中的人物相似，便被岛民当成是他们的统治者。他接受了岛民们的敬仰，却过着双重生活。他出色地统领着岛民，举手投足尽显王者风范。然而，他却明白，无论他扮演得多么出色，他都不是真正的王，他只是一个普通人。① 刚当上大学校长的最初几年里，在我依旧为这个不曾预想中的职位既新鲜又惊奇的时候，我发现我自己经常会想起这个寓言故事。

当然，领导者还必须认识到，她是领导者，不是扮演领导角色的人。她必须相信，无论她存在怎样的缺陷和不足，她都能胜任这份工作，不会比任何人差，甚至还比大部分人都强。大家可能觉得，帕斯卡寓言故事中流落岛上的那个人，不管他原来的背景是什么，随着时间的过去，他都会成为真正的王。但是领导者绝不能犯此等错误，认为自己在任何方面都高人一等，或者将其他人当成是不值得尊重的工具。领导者面临的最为艰难的挑战，就是处理好自信与自负之间的那条微妙的界限。自信很重要，让领导者不至于面对权力手足无措；但若自负，则会封闭见识，削弱有效领导。而这也从另一方面说明了保持均衡对成功领导力的重要性。

对领导者来说，自己的工作能够"永远"延续，是很诱人的设想，倘若继任者改变了她的安排，就会让她感到沮丧。领导者的有些工作可能会奠定长远事业的基石；但即便是最好的领导力，往往也是有时效的，因为新的问题需要不同的方法和策略。纳尔逊·曼德拉的领导有很多值得尊敬的方面，其中之一就是他从不自满于自己的荣誉。他在个人自传的结尾用了纵贯全书的比喻，将领导之路比喻为旅行。他简要描述了领导过程中的过失，继而说道："我发现一个秘密，当你爬完一座大山之后，你会发现还有更多的山要爬……我只能稍作休息，因为……我的长途旅行远未结束。"②

---

① Blaise Pascal, "Trois Discourssurla Condition Desgrandes," first discourse, in his *Oeuvres complètes*, discussed in Keohane, *Philosophy and the State in France*, p. 277.

② Mandela, *Long Walk to Freedom*, p. 625.

权力容易腐化掌权者吗？

阿克顿勋爵的著名论断："权力使人腐败。绝对的权力产生绝对的腐败。伟人几乎总是坏人，哪怕他们只动用影响而不动用权威；如若有心或笃定要利用权威来腐败，则更加是坏人。"① 然而，对于大部分领导者来说，权力与腐败之间的联系并没有阿克顿宣称的那么直接。

阿克顿信奉的唯一道德准则，在历史的验证中愈见清晰，应该能够影响我们的所有行为。阿克顿这句众所周知的格言还表明，若无抗衡力量，对权力的激情会驱使当权者违反这一道德准则。阿克顿断言，位高权重者违法时，不能以公共生活中存在特殊困难为借口而免除惩罚，相反，应获得比普通人违法更严厉的罪罚。"历史不是由无辜之手编织的网。在使人堕落使人泄气的诸事中，权力最为常见也最能见效。"②

约翰·斯图亚特·穆勒对权力使人堕落的叙述同样铿锵有力。穆勒认为堕落起于当权者习以为常的阿谀奉承。在这样的环境中，人都倾向于希望自己比其他人更好，领导者也不能免俗，除非阿谀奉承的行为得到有效约束。"发现他们自己被别人崇拜，他们就变成他们自己的崇拜者，认为自己应当身价百倍；而他们享有的为所欲为、不考虑后果的便利，不知不觉地削弱了他们考虑后果的习惯"，而我们大多数人在行为不当之后都习惯去担心后果。而之于穆勒，"这就是建立在普遍经验之上的、人们被权力所败坏的普遍规律"。③

---

① Acton, *Essays on Freedom and Power*, ed. Gertrude Himmelfarb, Boston: Beacon Press, 1948, p. 364, 取自阿克顿1887年写给曼德尔·克莱顿的一封信。又见第91页。

② Ibid., xlvii.

③ Mill, *Considerations on Representative Government*, p. 133.

第六章 | 性格、道德品质与领导力之间如何相互影响？

虽然穆勒认为上述格言是"普遍"真理（很多人的共识），但不是每个人都认同。阿诺德·罗高和哈罗德·拉斯韦尔就指出，权力不可避免地"使人堕落"的信念，基于基督教的原罪论，已经变成"现代自由主义者和民主主义者最根深蒂固的认识"。但是他们认为阿克顿的断言过于以偏概全，并质疑这种断言的理论前提，即掌权者必然看重权力胜过一切。他们从"古时候的统治者"开始论述，肯定地说，"暴君都腐化堕落"，但诸如图拉真①和马可·奥勒留②这样的统治者显而易见都是正直的。且不论我们如何定义腐化堕落，而要证明历史上堕落的领导者和正直的领导者数量相当，却是很难的；但我们认同一种不太偏狭的论断，即"权力追逐者的性格结构"在决定其如何为权力所影响中发挥着重要作用。罗高和拉斯韦尔还提到，现代讨论的腐败主要是"公职人员为个人物质欲望所驱使的渎职行为"，而不是指迷恋权力本身。③

经济上的腐败与掌握权力没有特殊的关联；普通人也会贪污受贿，从事小范围肮脏的金钱交易。贪婪折磨着各行各业的很多人。但对于位高权重者来说，权位带来的机遇，以及追随者对伴随权位而来的财富和好处的羡慕和嫉妒，都可能增长他们的贪婪。权力使人腐败，林登·约翰逊是个绝佳的案例。林登·约翰逊担当国会议员和参议员时，在德克萨斯州就有可疑的商业操作，成为国会和参议院候选人时，更妄图操控选举过程。④

在美国，我们没有传统的官衔，我们主要通过对比同等岗位者的薪酬

---

① 图拉真（Trajan，公元53年—公元117年），或译图雷真，古罗马帝国安敦尼王朝第二任皇帝，98年至117年在位，罗马五贤帝之一。——译者注

② 马可·奥勒留（Marcus Aurelius，公元121年—公元180年），全名为马可·奥勒留·安敦宁·奥古斯都，于161至180年在位，五贤帝之一，有"哲学家皇帝"的美誉。马可·奥勒留是罗马帝国最伟大的皇帝之一，同时也是著名的斯多葛派哲学家，其统治时期被认为是罗马黄金时代的标志。著有以希腊文写成的名作《沉思录》。——译者注

③ Arnold A. Rogow and Harold Dwight Lasswell, *Power, Corruption and Rectitude*, Englewood, NJ: Prentice Hall, 1963, pp. 1–6, 33–35.

④ Dallek, *Lone Star Rising*, pp. 153–154, 207–222, 250–251, 326–348。1948年约翰逊操纵选票在参议院竞选中险胜，让他得了个"一边倒林登"的诨号，但很明显，这个名字是约翰逊自创的。

来衡量领导者的价值。政府和军队是其中的特例；非营利性组织，如艺术组织、慈善机构、学校和基金会等，（直至最近）也尽皆如此。如果薪酬能反映一个人的价值，便很容易出现腐败的另一种根源：过分关注薪资的增加，将增加薪资本身作为目标。在今天的很多公司，CEO 相比公司其他成员，薪资待遇要高得多，而这些成员对公司的成功同样至关重要，他们不仅包括 CEO 的直接下属，还包括公司各个层级的员工。薪资待遇的这种悬殊造成了公司本身的败坏，因为公司其他成员的愤世嫉俗、嫉妒和逃避义务会损害整个公司。

领导力中的腐败不仅仅指的是谋取经济利益的诱惑和不惜代价保住权力的欲望，还意味着以理想标准为参照的不足和堕落，即个人在某些方面损害自身，或行为达不到理想标准。① 腐败包括利用权力谋取地位上的特权、搞裙带关系、晋升自己的配偶。腐败还体现在对待其他人随心所欲的蛮横残暴（包括折磨）和肆意的残忍无情。领导者有时会自欺欺人，认为他们身居高位，就可以不受道德规范的约束。② 当你手握重权时，你就很容易陷入自负的陷阱，认为自己始终都能以自己的意志掌握诸事。这是一种诱使人行为超出现实的腐败形式。乔治·W.布什总统的一位顾问就曾出此狂言，"我们现在是国王，我们一挥手间，创造的便是我们的现实"③。历史上有无数个领导者都栽在了这种自负的想法上，但新的领导者始终不能吸取过去领导者的经验教训。

还有一种避免腐败的途径，即断绝腐败的机会。没有权力就没有能力达成个人目标，不能为善也无法从恶。我们无法知道，一些表面看起来很正直的人，如果有机会为大奸大恶之事，会作何反应。柏拉图在寓言故事

---

① Philp, *Political Conduct*, p. 103, 很好地论述了这个观点。

② Terry Price, *Understanding Ethical Failures in Leadership*, Cambridge: Cambridge University Press, 2006, 深入地思考了这个论题。

③ Ron Suskind, "Faith, Certainty and the Presidency of George W. Bush," *New York Times Magazine*, October 17, 2004.

"裴格斯戒指"① 中生动地阐明了他对此的观点。他认为，无论多么正直的人，如果知道自己能够作奸犯科不被发现，她都可能会犯下种种罪行。② 如亚里士多德所言，"无权为所欲为实乃善事，随心所欲行事之权力，使人无法抵挡人性本存之恶。"③ 拥有权力便破除了能力不足的限制，便获得了力量，或为公众谋福利，或追逐个人利益，或捍卫思想之纯粹。而无论追求的是何种目标，都可能存在权力的滥用。

如果领导者价值观明确，恪守道德规范，虽居权位，却虚怀若谷，戒骄戒躁，就能够很好地抵制权力的腐败影响。至此，我将不再赘述掌权者可能面临的特殊的道德挑战。如果领导者只能通过违反普遍的道德标准才能达成其目标，我们就不得不认同阿克顿"权力使人腐败"的论断，又或者找出一套掌权者独有的、有别于个人生活道德标准的道德观。然而，领导者只有通过不道德的行径，或遵循某些特殊的道德规范，才能获得成功，确实如此吗？

公德与私德

孙子认为"兵不厌诈"，他还举出许多阴谋诡计于军事胜利至关重要的例子。④ 马基雅维利也同样明确认为，君主若想成功，就不能总是参照

---

① 出自柏拉图《理想国》中的神话故事：一个名叫吕底亚（Lydia）的国家，有一个贫穷但诚实的牧羊人，他的名字叫裴格斯。有一天，他跟随羊群走进了一个隐蔽的山洞，发现一座坟墓里有一具佩戴着一枚黄金戒指的尸体。裴格斯发觉这枚戒指具有让他隐身的魔力。很快，穷苦的牧羊人就被这枚戒指赋予他的力量所控制。在偷偷潜入国王的宫殿后，裴格斯使用他的魔力诱惑了皇后，并在她的帮助下杀死了国王，成为吕底亚的下一任国王。——译者注

② Plato, *Republic*, 359c – 360e.

③ Aristotle, *Politics*, 1318b, VI, p. 4, 236.

④ Sun Tzu, *The Art of War*, ch. 1, p. 16; ch. VII, p. 12, 66, 106.

规范个人行为的道德标准来行事，诸如正直、实话实说、富有同情心。他坦率而且肯定地说，领导者为保住权力、为达成目标有时就得不择手段，做出恶行。马基雅维利解释他这样写的动机只是想提供一些于领导者有用的东西。因此，他说，"我觉得最好讨论一下事物的真实情况。"而且"人们现实中如何生活同人们应当如何生活，其距离是相差甚远的，因此一个人要是为了应该而把实际上的事置诸脑后，那么他不但无法保存自己，甚至会导致自我毁灭。因为一个人如果在一切事情上都发誓以善良自持，那么，他定会遭到毁灭，因为他处身于许多不善良的人当中。所以，一个君主如要保持自己的地位，就必须知道不良好的事情应该怎样去做，并且必须懂得根据情况的需要是否去做此事或者不去做此事。"① 对这段话比较常见的翻译是：君主必须"学会为恶"。

马基雅维利也承认，君主如能做到忠诚、持重、虔诚、慷慨、仁慈，当然是值得"称颂褒扬"的。但实际上没有领导者能够完全具备这些优良品质同时又能获得成功，"假如不运用那些恶行，就无法挽救自己的国家的话，那么他没有必要因为这些恶行被责难而心怀不安，因为……有些事情表面上看来好像是好事，可是假如君主按此办理就会自取灭亡，而另一些好像是恶行的事情，照着办了却会给你带来安全与幸福。"② 马基雅维利强调结果胜过手段；为了保持权力，为了给人民带来安定，必要时，君主必须不择手段。

然而，韦伯在《以政治为业》中更纠结也更微妙地阐述了他对此的观点。他问道"政治和道德的真正关系是什么呢？这两者之间，果真像人们有时说的那样，全无相通之处吗？或者反过来说才正确：政治行为的道德同其他任何行为的道德并无两样？"③ 他另辟了第三种路线来回答这个问题，为那些承担着服务某项事业之责任的政治领导者描绘了一套特殊的道

---

① Machiavelli, *The Prince*, XV, p. 54.
② Ibid., p. 55.
③ Weber, "Politics as a Vocation," p. 118.

德标准。"责任伦理"允许领导者在追求心中目标时只考虑可能出现的结果，而不必遵循只强调目标本身道德品质的道德规范。按照韦伯的观点，"责任伦理"要求"必须考虑行为的可能后果"。圣人遵循的是"终极目标的伦理"，关心的唯有目标的圣洁，以拯救自己的灵魂。[①] 例如，圣人讲求绝对诚实；而政治领导者则必须考虑到，有些敏感信息如果如实公布可能会危害集体，造成灾难性的后果。

"责任伦理"让政治家们丝毫不得轻松。韦伯接着指出："这个世界上没有哪种伦理能回避这样的事实：在无数的情况下，获得'善'的结果，是同一个人付出代价的决心联系在一起的——他为此不得不采用道德上存在争议或至少是有风险的手段，还要面对可能出现甚至极可能出现的罪恶的副效应。"[②] 但是"采用道德上存在争议"或危险的手段以及冒着"罪恶的副效应"的风险，并不等于是宣称（马基雅维利的做法）领导者必须准备经常性地，并且在某种程度上随意地，做出"不道德"行径。韦伯的观点是，按照圣人般严格的道德标准来行事，既不合适作用也不大，因此虽然"责任伦理"可能涉及存在争议的手段，慎重地遵循"伦理道德"，是领导者可遵循的最高道德路线。

"责任伦理"是一种结果论道德形式，与康德的道义论不同。这种道德推理是道德层面普通决定的常见特征，不仅限于政治生活。我们大部分人都不是韦伯提及的圣人：我们的主要目标不是要不惜代价地拯救自己的灵魂。无论是个人行为还是公共行为，我们在决定如何行动时，除了思考其他相关的道德因素，我们常常还会将结果考虑进去。我们既考虑结果的影响，也考虑手段的影响，这正是"责任伦理"之于我们的要求。

然而，在韦伯的观点中，"正是人类团体所运用的这种正当暴力本身所具有的特定用途，决定着政治中一切伦理问题的特殊性"。因为韦伯阐明国家具有合法使用暴力的垄断权，所以政治领导者的部分工作便是控制

---

① Weber, "Politics as a Vocation," p. 120.

② Ibid., p. 121.

暴力工具。而使用这些暴力工具时常要陷入道德的两难境地。如果一个人主要关心的是拯救灵魂,那么他就不该以政治为业。"任何想从事一般政治的人,特别是打算以政治为业的人,必须认识到这些道德上的两难困境。他必须明白,对于在这些困境的压力之下他可能发生的变化,要由他自己负责。我要再说一遍,他这是在让自己周旋于恶魔的势力之间,因为这种势力潜藏在一切暴力之中。"①

"脏手"现象

除了马基雅维利和韦伯,很多观察家也注意到,政治领导者常常为了达成目标而不得不违反一些常见的道德标准。欺骗敌人或截留可能威胁社会的信息;恐吓违反社会规范和伤害他人的人;将士兵送上战场,使他们为公共利益牺牲个人利益——这些都是在道德层面极其复杂的行为,但有时在政治领导中又难以避免。

让-保罗·萨特②有一出戏剧名为《脏手》,《脏手》这个标题极好地捕捉了这种两难境地。帕里什将"脏手问题"定义为"公共生活中政治行为者频频发出的引发真实道德困境的言论"③。围绕这一话题的最好的论文之一出自迈克尔·沃尔泽之笔。他认为"一种特殊的统治行为……可能从功利方面衡量恰恰是正确的事情,然而却让做这件事的人犯了道德上的罪过。……如果他继续保持清白……他不仅不能做成正确的事(功利

---

① Weber, "Politics as a Vocation," p. 125.

② 让-保罗·萨特(Jean-Paul Sartre, 1905—1980),法国20世纪最重要的哲学家之一,法国无神论存在主义的主要代表人物,西方社会主义最积极的倡导者之一。同时他也是优秀的文学家、戏剧家、评论家和社会活动家。在战后的历次斗争中他都站在正义的一边,对各种被剥夺权利者表示同情,反对冷战。他一生中拒绝接受任何奖项,包括1964年的诺贝尔文学奖。——译者注

③ Parrish, *Paradoxes of Political Ethics*, p. 2.

层面），还可能无法履行他的职责（他对统治后果和统治结果承担着相当大的责任）①。"沃尔泽认同韦伯所言，即追求"终极目标的伦理"会给领导者所负责的社会带来灾难性的后果；"我们不太想要我们的统治者始终如一地采用这种观点"。伯纳德·威廉斯即指出，"我们可能希望——我们可能从道德层面希望——政治家们偶尔能"忽略标准的道德藩篱。但与韦伯不同的是，沃尔泽和威廉斯坚持认为，为达成好的政治目的而使用存在争议的手段，逃不掉道德上的罪责。②

沃尔泽认为"脏手"问题因为三个原因对政治领导者产生特殊影响。政治领导者与企业家不同，企业家可能会"以欺诈手段从事买卖，谎话连篇，耍阴谋搞诡计，戴着假面具，表面上笑脸迎人，实际是个恶棍"，而政治领导者却宣称是"代表我们，甚至是以我们的名义"行事。马丁·霍利斯③也做了类似的辩论。他认为，与公司董事命令销售员撒谎不同，"国家公仆……是我们的代理人，他们的脏手即是我们的脏手"④。根据沃尔泽的观点，政治领导者"统治我们，而统治的乐趣要远远大于被统治的乐趣"，也与之相关。最后，沃尔泽继韦伯之后指出，政治家与其他领域的领导者不同，政治家能够合法地使用暴力，能够利用暴力的威胁攘外安内。⑤

"统治的乐趣"跟这个论述似乎不太相关，因为领导者有时会在领导中遇到痛苦的两难境地，而这种痛苦却是从统治中获得的乐趣所不能抵消的；此外，乐趣抵消之类的观点有点怪诞。而在民主制度中，政治家是为

---

① Michael Walzer, "Political Action: The Problem of Dirty Hands," *Philosophy and Public Affairs* 2, no. 2, Winter 1973, p. 161.

② Bernard Williams, "Politics and Moral Character," in *Public and Private Morality*, ed. Stuart Hampshire, Cambridge: Cambridge University Press, 1978, p. 55.

③ 马丁·霍利斯（Martin Hollis, 1938—1998），英国哲学家，于1981年和1983年分别就任英国东英吉利大学（UEA）哲学教授及经济和社会研究学院院长。——译者注

④ Martin Hollis, "Dirty Hands," *British Journal of Political Science* 12, no. 4, October 1982, p. 389. See also Price, *Understanding Ethical Failures in Leadership*, pp. 110–116.

⑤ Walzer, "Political Action: The Problem of Dirty Hands," p. 163.

我们所有人服务的，那么按照沃尔泽和霍利斯的断言，特殊的"脏手"问题就会产生。丹尼斯·汤普森指出，如果民主制度中的领导者在行动时得到了民众的同意，那么"就不能遵照传统看法认定他有道德过失"。但如果他没有征得民众的同意，便违反了民主程序，错上加错。① 但是让民主制度中的领导者在每个行动前都征得民众的明确同意，却是不太可能的。除非我们每个人都能亲身参与领导者为整个社会谋福利的决策中，否则我们就必须将决策之责授予领导者，期望他能在复杂的环境中做出最佳的决策。

在我们将政治与脏手固执地联系在一起之前，我们应该问问，公共生活产生这些艰难的选择对领导者是否有特殊要求。我们可以发现，大部分这些困难我们在生活中都有类似的经历，而其他领域中的领导者也会面临类似的道德上的两难境地。人们经常提到的"脏手"问题是为了追求崇高的目标而不得不欺骗他人；然而，人们在个人生活中也有这种道德两难的情况。比较熟悉的例子便是，一个德国人为了保护一个犹太家庭，向来他家搜查的纳粹巡查官撒谎，而我们大部分都认为他这样做是正义之举。在很多领域中，领导者常会面临这样的难题，在实现集体目标时不得不伤害到一些人。公司董事出于生意上的考虑，百般权衡之下，决定要么缩小公司规模，要么将工作外包给国外的子公司，而如此便会重创依附于该产业的一个社区，无数家庭的生活将陡然陷入艰难之境。学生举行抗议和静坐，指控剽窃，要求联合抵制使用学校标识制造体育用品的血汗工厂等，都是大学校长需要应对的棘手问题。

相比普通人和其他领域的领导者，政治领导者所面临的道德难题有很多不同，其中最重要的不同涉及沃尔泽提到的第三个因素，也是韦伯极力强调的一点，即政治领导者控制着合法的暴力工具。普通人和其他领域的领导者有时也会使用道德允许范围内的暴力，例如人身自卫，老师为保护

---

① Dennis Thompson, *Political Ethics and Public Office*, p. 11.

第六章 | 性格、道德品质与领导力之间如何相互影响？

学生与闯入校园的持枪歹徒搏斗，或父母为保护家人对抗闯入的暴徒。在这些情况下，人们可能也会（用韦伯的话）被迫使用"道德上存在争议的手段或至少危险的手段"。但是普通人在生活中还是不常遇到这种事情，不比那些控制着"合法的暴力工具"的政治领导者。这里指的是下至市长上达国家元首的所有政治领导者。这就是为什么政治领导者会面临一些特殊的道德难题，而普通人和其他领域的领导者们则不会有此类困境。

"二战"时期，法国战败，温斯顿·丘吉尔担心法国舰队（世界上最强的舰队之一）会落入德国或意大利手中。而此时，法国舰队较大的一支分遣队正驻扎在阿尔及利亚的奥兰市。丘吉尔命令该区域英国的海军司令向法国海军司令提供四种选择：一、继续抵抗法西斯势力；二、驶入英国港口，所有舰艇听候英国指挥，法国海军解散回家；三、驶入法国在西印度地区的港口，卸除舰艇上的武装，由美国接收保管；四、沉掉所有舰艇。如若不然，英国将摧毁该舰队（包括舰队上的士兵，而仅在一周之前，这些士兵还是英国坚定的同盟军）。最后，英国痛下杀手。在战斗中，法国士兵将近3000人阵亡，350人受伤。而丘吉尔只有在做这个决定时比较艰难，执行这个决定时则坚决果敢。① 你可以从道德层面来斥责丘吉尔的决定，然而，丘吉尔却通过这个决定展示出他的勇气和强硬，影响了整个"二战"时期他的领导方式。

除了领导者必须应对的具体方面的暴力，我还要论述政治领导者面临的特有的道德难题的独特之处。而这些独特之处并不在于不同的选择或道德难题的基本特点，而在于三大因素：范围、频率和责任的级别。这里最为关键的因素是责任：为其他人承担责任，并对他们尽责。个人作为父母和监护人、军官、大学或公司领导同样承担着对其他人的责任，而且很多非政治领导者还因为自己的行动而对其他人负责。对其他人负责比起纯粹的个人行为，所产生的道德难题更加复杂。如果我们只对自己负责，我们

---

① Jenkins, *Churchill*, pp. 623–624.

可能就没有那么多顾虑，行动起来也就不那么畏手畏脚。

我在担任威尔斯利学院校长期间遇到的最艰难的道德难题，自然很难与丘吉尔面临的难题相提并论，却自有它的复杂之处，因为要逮捕50名抗议的学生。那是1986年，校理事会不放弃南非方面金融资金的决议遭到了学生们的抗议。在此之前，威尔斯利学院行政部门从未逮捕过任何学生，但是那个周五的傍晚，这些学生别出心裁地堵住了校园的两个进出口。她们躺在路上，拒绝起来。我个人非常同情学生们的道德信仰，但这不能决定我对此的行为。作为校长，我既要对学生负责，也要对全校教职工负责。这些教职工需要离开校园去接在日托班的孩子，需要赶赴其他要紧的约会。

当校警和镇上的警察礼貌但坚决地带走年轻的女孩们（也就是逮捕了她们，否则无法肃清道路）时，他们原计划是让她们说出自己的名字并写下保证书，便放了她们。但是所有的学生都说她们是温妮·曼德拉①，不肯合作，无奈之下，警察们只好关她们一夜。然而，威尔斯利镇的监狱只能关五个人；唯一可选的就只有弗雷明汉女子最高安全监狱。虽然这50名大学生为了她们的抗议甘愿就捕，但一想到要把她们送进监狱，还是让我备受道德上的煎熬，气馁不已。幸运的是，威尔斯利学院的校警卫长巴里·莫纳汉是马萨诸塞州国民警卫队的一员，他能够守护当地的兵工厂，因此可以用兵工厂来关押学生们。我们给学生们送去了吊床和食物，学校服务人员也协助警察看护这些学生。第二天早上，在学生们全都说出自己的名字后，警察便释放了她们，让她们到法院接受罚款或强制性社区服务。

我提到这个例子是为了说明，政治之外其他领域的领导者以及普通人，在对其他人负责时，也会面临苦恼的道德选择。在这次撤资事件中，我有撇不清的干系：作为校长，我既要对学生负责，又要对急需离校的教职工

---

① 温妮·曼德拉（Winnie Mandela，1936—2018），南非著名的反种族隔离人士，纳尔逊·曼德拉的前妻。曾任非国大全国执行委员会委员，并领导过非国大女性联盟。她的支持者视她为"南非国母"。——译者注

负责。这让这一难题变得超乎想象地难。

领导者如何守信重诺？

马基雅维利最具"马基雅维利主义"的建议之一，便是关于守信没有裨益便不必守信的名言。虽然失信是口惠而实不至，是不诚实，但马基雅维利却说，"我们这个时代的经验却告诉我们：那些曾经建立丰功伟业的君主们却不重视信守诺言，相反，他们常常懂得如何运用诡计，这实在使人们迷惑不解，并且终于征服了那些本于信义的人们。"考虑到政治行动必须行之有效，"当遵守信用会对自己不利的时候，或者原来使自己作出诺言的条件现在已不复存在的时候，一位英明的统治者绝不应该再去遵守信用。假如人们全都很善良的话，这条真理当然是不合适的，但是因为人性是恶劣的，而且别人对你并不是忠诚不渝的，因此你也同样地没有必要对他们守信用。"统治者应该伪装诚实守信，但不必真的具备这些品质。"具备这一切品质并且常常凭着这些品质行事，那肯定是徒劳无益的，可是假如表现出具备这一切品质，那肯定是有益的。"[①]

然而，马基雅维利在这里描述的卑劣做法是会有循环报应的，任何一个学习策略运筹学的学生都能证实这点。如果领导者欺骗其追随者，追随者欺骗领导者就不足为奇了。领导者撒谎或许能获得短暂的成功，但追随者发现真相后的愤怒以及对他不利的批判，都会有损追随者对领导者的信赖，这是领导者要付出的沉重代价。领导者行为处事诚实正直，至少有机会得到别人的诚实相待。

大多时候，我们都会强烈建议领导者诚实守信。当领导者发现诚实守

---

① Machiavelli, *The Prince*, XVIII, pp. 61–62.

信会给组织带来危险时，她可以尽量保持沉默，或者在推进目标的过程中严密设计，避免严重的曲解。欺骗有时可能无法避免，但不能是领导者的首选，只能是迫不得已之时的权宜之计。这种建议看起来似乎不切实际，因为历史上有些非常成功的领导者也是出了名的伪善，见人说人话，见鬼说鬼话。但是从长远来看，人们信任领导者，相信她会遵守承诺，相信她会公平地对待他们，将是领导者的一笔重要资产。如果追随者不信任你，他们就不太愿意追随你，也会怀疑你战略背后的动机。领导者可以威逼、误导、欺骗追随者，但领导者想要集合追随者的力量共同成就大业，就必须赢得追随者的信任。

在特定的环境中，领导者可以是造诣极高的演员。如果愤怒和悲伤会妨碍他们完成目标，他们就会掩盖自己的愤怒和悲伤；有时，他们还会假装愤怒或悲伤来让其他人相信他和他们保持一致。同理，马基雅维利认为，君主即使不具备某些品德，也应伪装自己具备这些品德。"他必须努力使自己的行为表现得伟大、英勇、严肃、庄重、坚韧不拔……使人们对自己抱有这种看法的君主，会备受尊重。"① 马基雅维利自信满满地认为，庶民都是十分愚钝的，总是很容易被表里不一的君主所欺骗。② 但在这个媒体密切关注、信息透明而且交流迅速的时代，行为和名声之间的联系比马基雅维利认为的要紧密得多。领导者完全不具备诚实正直、勇敢无畏的品质，却要维持诚实正直、勇敢无畏的形象，这种机会实在很渺茫。而公认具有这些品质的领导者则更容易说服其他人遵循他选定的行动路线，在艰难时刻也更容易赢得追随者的支持。

亚伯拉罕·林肯于此就是一个绝佳的例子。为了在废奴等存在争议的问题上得出结论，林肯花费了很长一段时间，但他只要做出承诺，就绝不反悔。这在复杂的废奴运动中是个非常关键的因素。即使从未见过林肯，弗雷德里克·道格拉斯（美国废奴运动领袖）却自信地说，《解放奴隶宣

---

① Machiavelli, *The Prince*, XIX, p. 64.
② Quentin Skinner, *Machiavelli*, New York: Hill and Wang 1981, p. 44.

言》会抵制住重重阻力,因为亚伯拉罕·林肯只要公开郑重声明了他的承诺和目的,他就绝不会出尔反尔……虽然他不曾让我们信赖什么,但他却让我们信赖了他的承诺。"①

结　论

那么,我们该如何回答之前提出的问题:权力会使人腐败吗?我们已经探究了诱惑等腐化领导者的种种因素,也注意到勇敢无畏、忠诚可靠和诚实正直的道德优势和战略价值。除此之外,我们还举例证明,权力能够激发出领导者不曾显露的品德、才华和能力,权力还能赋予领导者在新的高度尽显才能的机会。罗高和拉斯韦尔援引林肯的例子来证明领导者居于高位亦能变得更好更强。②

林肯的传记作家戴维·赫伯特·唐纳德提到"他巨大的成长能力,让他这个最缺乏经验、准备最不充分的当选者变成美国最伟大的总统"③。林肯非常仔细地考虑他的竞选策略,不惜幕后谋划以获得总统职位。正如多丽丝·古德温所言,林肯能够打败准备更加充分的竞争者赢得总统职位,是因为"他是他们当中最机敏最精明的一位。他更习惯于依靠自己来决定时势,他最大程度地控制通向总统提名的过程,这展现了他在个人艰难人生的严酷考验中磨砺出的勃勃的雄心壮志、杰出的政治才华和博大的精神力量,让那些对他毫无戒备的竞争者们大吃一惊"④。然而,在当上总统后的最初几年里,林肯自己和大部分观察他的人都指责林肯作为领导者行动缓慢,过于谨慎。

---

① Goodwin, *Team of Rivals*, p. 483.
② Rogow and Lasswell, *Power, Corruption and Rectitude* 2, pp. 33 – 35.
③ Donald, *Lincoln*, p. 14.
④ Goodwin, *Team of Rivals*, xvi.

但是他的耐心、勇气、忍耐力、慷慨宽容以及不畏艰难坚持不懈的恒心，完全符合1860年前后美国形势的要求。他带领着美国度过了灾难性的南北战争，完成了解放奴隶的大业，丝毫未曾放弃他对美国坚定不移的承诺。

伊莱休·鲁特①赞扬林肯具备"三种高尚品质"。第一种高尚品质是他"对所有追随者真心赞赏的同情心"；其次是"公允的判断力，且在做公允判断的时候总是带着他的幽默感"。鲁特评价说："在重大的危急时刻，领导者就相对重要的存在争议的问题做出的判断，能与未来子孙解读历史时欣然做出的判断一般无二，这是何等重要啊。"而"林肯的第三种高尚品质是先天下而后自身的精神。他像所有的普通人一样，也想要在这个世界上功成名就，但他功成名就的方式是思考他的工作而非他自身"。② 赫伯特·克罗利③如此评价林肯："没有哪个美国人的一生如他这般完整地诠释出他对真正民主的独特的道德承诺。"他还告诉我们，林肯"始终将其他人视为能够做得更好的人，并如此对待他们；因而，他所有的思想和行动都朝着最高层次人类联合的方向"。④ 林肯"非常真诚地谦逊"，但这并不妨碍他作为总司令强硬地指挥一次可怕的战争以履行总统职责，同时，他也不会逃避其他痛苦的责任。在南北战争时期，他的领导让我们这个民主国家受益极大，而战后拖延的问题则更加突显了失去他的悲剧。

温斯顿·丘吉尔和约翰·F.肯尼迪在面临巨大的挑战时，也同样展现了之前不曾显露或无用武之地的才华和能力。他们之前的政治生涯并无特

---

① 伊莱休·鲁特（Elihu Root，1845—1937），美国著名律师、杰出政治家，曾先后担任地方检察官、陆军部长、国务卿、纽约州参议员、制宪会议主席等职务，于1912年荣获诺贝尔和平奖。——译者注

② Elihu Root, "Lincoln as a Leader of Men," in *Men and Policies: Addresses by Elihu Root*, ed. Robert Bacon and James B. Scott, Cambridge, MA: Harvard University Press, 1924, p. 75.

③ 19世纪末20世纪初，美国在由农业社会向工业社会转型的过程中，兴起了一场复杂多样的全方位的社会政治改革运动——进步运动。在这场运动中，以赫伯特·克罗利为首的改革派（或进步派）对美国古典自由主义宪政进行了深刻的批判与重建。——译者注

④ Herbert Croly, *The Promise of American Life*, Cambridge, MA: Belknap Press of Harvard University Press, 1965 (1909), p. 89, 94-99.

别显著之处，平步青云也是得益于显赫的家世。我们在第三章中提到肯尼迪在猪湾事件中领导力的失败。但他在古巴导弹危机中却显示了不曾显露的个人实力。肯尼迪在就职演说中展示了他的演讲才能，但在古巴导弹危机中，能言善辩也帮不了他，需要的是机密和战略上的敏锐。他显露的判断力、耐心、勇气和坚韧，于他的领导力、他的国家乃至世界都极为重要。而丘吉尔则维持了英国人民在极危险时期的士气和斗志。1940年，西方民主国家的命运岌岌可危，丘吉尔以他的勇敢无畏、坚韧不拔、目标明确及过人的演讲才华，激励着全世界的人民。

　　林肯、肯尼迪、丘吉尔、曼德拉等领导者都可以拿来证明，有时权力能够将领导者提升至道德和能力的新高度，激发出领导者曾经无所施展的才能。阿克顿勋爵所言自有他的道理，但是我们不能将他如此宽泛的总结视为普遍的政治真理。

结　语

我在一开始已经提到，这本书的目的是扫清障碍，让我们清楚地认识在思考领导力时所要分析的内容，同时提出一些我们充分思考领导力需要回答的问题。但在以此为思路进行论述的过程中，又分出了许多让人感兴趣的岔路。领导者是如此复杂如此普遍又如此吸引人的现象，其中总有很多值得深思的问题。在结语中，我将简单回顾我对所提问题给出的一些答案，建议一些可以深挖的领域。

在引言中，我说道"指出领导力不同实例之间的家族相似是本书的一大目的"。我自始至终的目的都是**对不同环境中的领导力做可持续的归纳总结，同时识别出领导者之间的显著不同**。在第一章中，我给领导力下了定义，并举了一些领导力初始的例子。我强调领导力的普遍性，提到在领导力缺乏的情况下完成集体行动的不可能性。在这一章，我们由荒岛情节的简单例子讨论至国家和大型机构的领导力，即本书的主题。我介绍了领导力的各种复杂内容和变化，但我们在领导力的各个实例中都能发现领导力的核心内容——为一群个体指明目标并集聚该群体成员的力量完成这些目标。

在第二章中，我们思考了领导者和追随者之间的不同联系，包括领导者与其亲近下属及较远追随者之间的关系。我论述了追随者影响领导者的方式，包括追随者几种不同的反抗途径，以及领导者与追随者之间长久的不对称影响。第三章思考了一些个人品质和能力，经过验证，这些个人品质和能力在各种环境中都于领导者有益。第四章特别探究了性别与领导力之间的关系。第五章讨论了"民主制度中领导力的难解之题，探问了如何确保领导力有益于民主制度的同时避免领导者长期占据权位和集聚过多的私利。最后，在第六章中，我们论述了性格、道德标准和领导力之间的相互影响，以及权力的吸引力和诱惑。我讨论了掌权使领导者堕落的一些方式以及领导者面临的独特的道德挑战。但是我坚持认为，多数情况中，诚实正直和值得信赖不仅仅在道德上值得嘉奖，对领导者也极为有益。我还提到一些领导者，领导力让他们有机会展现高尚品德和出色能力。

在最后的结语中，我还将讨论两个问题。第一，领导力能够教授吗？第二，还有哪些值得社会学家和政治学家研究的领导力论题？

领导力是否能够教授？

我们在第三章中看到，一些通常有益于领导力的个人品质是"与生俱来的"——更像是本身就具有的完美，无法通过时间来积累。这些"与生俱来"的品质包括准确判断所必备的基本直觉或敏感度、诚实正直以及运筹帷幄的那种聪慧。但是大部分有益于领导力的个人品质都可以后天获得，或至少可以通过积累经验逐渐具备。这其中有自信、同情心、沉着冷静、持之以恒、勇气等众多优良品德。而大部分我们认为对成功领导力至关重要的能力——沟通能力、识人用人的能力、决策能力、妥善妥协的能力——也都能够通过学习或历练，后天获得。那么，在现实中我们如何能获得这些品质和能力呢？

公司、商学院、公共政策学校等组织设计开展了众多领导力培养课程。在第五章，我们注意到，有些致力于社会变革的草根组织将培养领导力作为首要内容，开展领导力培训会，特意培养一些组织成员成为领导者。一些观察家质疑所有这些领导力课程的价值；他们可能认同领导力可以通过经验累积和坚持不懈来习得，却不能通过教授特定的课程让生手变成领导者。学者托马斯·克罗宁认为："有效的领导力多存在于最具挫折的实施艺术中……据说有些东西可学不可教，我想领导力便是如此。"① 虽然他认为，"我们通常不能教学生成为领导者"，但学生可以"多实践领导力，多讨论领导技巧与风格、领导策略与理论"。学生还可以"了解领导力的悖论、矛盾与讽刺"。②

然而，似乎让学生"接触"这些材料最有效的方式便是向他们教授有关领导力的种种内容，因为你很难指望学生们能自己任意吸收这些材料。但是沃伦·本尼斯等人却持有另一种观点。本尼斯断言："领导者更多的是起于偶然，或环境练就，或基于绝对的勇气，用各种领导课程堆砌的领导者还是比较少。"他认为："很多公司提供的领导力培养课程实在不值得推荐。"如他所言，"成为领导者相当不易，难度不亚于成为医生或诗人……但是学着去领导他人实则比我们大部分人想象中的要更容易，因为我们每个人都具有领导能力。事实上，几乎我们每个人都能列举出自己领导他人的一些经历"③。

我对"我们每个人都具有领导能力"表示怀疑。然而，很多人确实都能成为成功的领导者，只是能够实施领导的机会相对较少。所以，采取措施鼓励更多的人培养领导能力这一方式，值得我们考虑。

在约翰·加德纳的认识中，"'领导力是否能够教授'的答案是一个有力但存在限制的'是'——有力是因为领导力的大部分要素都能够教授，

---

① Thomas Cronin, foreword to *Contemporary Issues in Leadership*, ed. William E. Rosenbach and Robert L. Taylor, 2nd ed., Boulder, CO: Weswiew Press, 1989, xiv.

② Cronin, "Thinking and Learning about Leadership," in Rosenbach and Taylor, *Contemporary Issues in Leadership*, p. 63.

③ Bennis, *On Becoming a Leader*, p. 73, 3.

存在限制是因为领导力不能教授的要素可能非常重要"。他接着说道,"我们不能设计一条生产领导者的流水线。但是我们可以给有潜力的年轻人提供机会和挑战,激发他们身上可能具备的领导天赋"。他们其中的有些人原本就有领导天赋,有可能因为我们所教授的东西,再加上"时间和时势……错误和失败"的影响,最终成为领导者。他认为我们应该训练初高中学生"接受集体活动中的责任(通向领导力的第一步)",随着他们逐渐长大,再在青年组织中历练他们。等到他们二十几岁,再在各种团体和工作活动中为他们提供检验领导能力的机会。如果我们做出这些努力,"我们可以确保有稳定的成熟领导者流入社会的各个部门各个层级"。①

然而,相比于专门培养领导技能的课程,约翰·加德纳强调的是历史、文学、社会学等文科教育的价值,在于"了解经济现实,理解发生科技变化的外部基本框架"。他还特别指出了教授语言文字表达能力的重要性。他坚持认为,最能培养领导力的是让学习者多接触不同的新选民,多接触"凌乱的世界——即使信息不充分,也必须做决定;最合理的辩论有时却赢不了;问题很少得到完满的解决;即使解决了,又会换个形式重新冒出来"。②

另一方面,霍华德·加德纳认为,训练潜在领导者的最佳方法是"每个人都训练领导力——不是说将每个人都训练为某个指定组织的指定领导人,而是让大众了解成为领导者需要具备哪些能力,怎样做是错的,怎样做又是对的"③。如此训练既让你学着成为领导者,又让你学着做一个好的追随者,于个人于组织都有利。亚里士多德很久以前就指出,我们从被统治的经历中学会成为统治者,而且很多非常适合领导者的能力都是从尽职尽责地做追随者的过程中历练出来的。我们在第四章中也看到,很多情况都会给追随者提供锻炼能力激发雄心的机会,让他们成功晋升至领导职位。

---

① John Gardner, *On Leadership*, pp. 157 – 158, 161 – 162.
② Ibid., pp. 164 – 168. 又见 ch. 15,关于领导者的"终身成长"。
③ Howard Gardner, *Leading Minds*, p. 305.

两位加德纳先生都是正确的。那些想要成为领导者的人可以在追随他人的过程中学习领导力,但是他们也要了解伴随领导力而存在的挑战和机遇。对于追求更高层次领导力的人来说,领导他人的经历是非常珍贵的热身准备,学习表达自己的观点、制定完成目标的战略以及说服其他人参与,都非常有用。此外,成熟领导者的指导同样也有很大裨益。

在第二章中,我讨论了判断力在成功领导力中的重要性。我认为:"判断力的核心是人天生的反应,与聪明才智或后天学习关系不大。"但是,我也提出:"经验和反思可以强化增进判断能力。"有潜质成为领导者的人如果已经拥有一些天生的判断直觉,勤加训练肯定能提高他们的判断能力。学习者可以阅读一些有关领导力的报道,比较其中好的判断力与坏的判断力,思考它们的差别。学习者还可以分析和讨论案例研究,探究如何判断会有不同的结果。此外,多给学习者锻炼判断能力的机会,让他们多见习,多做课堂演练,多实践所在组织各个部门的领导力,让他们为担当领导做充分的准备。

我们强烈建议有志于担当领导的人多从经典的领导力著述中取经,古往今来历史、文学、社会学和领导理论著述,领导者的传记和自传,都要广泛涉猎。在阅读这些著述的过程中,学习者要同时看到领导者的成功和失败之处,并尝试找出成败的缘由。我在本书中就引用了不少这类论著,其部分目的也是为了引起读者对这些论著的注意,以期他们能从这些论著中获益。

为民主政治制度培养领导者,我们应确保领导力学习者能接触民主制度的独特价值观,了解领导者对其他公民的责任制度。最后,我们应引导有潜力的领导者认识并谨慎处理他们势必要碰到的道德难题。我们可以提供案例,让学习者了解过去的领导者如何处理这些道德难题,让他们认清领导力中出现的道德难题的复杂伪装。①

---

① 想要了解培训领导者的各种"伦理课程"存在哪些利弊,参见 Deborah Rhode, "Introduction: Where Is the Leadership in Moral Leadership?" in *Moral Leadershtp*: *The Theory and Practice of Power*, *Judgment and Policy*, San Francisco: Jossey – Bass, 2006, pp. 47 – 51。

结 语

我们该学习领导力的哪些内容？

在本书中，为了不偏离论述的主线，很多问题我虽然明确提出了，但却又暂时搁置不提，还有些问题我间接地提了提，而后又忽略了。然而，所有这些问题都值得领导力的学习者们细加思量，也值得政治理论家和社会学家们广泛关注。在这一部分，我列出一些在我看来特别具有探究价值的问题。

在第一章中，我提到领导与统治的区分可以作为一个深入研究的话题。"领导力"中的互动存在明显不同，"追随者"是自愿参与，不是遭到压迫、征服或迫害而不得已的服从。但是怎么能划清这条界线呢？为了达成领导目的，领导者有时也会采用强制、胁迫或欺凌的手段。在特定情况下——尤其但不仅限于军事活动，这种特点的领导力却对成功至关重要。这种行为何时会变成我们所说的"统治"，即违背他人意志胁迫他人，将他人当成工具或奴隶？我们又如何判断？

有个故事能够阐明上述问题，是查尔斯·弗雷泽的小说《冷山》。美国内战才打响时，故事中的主角和朋友们雄赳赳气昂昂地开赴战场去打北方佬。[1] 当时集合他们参加战斗的军官无疑就是他们队伍的领导者。后来，当那位军官命令他们直接冒着敌方火力前进，几乎等于去送死时，他们依然抱着守护家园的共同信仰，欣然从命。然而最后，士兵们发现这一共同目标已然失败，但大家都精疲力竭，怕掉队之后后果不堪设想，所以勉强留在了队伍中。而这时，军官的位置又是另一种意味了。在《弱者的武器》[2]一书中，詹姆斯·C.斯科特以"联邦军队的溃败"为例，说明普通大众可

---

[1] Charles Frazier, *Cold Mountain*, New York: Atlantic Monthly Press, 1997.
[2] 斯科特所著，描述了无力的农人如何反抗独裁政权。——译者注

以通过开小差和小规模的不服从，消灭一个制度。①

我在第一章中提到的另一个论题是某些动物的某些行为与人类领导行为之间的相似与不同。通过比较，我就两者在"领导力"活动中的不同动机、不同作用和不同目的，提出一些令人感兴趣的问题。我还提到另一个同样很有趣的问题，即当今时代人群如何通过社交网络技术的快速扩展能力，在不存在任何可以确认的领导力的情况下，自发地集体活动。相比于有指定领导人、有目的、有动机的群体，这种行为是否更加类似于结群昆虫的行为？通过这种比较，我们又能从这两种行为中了解到什么？随着机器人行为的越加复杂，一些科学家已经开始着手研究机器人学，我们在回答这些问题时，他们的研究结果或许可以用作参考。给一批机器人下达完成某项共同任务的程序指令，非常类似于一群工人在工头的指挥下流水线作业，那么，我们可以称这群机器人为"追随者"吗？这个问题可能会让我们想起伍迪·艾伦导演的经典喜剧《傻瓜大闹科学城》，剧中发生了一系列滑稽可笑的机器人事件；然而，影片为什么滑稽可笑？对我们了解其他可以认定为领导力的互动行为又有何启发？想明白这些问题对我们了解领导力将非常具有指导性。

沿着常规的论述思路，我在第二章中花费大量笔墨讨论判断力。理解"判断力"并非易事，但完全难不倒政治学家、心理学家和历史学家们。一些政治学家——包括亚里士多德、霍布斯、康德和阿伦特——都曾相当深入地探究这一话题；但是当代政治理论家却对判断力关注甚少。诚然，领导者判断的准确度，以及领导者在特定环境中的判断方式，都对组织的健康至关重要。社会学家汲取先辈们的真知灼见，并结合历史学家提供的史料研究判断力。他们能够加深我们对判断力的理解。而通过哪些特征可以预测领导者的良好判断力，我们尤其要达成共识，这将大有助益，如此我们便能预先发现具备这些特征的人，这比事后以结果来判定领导者判断

---

① James Scott, *Weapons of the Weak*, p. 30.

的准确与否要好得多。

考虑到女性跃居最高领导职位是相对较新的现象,我们在思考第四章中所涉主题时,便会遇到很多尚无答案的问题。这些问题包括女性如何取得这些领导职位,我们如何应对女性追寻领导力时面对的顽固障碍,以及社会之于女性领导力的根深蒂固的偏见。艾丽斯·伊格利和琳达·卡莉用"迷宫"来比喻女性领导者面临的重重阻碍,认清迷宫中不易处理的拐弯、死胡同、无障碍通道和重要线索,有助于我们更好地理解女性领导力,对决心成功抵达迷宫中心的女性更是具有指导意义。

女性领导时不同于男性吗?为了回答这个问题,我们要在现有研究的基础上做更加专注的研究。社会学家和历史学家可以假设女性领导者在不同情境中的领导方式,继而验证这些假设。社会普遍存在针对女性与领导力的文化期望,但是特定的社会、特定的时代和特定的组织,针对女性与领导力的文化期望各具特点。要了解这些特点,实验证据以及类似的文化调查尤其有用。例如,女性在父权社会或男性化严重的机构中所采用的策略,与在男女平等的环境中所使用的领导方法肯定存在不同。而同样是应对性别刻板印象,日本的女性领导者的做法肯定有别于她们在挪威的女性同仁。而女军官使用的策略,也绝对不同于大学女校长所青睐的方法。但是女性这些反应的主要趋向却不太明显。有人假设,在传统的男性环境中,女性为了能赢得领导者应有的尊重,会像撒切尔一样,形成特别男性化的领导风格。另外,也有人假设,在这种男性环境中,女性的行为表现会格外"女性化",目的是吸引男性同事,避免认知失调和竞争。当然,也可能还有一些完全不同的因素,可以解释女性领导的独特风格。

在第五章中,我讨论了一些措施,可以用来解决我所说的"民主制度中领导力的难解之题",确保领导者能对其他人负责,防止领导者长期占据权位,集聚不合法的福利。一些补救性措施——限制任期、限制竞选开支、强制投票——有得有失,政治理论家们也格外留心评估个中得失。我还建议同时从理论和实践层面加深对无政府状态的研究，帮助我们更全面地了解领导力发挥作用的方式及其在社会中发挥的作用。

多年来，政治理论家们一直在赞扬民主参与和公民道德，强调通过限制权力来防止权力滥用。然而，确保民主制度中的领导力惠及社会，确保领导者有创造性地履行职责，为公众谋求福利，我们所做的却甚少。我们也已经看到，无论是在民主社会还是在其他社会，领导力对谋求重要的公共福利至关重要；政治理论家可以将更多的注意力投向如何在民主制度中培养和行使好的领导力。我们应该问问，在民主制度中领导力如何能够最有用且最有效，而不是只关注限制领导者权力和防止权力滥用。

政治哲学家考虑到政治理论研究中应当理解的问题类型，同样热衷于探讨第六章中提到的伦理道德和政治的关系问题。一些政治理论家曾就产生的这些问题，给出值得我们深思的解决办法；但是众人对这一复杂论题的理解各不相同又不分伯仲，因此很多问题仍然停留在如何评估这些问题的不同理解上。适合个人生活的道德准则与领导者为较大共同体谋福利时所遵循的道德标准之间，确如几位用心的关注者所声称的那样，存在根本的不同吗？还是按照沃尔泽等人的看法，领导者为获成功而做出不道德的行径，应该遭到谴责？又或者，如我所言，暂不考虑政治领导者控制着暴力的合法使用权，"公德"和"私德"之间的差异主要是范围和频率的问题，其次才是政治领导者面对的独特的道德困境？我们如何培养领导者，才能让他们在遵守一定道德标准的过程中，既看到权益，又认清责任？对其他人或较大机构负有"责任"，又意味着什么？对这些论题多加研究，有趣亦有益，公民能够由此更好地理解其领导者面对的道德困境以及他们应对这些困境的各种方法。

领导力与相关问题

苏格拉底曾探讨领导力的意义和目的，而弗吉尼亚·伍尔芙则在《三

结　语

个基尼》中用极其优美的笔触回答了苏格拉底的疑问。伍尔芙在《三个基尼》中折射了 20 世纪 30 年代末日益黑暗的欧洲。而她的主题是，这一代女性第一次进入法律和商业等职业领域，她们能够为解决世界的众多问题和应对更加黑暗的未来做出贡献。伍尔芙明确认为女性领导者的参与是积极的一步，但她也建议女性仔细思量她们即将踏上的领导之路。

伍尔芙向她为之写作的女人们描述道，这就像是一个沿泰晤士河大桥一侧行进的游行队伍，而形形色色的游行者，则是父亲和儿子、丈夫和兄弟，是受过高等教育的男人们，他们着装合宜，佩戴着勋章。她说道，他们大部分人，都"一步一阶，按部就班"，而他们的家，就在大桥另一侧的某处，他们能挣得足够的钱，供一家人幸福地生活。而女人们则长年守在适合她们的一隅，倚着自家楼上的窗户观望游行队伍。但是现在，游行队伍第一次发生了改变："因为在队伍的末尾，我们自己也在亦步亦趋地跟随着。"

伍尔芙如此忠告她的女性读者："我们到这儿，到这座桥上，是要问自己一些问题。这些问题很重要，而我们却没有太多时间来回答这些问题。在这个变革的时代，我们要问的和要回答的关于那个游行队伍的问题十分重要，也许可以永久地改变所有男人和女人的生活……我们加入队伍的条件是什么？……让我们不停地思考——我们所处的这个"文明"是什么？这些仪式是什么，我们为什么要加入？这些职业是什么？我们为什么要从中挣钱？绅士儿子们的队伍究竟要把我们引向何方？"[1]

无论你是男性还是女性，无论你是刚刚接触领导力还是久握权力，如果你能时常停下来问问伍尔芙提出的这些问题，你都能将领导工作做得更好。有一些值得你问自己的问题："我选择的这条路会将我们带向哪儿，是我们应该追寻的目的地吗？由于我手中握有的权力，我现在要经受住哪些诱惑，我如何能避开这些诱惑？在我的组织中，哪些东西是'常识'，我们如何反思这些常识才会于所有人有利？"

---

[1] Woolf, *Three Guineas*, pp. 61–63.

领导者只是问自己这些问题，是不能成功的，她还必须继续她的工作；然而，迫切需要的领导工作容不得你有时间站在这座假想的桥上冥想河水和沿桥行进的游行队伍。领导者经常需要遵循上千年来规划执掌权力的规则。众多实例证明，这些规则能够产生并融入我们所称的组织或机构中，确有其合理之处；忽略或完全改变这些规则，则徒然增加太多损失，益处不大。但纵然如此，善于提问的"外部人员"，却能够用他的体会和独特的价值，从新的视角对权力发表有价值的观点，值得任何领导者有选择地采纳。

参考文献

Acton, John Emerich Edward Dalberg. *Essays on Freedom and Power*. Edited by Gertrude Himmelfarb. Boston: Beacon Press, 1948.

Addams, Jane. *Twenty Years at Hull-House*. New York: Penguin, 1961 [1910].

——. *The Second Twenty Years at Hull-House, September 1909 to September 1929, with a Record of a Growing World Consciousness*. New York: Macmillan, 1930.

Allison, Graham T., and Philip D. Zelikow. *Essence of Decision Explaining the Cuban Missile Crisis*. 2nd ed. New York: Addison-Wesley Longman, 1999.

Angier, Natalie. "Even among Animals: Leaders, Followers and Schmoozers." *New York Times*, April 6, 2010, D1 – 2.

Applebaum, Anne. "Europe's Quiet Leader." *Washington Post*, November 3, 2009, A17.

Arendt, Hannah. *Between Past and Future: Eight Exercises in Political Thought*. New York: Viking Press, 1968 [1954].

——. *Crises of the Republic*. New York: Harcourt Brace Jovanovich, 1969.

——. *Lectures on Kant's Political Philosophy*. Edited by Ronald Beiner. Chicago: University of Chicago Press, 1982.

Aries, Elizabeth. *Men and Women in Interaction: Reconsidering the Differences. New York: Oxford University Press, 1996.

Aristotle. *Nicomachean Ethics*. Edited by Martin Ostwald. Library of Liberal Arts. Indianapolis: Bobbs Merrill, 1962.

———. *The Politics*. Edited by Ernest Barker and R. F. Stalley. Oxford: Oxford University Press, 1995.

Arnold, Bruce. *Margaret Thatcher: A Study in Power*. London: Hamish Hamilton, 1984.

Barber, Benjamin R. *Strong Democracy: Participatory Politics for a New Age*. Berkeley: University of California Press, 1984.

Barber, James David. *The Presidential Character: Predicting Performance in the White House*. 2nd ed. Englewood Cliffs, NJ: Prentice Hall, 1977.

Barrionuevo, Afexei. "Chilean Leader's Legacy ls Upended Traditions and Balanced Books." *New York Times*, October 29, 2009, A6.

Barry, Dan. "Living in Tents, and by the Rules, under a Bridge." *New York Times*, July 31, 2009, A1, 15.

Bartels, Larry M. *Unequal Democracy: The Political Economy of the New Gilded Age*. Princeton, NJ: Princeton University Press, 2008.

Bazerman, Max H., and Don Moore. *Judgment in Managerial Decision Making*. 7th ed. Hoboken, NJ: John Wiley & Sons, 2009.

Beauvoir, Simone de. *The Second Sex*. Translated by H. M. Parshley. New York: Vintage Books, 1989.

Beiner, Ronald, ed. *Lectures on Kant's Political Philosophy*. Chicago: University of Chicago Press, 1982.

———. *Political Judgment*. Chicago: University of Chicago Press, 1983.

Beiner, Ronald, and Jennifer Nedelsky. *Judgment, Imagination and Politics: Themes from Kant and Arendt*. Lanham, MD: Rowman and Littlefield, 2001.

Beitz, Charles R. *Political Equality: An Essay in Democratic Theory*. Princeton,

NJ: Princeton University Press, 1989.

Bennis, Warren G. *On Becoming a Leader*. Reading, MA: Addison-Wesley, 1994.

Bennis, Warren G., and Burt Nanus. *Leaders: The Strategies for Taking Charge*. New York: Happen & Row, 1985.

Boehm, Christopher. *Hierarchy in the Forest: The Evolution of Egalitarian Behavior*. Cambridge, MA: Harvard University Press, 1999.

Bookman, John T. "The Wisdom of the Many: An Analysis of the Arguments of Books III and IV of Aristotle's Politics." *History of Political Thought* 13, no. 1 (Spring 1992): 1–12.

Bowles, Nigel. *The White House and Capitol Hill: The Politics of Presidential Persuasion*. Oxford: Clarendon Press, 1987.

Burns, James MacGregor. *Leadership*. New York: Harper & Row, 1979.

——. *Roosevelt: The Lion and the Fox*. New York: Harcourt, Brace, 1956.

——. *Transforming Leadership: A New Pursuit of Happiness*. New York: Grove Press, 2003.

Campbell, John. *Margaret Thatcher*. Vol. 1: *The Grocer's Daughter*. London: Jonathan Cape, 2000.

——. *Margaret Thatcher*. Vol. 2: *The Iron Lady*. London: Jonathan Cape, 2003.

Caro, Robert A. *The Years of Lyndon Johnson*. Vol. 3: *Master of the Senate*. New York: Alfred A. Knopf, 2002.

Carroll, Susan J., ed. *The Impact of Women in Public Office*. Bloomington: Indiana University Press, 2001.

Cicero, Marcus Tullius. *On Duties*. Edited by Miriam T. Griffin and E. M. Atkins. New York: Cambridge University Press, 1991.

Clarke, P. F. *A Question of Leadership: Gladstone to Thatcher*. London: Hamish Hamilton, 1991.

Cohen, Michael D., and James G. March. *Leadership and Ambiguity: The American College President*. New York: McGrawHill, 1974.

Conkin, Paul Keith. *Big Daddy from the Pedernales: Lyndon Baines Johnson*. Boston: Twayne Publishers, 1986.

Conway, Jill Ker. "Jane Addams: An American Heroine." *Daedalus* 93 (1964): 761–80.

Cook, Blanche Wiesen. *Eleanor Roosevelt*. Vol. 1: 1884–1933. New York: Penguin Books, 1993.

——. *Eleanor Roosevelt*. Vol. 2: *1933–1938, the Defining Years*. New York: Viking, 1999.

Couzin, Iain D., Jens Krause, Nigel R. Franks, and Simon Levin. "Effective Leadership and Decision-Making in Animal Groups on the Move." *Nature* 433, no. 3 (February 2008): 513–16.

Crocker, H. W, III. *Robert E. Lee on Leadership: Executive Lessons in Character, Courage, and Vision*. New York: Three Rivers Press, 1999.

Croly, Herbert David. *The Promise of American Life*. Cambridge, MA: Belknap Press of Harvard University Press, 1965 [1909].

Dallek, Robert. *Flawed Giant: Lyndon Johnson and His Times, 1961–1973*. New York: Oxford University Press, 1998.

——. *Lone Star Rising: Lyndon Johnson and His Times, 1908–1960*. New York: Oxford University Press, 1991.

Dalton, Dennis. *Mahatma Gandhi: Nonviolent Power in Action*. New York: Columbia University Press, 1993.

Dewey, John. *The Public and Its Problems*. Chicago: Henry Holt, Swallow Press, 1927.

Donald, David Herbert. *Lincoln*. New York: Simon & Schuster, 1995.

Dworkin, R. M. *Sovereign Virtue: The Theory and Practice of Equality*.

Cambridge, MA: Harvard University Press, 2000.

Eagly, Alice H., and Linda L. Carli. *Through the Labyrinth: The Truth about How Women Become Leaders*. Boston: Harvard Business School Press, 2007.

Eagly, Alice H., and Blair T. Johnson. "Gender and Leadership Style: A Meta-Analysis." *Psychological Bulletin* 108, no. 2 (1990): 233–256.

Edwards, George C. *The Strategic President: Persuasion and Opportunity in Presidential Leadership*. Princeton, NJ: Princeton University Press, 2009.

Eliot, T. S. *Murder in the Cathedral*. New York: Harcourt, Brace, 1935.

Elshtain, Jean Bethke. *Jane Addams and the Dream of American Democracy: A Life*. New York: Basic Books, 2002.

Elton, G. R. *England under the Tudors*. 3rd ed. London: Routledge, 1991.

Erasmus, Desiderio. *The Education of a Christian Prince*. Edited by Lisa Jardine. Cambridge: Cambridge University Press, 1997.

Erkut, Sumru. *Inside Women's Power: Learning from Leaders*. CRW Special Report, no. 28. Wellesley, MA: Wellesley Centers for Women, 2001.

Estlund, David M. *Democratic Authority: A Philosophical Framework*. Princeton, NJ: Princeton University Press, 2008.

Evans, Eric J. *Thatcher and Thatcherism: The Making of the Contemporary World*. 2nd ed. London: Routledge, 2004.

Fels, Anna. "Do Women Lack Ambition?" *Harvard Business Review* 82, no. 4 (April 2004): 1–9.

Fenno, Richard F. *Home Style: House Members in Their Districts*. Boston: Little, Brown, 1978.

Fishkin, James Steven. *Democracy and Deliberation: New Directions for Democratic Reform*. New Haven: Yale University Press, 1991.

——. *When the People Speak: Deliberative Democracy and Public Consultation*. Oxford: Oxford University Press, 2009.

Frazier, Charles. *Cold Mountain*. New York: Atlantic Monthly Press, 1997.

Freeman, Sue J. M., Susan C. Bourque, and Christine M. Shelton. *Women on Power: Leadership Redefined*. Boston: Northeastern University Press, 2001.

Freidel, Frank. *Franklin D. Roosevelt: A Rendezvous with Destiny*. Boston: Little, Brown, 1990.

Gallie, W. B. "Essentially Contested Concepts." *Proceedings of the Aristotelian Society*, n. s., 56 (1955–56): 167–98.

Gardner, Howard. *Leading Minds: An Anatomy of Leadership*. New York: Basic Books, 1995.

Gardner, John. *On Leadership*. New York: Free Press, 1990.

Gergen, David. *Eyewitness to Power: The Essence of Leadership, Nixon to Clinton*. New York: Simon & Schuster, 2000.

Gettleman, Jeffrey. "Back from the Suburbs to Run a Patch of Somalia." *New York Times*, October 3, 2009.

Gilbert, Martin. *Churchill: A Life*. London: Heinemann, 1991.

Gilligan, Carol. *In a Different Voice: Psychological Theory and Women's Development*. Cambridge, MA: Harvard University Press, 1982.

Glad, Betty. "Passing the Baton: Transformational Political Leadership from Gorbachev to Yeltsin; from De Klerk to Mandela." *Political Psychology* 17, no. 1 (March 1996): 1–28.

Golding, William. *Lord of the Flies*. New York: Penguin, 1954.

Goodwin, Doris Kearns. *Team of Rivals: The Political Genius of Abraham Lincoln*. New York: Simon & Schuster, 2005.

Gordon, Deborah M. *Ant Encounters: Interaction Networks and Colony Behavior*. Princeton, NJ: Princeton University Press, 2010

Graham, Katherine. *Personal History*. New York: Alfred A. Knopf, 1997.

Grant, Ruth W., and Robert O. Keohane. "Accountability and Abuses of

Power in World Politics." *American Political Science Review* 99, no. 1 (February 2005): 29–43.

Greenstein, Fred I. *The Hidden-Hand Presidency: Eisenhower as Leader.* Baltimore: Johns Hopkins University Press, 1994.

——. *Personality and Politics: Problems of Evidence, Inference, and Conceptualization.* Princeton, NJ: Princeton University Press, 1987 [1969].

——. *The Presidential Difference: Leadership Style from FDR to George W. Bush.* 2nd ed. Princeton, NJ: Princeton University Press, 2004.

Gutmann, Amy, and Dennis F. Thompson. *Why Deliberative Democracy?* Princeton, NJ: Princeton University Press, 2004.

Hampshire, Stuart, ed. *Public and Private Morality.* Cambridge: Cambridge University Press, 1978.

Hansen, Mogens Herman. *The Athenian Democracy in the Age of Demosthenes: Structure, Principles, and Ideology.* Oxford: Blackwell, 1991.

Harding, Sandra, ed. *The Feminist Standpoint Theory Reader.* London: Routledge, 2004.

Hartsock, Nancy. "The Feminist Standpoint: Developing the Ground for a Specifically Feminist Historical Materialism." 1983. In *The Feminist Viewpoint Revisited and Other Essays.* Boulder, CO: Westview Press, 1998.

Heclo, Hugh. *On Thinking Institutionally.* Boulder, CO: Paradigm Publishers, 2008.

Heifetz, Ronald A. *Leadership without Easy Answers.* Cambridge, MA: Belknap Press of Harvard University Press, 1994.

Held, Virginia. *Justice and Care: Essential Readings in Feminist Ethics.* Boulder, CO: Westview Press, 1995.

Heymann, Philip B. *Living the Policy Process.* Oxford: Oxford University Press, 2008.

Hobbes, Thomas. *Leviathan, Parts I and II*. Library of Liberal Arts. Indianapolis: Bobbs-Merrill, 1958.

Hochschild, Arlie, and Anne Machung. *The Second Shift*. New York: Avon Books, 1990.

Hoff-Wilson, Joan, and Marjorie Lightman, eds. *Without Precedent: The Life and Career of Eleanor Roosevelt*. Bloomington: Indiana University Press, 1984.

Hollis, Martin. "Dirty Hands." *British Journal of Political Science* 12, no. 4 (October 1982): 385–598.

Hoogensen, Gunhild, and Bruce Olav Solheim. *Women in Power: World Leaders since 1960*. Westport, CT: Praeger Publishers, 2006.

Hook, Sidney. *The Hero in History: A Study in Limitation and Possibility*. London: Martin, Secker & Warburg, 1943

James, P. D. *Shroud for a Nightingale*. New York: Warner Books, 1971.

Janda, Kenneth. "Towards the Explication of the Concept of Leadership in Terms of the Concept of Power." *Human Relations* 13, no. 4 (November 1960): 345–64.

Jenkins, Roy. *Churchill: A Biography*. New York: Plume, 2002.

Jones, Bryan D. *Leadership and Politics: New Perspectives in Political Science*. Lawrence: University Press of Kansas, 1989.

——. "Causation, Constraint, and Political Leadership." In *Leadership and Politics: New Perspectives in Political Science*, 304. Lawrence: University Press of Kansas, 1989.

Jouvenel, Bertrand de. *Power: The Natural History of Its Growth*. London: Hutchinson, 1948.

Kahneman, Daniel. "Maps of Bounded Rationality: Psychology for Behavioral Economics." *American Economic Review* 93, no. 5 (December 2003) 1449–75.

Kanter, Rosabeth Moss. *Men and Women of the Corporation*. New York: Basic Books, 1977.

Kellerman, Barbara. *Bad Leadership: What It Is, How It Happens, Why It Matters*. Boston: Harvard Business School Press, 2004.

——. *Followership: How Followers Are Creating Change and Changing Leaders*. Boston: Harvard Business School Press, 2008.

——. ed. *Political Leadership: A Source Book*. Pittsburgh, PA: University of Pittsburgh Press, 1986.

Kellerman, Barbara, and Deborah L. Rhode. *Women and Leadership: The State of Play and Strategies for Change*. San Francisco: Jossey-Bass, 2007.

Keohane, Nannerl O. *Higher Ground: Ethics and Leadership in the Modern University*. Durham: Duke University Press, 2006.

——. *Philosophy and the State in France: The Renaissance to the Enlightenment*. Princeton, NJ: Princeton University Press, 1980.

King, Gary, Kay Lehman Schlozman, and Norman H. Nie, eds, *The Future of Political Science*. New York: Routledge, 2009.

Klein, Gary. *Sources of Power: How People Make Decisions*. Cambridge, MA: MTT Press, 1998.

Klenke, Karin. *Women and Leadership: A Contextual Perspective*. New York: Springer, 1996.

Klaus, Peggy. "Neither Men nor Mice." *New York Times*, March 7, 2010, BUI0.

Knox, John. *The First Blast of the Trumpet against the Monstrous Regiment of Women*. Geneva, Switzerland: J. Poullain and A. Rebul, 1558.

Kramer, Roderick. "The Great Intimidators." *Harvard Business Review* 84, no. 2 (February 2006): 88–96.

Kunin, Madeleine M. Pearls, *Politics and Power: How Women Can Win* and Lead. White River. Junction, VT: Chelsea Green Publishing, 2008.

La Boétie, Etienne de. *Discourse on Voluntary Servitude*. Published as *The Politics of Obedience*, edited by Murray Rothbard. New York: Free Life Editions, 1975.

Lash, Joseph P. *Eleanor and Franklin: The Story of Their Relationship*. New York: Norton, 1971.

——. *Eleanor: The Years Alone*. New York: Norton, 1972.

Linde, Jonas, and Joakim Ekman. "Satisfaction with Democracy: A Note on a Frequently Used Indicator in Comparative Politics." *European Journal of Political Research* 42, no. 3 (May 2003): 391–408.

Link, Arthur Stanley. *Wilsom: The Road to the White House*. Princeton, NJ: Princeton University Press, 1947.

Lipman-Blumen, Jean. *The Allure of Toxic Leaders: Why We Follow Destructive Bosses and Corrupt Politicians—and How We Can Survive Them*. New York: Oxford University Press, 2005.

Lovett, Frank. "Power." In *A Companion to Contemporary Political Philosophy*, edited by Robert E. Goodin, Philip Pettit, and Thomas Pogge, 5: 891. 2nd ed. Oxford: Blackwell, 2007.

Lukes, Steven. *Power: A Radical View*. 2nd ed. New York: Palgrave Macmillan, 2005.

Maccoby, Eleanor E. *The Two Sexes: Growing Up Apart, Coming Together*. Cambridge, MA: Belknap Press of Harvard University Press, 1998.

Maccoby, Michael "Narcissistic Leaders: The Incredible Pros, the Inevitable Cons." *Harvard Business Review* 82, no. 1 (January 2004): 92–101.

Macedo, Stephen. *Deliberative Politics: Essays on Democracy and Disagreement*. New York: Oxford University Press, 1999.

——. *Democracy at Risk: How Political Choices Undermine Citizen Participation and What We Can Do about It. Washington, DC: Brookings Institution Press, 2005.

Machiavelli, Niccolò. *Discourses on the First Ten Books of Titus Livius*. In *The Prince and the Discourses*, edited by Max Lerner. New York: Modern Library, 1950.

——. *The Prince*. Edited by Quentin Skinner and Russell Price. Cambridge: Cambridge University Press, 1988.

Mandela, Nelson. *Long Walk to Freedom: The Autobiography of Nelson Mandela*. New York: Little, Brown, 1994.

Manin, Bernard. *The Principles of Representative Government*. Themes in the Social Sciences. Cambridge: Cambridge University Press, 1997.

Mansbridge, Jane J. *Beyond Adversary Democracy*. Chicago: University of Chicago Press, 1983.

McAdam, Doug, Sidney G. Tarrow, and Charles Tilly. *Dynamics of Contention*. Cambridge: Cambridge University Press, 2001.

Meacham, Jon. "What He's Like Now? A Conversation with Barack Obama." *Newsweek*, May 25, 2009, 36–37.

Meredith, Martin. *Nelson Mandela*. London: Hamish Hamilton, 1997.

Michels, Robert. *Political Parties: A Sociological Study of the Oligarchical Tendencies of Modern Democracy*. New York: Collier, 1962 [1915].

Mill, John Stuart. *Considerations on Representative Government*. Chicago: Regnery, 1962.

Morrill, Richard. *Strategic Leadership: Integrating Strategy and Leadership in Colleges and Universities*. Westport, CT: Praeger, 2007.

Mulder, John M. *Woodrow Wilson: The Years of Preparation*. Princeton, NJ: Princeton University Press, 1978.

Myers, Dee Dee. *Why Women Should Rule the World*. New York: Harper, 2008.

Neustadt, Richard E. *Presidential Power: The Politics of Leadership*. New York: John Wiley and Sons, 1980.

Nohria, Nitin, and Rakesh Khurana. *Handbook of Leadership Theory and Practice: A Harvard Business School Centennial Colloquium*. Boston: Harvard Business Press 2010.

Northouse, Peter Guy. *Leadership: Theory and Practice*. 3rd ed. Thousand Oaks, CA: Sage, 2004.

Nossiter, Adam. "Guinea Seethes as a Captain Rules at Gunpoint." *New York Times*, October 3, 2009.

Nye, Joseph. *The Powers to Lead*. Oxford: Oxford University Press, 2008.

Ober, Josiah. *Political Dissent in Democratic Athens: Intellectual Critics of Popular Rule*. Princeton, NJ: Princeton University Press, 1998.

Okin, Susan Moiler. *Women in Western Political Thought*. Princeton, NJ: Princeton University Press, 1979.

Orwell, George. *Animal Farm*. New York: Penguin, 1956.

Osterman, Paul. *Gathering Power: The Future of Progressive Politics in America*. Boston: Beacon Press, 2002.

Ottaway, David. *Chained Together: Mandela, De Klerk, and the Struggle to Remake South Africa*. New York: Random House, 1993.

Parrish, John M. *Paradoxes of Political of Political Ethics*. Cambridge: Cambridge University Press, 2007.

Pateman, Carole. *Participation and Democratic Theory*. Cambridge: Cambridge University Press, 1970.

Pfeffer, Jeffrey. *Managing with Power: Politics and Influence in Organizations*. Boston: Harvard Business School Press, 1992.

Philp, Mark. *Political Conduct*. Cambridge, MA: Harvad University Press, 2007.

Plamenatz, John. *Democracy and Illusion: An Examination of Certain Aspects of Modern Democratic Theory.* New York: Longman, 1973.

Plato. *The Collected Dialogues.* Edited by Edith Hamilton and Huntingdon Cairns. Bolllingen Series. New York: Pantheon, 1961.

Price, Terry L. *Understanding Ethical Failures in Leadership.* Cambridge: Cambridge University Press, 2006.

Putnam, Robert D. *Bowling Alone: The Collapse and Revival of American Community.* New York: Simon & Schuster, 2000.

Revkin, Andrew A. "After Applause Dies Down, Global Warming Talks Leave Few Concrete Goals." *New York Times*, July 10, 2008, A10.

Rhode, Deborah L. *The Difference "Difference" Makes: Women and Leadership.* Stanford, CA: Stanford University Press, 2003.

——. *Moral Leadership: The Theory and Practice of Power, Judgment and Policy.* San Francisco: Jossey-Bass, 2006.

——. *Speaking of Sex: The Denial of Gender Inequality.* Cambridge, MA: Harvard University Press, 1997.

Rhodes, P. J., ed. *Athenian Democracy.* Edinburgh: Edinburgh University Press, 2004.

Riggio, Ronald E., Ira Chaleff, and Jean Lipman-Blumen. *The Art of Followership: How Great Followers Create Great Leaders and Organizations.* San Francisco: Jossey-Bass, 2008.

Riker, William. "Political Theory and the Art of Heresthetics." In *Political Science: The State of the Discipline*, edited by Ada W. Finifter, 47–67. Washington, DC: American Political Science Association, 1983.

Rodin, Judith. *The University and Urban Revival: Out of the Ivory Tower and into the Streets.* Philadelphia: University of Pennsylvania Press, 2007.

Roehrig, Catharine H., Renée Dreyfus, and Cathleen A. Keller, eds. *Hatshepsut, from Queen to Pharaoh. New York and New Haven: Metropolitan Museum of Art and Yale University Press, 2005.

Rogow, Arnold A., and Harold Dwight Lasswell. *Power, Corruption, and Rectitude*. Englewood Cliffs, NJ: Prentice Hall, 1963.

Root, Elihu. "Lincoln as a Leader of Men." In *Men and Policies : Addresses by Elihu Root*, edited by Robert Bacon and James B. Scott, 69 – 75. Cambridge, MA: Harvard University Press, 1924.

Rosenbach, William E., and Robert L. Taylor. *Contemporary Issues in Leadership*. 2nd ed. Boulder, CO: Westview Press, 1989.

Rost, Joseph. *Leadership for the Twenty-first Century*. Westport, CT: Praeger, 1991.

Rousseau, Jean-Jacques. *The Social Contract and Discourses*. Edited by G. D. H. Cole. New York: Dutton, 1950 [1762].

Sabl, Andrew. *Ruling Passions : Political Offices and Democratic Ethics*. Princeton, NJ: Princeton University Press, 2002.

Sampson, Anthony. *Mandela : The Authorized Biography*. London: HarperCollins, 1999.

Sanger, David E. "In Capital, Efforts to Hit the Right Note of Optimism." *New York Times*, May 9, 2009.

Schumpeter, Joseph Alois. *Capitalism, Socialism, and Democracy*. 3rd ed. New York: Harper & Row, 1962.

Scott, Anne Firor. "Jane Addams." In *Notable American Women*, 1607 – 1950; *A Biographical Dictionary*, edited by Edward T. James, Janet Wilson James, and Paul S. Boyer, 63 – 76. Cambridge: Belknap Press of Harvard University Press, 1971.

Scott, James C. *Domination and the Arts of Resistance: Hidden Transcripts*. New Haven: Yale University Press, 1990.

——. *Weapons of the Weak: Everyday Forms of Peasant Resistance*. New Haven: Yale University Press, 1985.

Searle, John R. "What Is an Institution?" *Journal of Institutional Economics* 1, no. 1 (June 2005): 1–22.

Selznick, Philip. *Leadership in Administration: A Sociological Interpretation*. Berkeley: University of California Press, 1984 [1957].

Shackleton, Ernest. *South: A Memoir of the Endurance Voyage*. New York: Carroll and Graf, 1998.

Shakespeare, William. *The Complete Works of William Shakespeare*. Edited by William Aldis Wright. Garden City, NY: Doubleday, 1936.

Shapiro, Ian, and Stephen Macedo, eds. *Designing Democratic Institutions*. NOMOS 42. New York: New York University Press, 2000.

Simon, Herbert A. "Making Management Decisions: The Role of Intuition and Emotion." *Academy of Management Executive* 1, no. 1 (February 1987): 57–64.

——. "The Proverbs of Administration." *Public Administration Review* 6, no. 1 (Winter 1946): 53–67.

Singer, Tania, Ben Seymour, John P. O'Doherty, Klaas E. Stephan, Raymond J. Dolan, and Chris D. Frith. "Empathic Neural Responses are Modulated by the Perceived Fairness of Others." *Nature* 439, no. 7075 (January 26, 2006): 466–69.

Skinner, Quentin. *Machiavelli*. New York: Hill and Wang, 1981.

Skowronek, Stephen, and Matthew Glassman, eds. *Formative Acts: American Politics in the Making*. Philadelphia: University of Pennsylvania, 2007.

Sonn, Richard David. *Anarchism*. New York: Twayne Publishers, 1992.

Sorensen, Theodore C. *Decision-Making in the White House: The Olive Branch or the Arrows*. New York: Columbia University Press, 1963.

Starkey, David. *Elizabeth : Apprenticeship.* London: Vintage, 2001.

Steinberg, Blema S. *Women in Power : The Personalities and Leadership Styles of Indira Gandhi, Golda Meir, and Margaret Thatcher.* Montreal McGill-Queen's University Press, 2008.

Stengel, Richard. "Mandela: His 8 Lessons of Leadership". *Time*, July 9, 2008, 42 – 48.

Sullivan, Caitlin. "Leveraging Gender in Leadership: The Presidencies of Michelle Bachelet and Ellen Johnson Sirleaf." Senior thesis, Princeton University, 2007.

Sun Tzu. *The Art of War.* Edited and translated by Samuel B. Griffith. New York: Oxford University Press: 1963.

Sunstein, Cass R. *Infotopia : How Many Minds Produce Knowledge.* Oxford: Oxford University Press, 2006.

Surowiecki, James. *The Wisdom of Crowds : Why the Many Are Smarter Than the Few and How Collective Wisdom Shapes Business, Economies, Societies, and Nations.* New York: An-chor Books, 2004.

Suskind, Ron. "Faith, Certainty and Presidency of George W. Bush." *New York Times Magazine*, October 17, 2004, 44.

Thompson, Dennis F. *The Democratic Citizen : Social Science and Democratic Theory in the Twentieth Century.* London: Cambridge University Press, 1970.

——. *Political Ethics and Public Office.* Cambridge, MA: Harvard University Press, 1987.

Thompson, Mark, and Ludmilla Lennartz. "The Making of Chancellor Merkel." *German Politics* 15, no. 1 (March 2006): 99 – 110.

Tichy, Noel, and Warren Bennis. *Judgment : How Winning Leaders Make Great Call.* New York: Penguin, 2007.

Tinker, Hugh. "Magnificent Failure? The Gandhian Ideal in India after Sixteen Years," *International Affairs* 40, no. 2 (April 1964): 262–76.

Tucker, Robert C. *Politics as leadership.* Paul Anthony Brick Lectures. Rev. ed. Columbia: University of Missouri Press, 1995.

Tulis, Jeffrey, and Stephen Macedo, ed. *The Limits of Constitutional Democracy.* Princeton, NJ: Princeton University Press, 2010.

Verba, Sidney, Kay Lehman Schlozman, and Henry E. Brady. *Voice and Equality : Civic Voluntarism in American Politics.* Cambridge, MA: Harvard University Press, 1995.

Vonnegut, Kurt. *Welcome to the Monkey House.* New York: Delta, 1968.

Walzer, Michael. "Political Action: The Problem of Dirty Hands." *Philosophy and Public Affairs.* 2, no. 2 (Winter 1973): 160–80.

Warren, Mark R. *Dry Bones Rattling : Community Building to Revitalize American Democracy.* Princeton, NJ: Princeton University Press, 2001.

Weber, Max. "Politics as a Vocation." In *From Max Weber : Essays in Sociology*, translated and edited by H, H. Gerth and C. Wright Mills, 77–128. New York: Oxford University Press, 1958 [1946].

——. *The Theory of Social and Economic Organization.* Edited by Talcott Parsons. New York: Free Press of Glencoe, 1964 [1947].

Weir, Alison. *The Life of Elizabeth I.* New York: Ballantine, 2008.

Wells, Evelyn. *Hatshepsut.* Garden City, NY: Doubleday, 1969.

Williams, Bernard Arthur Owen. *Moral Luck : Philosophical Papers*, 1973–1980. Cambridge: Cambridge University Press, 1981.

Wilson, Marie. *Closing the Leadership Gap.* New York: Viking, 2004.

Wittgenstein, Ludwig. *Philosophical Investigations.* Translated by G. E. M. Anscombe. Englewood Cliffs, NJ: Prentice Hall, 1958.

Woodcock, George. *Anarchism: A History of Libertarian Ideas and Movements.* Harmondsworth: Penguin, 1963.

Woolf, Virginia. *A Room of One's Own*. Orlando, FL: Harcourt Brace, 1981 [1929].

———. *Three Guineas*. Orland, FL: Harcourt, Brace 1966 [1938].

Worsley, F. A. *Endurance: An Epic of Polar Adventure*. New York: Norton, 1931.

Zaleznik, Abraham. "Managers and Leaders: Are They Different?" *Harvard Business Review* 70, no. 2 (March-April 1992): 126–35.

索 引

abolitionist movement 废奴运动, 81, 140

accountability 责任: access to information required for 获取有关~的信息, 190; conundrum of democratic leadership and 民主制度中领导力与~的难题, 164–166, 233; how leaders should honor their 领导者应如何兑现~, 219–221; of political leaders 政治领导者的~, 189–190. See also responsibility 又见责任

Achilles 阿喀琉斯, 16, 124

action 活动. See political action 参见政治活动; social activity 社会活动

Acton, Lord 阿克顿勋爵, 15, 208, 211, 223

Addams, Jane 简·亚当斯: Hull-House founded by 赫尔之家创始人, 109–110, 140–141; leadership mission of ~的领导使命, 144–145; reform leadership of ~的变革领导力, 140, 141–142

Aden, Mohamed 穆罕默德·艾登, 196–197

Albright, Madeleine 马德琳·奥尔布赖特, 133

Allen, Woody 伍迪·艾伦, 231

Allison, Graham T. 格雷厄姆·T. 阿利森, 85

Applebaum, Anne 安妮·阿普勒鲍姆, 138–139

Aquino, Corazon 柯拉松·阿基诺, 135

Arendt, Hannah 汉娜·阿伦特, 55, 89–90, 231

Aristotle 亚里士多德: on citizen followers decision making 论公民追随者的决策, 186; on citizen's dual roles 论公民的双重角色, 186–187; on corruption of power 论权力腐败, 211; on democracy-equality connection 论民主与平等的关系, 174; on "good" of goals 论目的的"善", 41; on leadership judgment 论领导力判断, 231; on leadership as learned craft 论领导力为可习得能力, 188; Nicomachean Ethics on phronesis 论实践

· 253 ·

智慧的《尼各马可伦理学》，89；on politics as organizing principle of community 论政治为社会组织法则，180；on sense of proportion 论恰如其分的判断，106；on users as judges of quality of product 论使用者是产品质量的评判者，77；on value of group solutions 论集体解决方案的价值，60

Arthurdale 阿瑟德尔试验社区（West Virginia）（西弗吉尼亚州），143

Athenian Assembly 雅典大会，163 - 164

Aung San Sui Kyi 昂山素季，135

authority 权威：charismatic 魅力型～，55，56 - 57，82；distinctiveness of ～的特殊性，55；gender imbalance in formal positions of 正式～位置上性别的不平等，123 - 27；leadership exercise of 行使领导～，2；legitimate 合法～，55 - 57，82 - 83；pleasures of ～的乐趣，198 - 199；Weber's distinction between Macht（power）and Herrschaft（authority）韦伯对权力与权威进行的区分，27；women leaders seen as threat to male 女性领导者被视为是男性～的威胁，123. See also formal leadership 又见正式领导力；power 权力

Bachelet, Michelle 米歇尔·巴切莱特，136 - 137，138

Bachrach, Peter 彼得·巴克莱奇，180

Bacon, Francis 弗朗西斯·培根，113

bad leadership 不良领导力，41 - 43

Bandaranaike, Sirimavo 西丽玛沃·班达拉奈克，135

Baratz, Morton 摩尔顿·拜拉茨，180

Barber, Benjamin 本杰明·巴伯，170，175

Barber, James David 詹姆斯·戴维·巴伯，4，195

Bartels, Larry 拉里·巴特尔斯，176

Bartholomew Cubbins（Seuss）巴塞洛缪·库宾斯（苏斯博士），5

Battle of Britain 不列颠之战，98，117，118. See also Churchill, Winston 又见温斯顿·丘吉尔

Bay of Pigs 猪湾事件，43，91，223

Bazerman, Max H. 马克斯·H. 巴泽曼，90 - 91

Beauvoir, Simone de 西蒙·德·波伏娃，124，150，151 - 152，154

Becket, Thomas 托马斯·贝克特，199 - 200，201

Beitz, Charles 查尔斯·贝茨，174

Benhabib, Seyla 塞拉·本哈比，181

Bennis, Warren 沃伦·本尼斯：on becoming a leader 论成为领导者，227；on guiding vision element of leadership 论领导力的指导愿景，113；on leader and follower labels becoming dated 论领导者和追随者的标签逐渐过时，50；on leadership as good judgment 论领导力即是良好的

判断力, 87; on potential of follower influence on leaders 论追随者影响领导者的潜能, 72–73; on strategic thinking 论战略性思考, 25

Berlusconi, Silvio 西尔维奥·贝卢斯科尼, 128

Bhutto, Benazir 贝娜齐尔·布托, 135

bipartisan cooperation 两党合作, 79

Bismarck, Otto von 奥托·冯·俾斯麦, 10–11

Black Pimpernel leader symbolism 黑色海绿花领导者的象征, 31

blogs 博客, 190

Boehm, Christopher 克里斯托弗·贝姆, 23

Bolshevik Revolution 布尔什维克革命, 94, 107, 202

Borgia, Cesare 恺撒·博尔吉亚, 16

born to leadership 生而具有领导力, 83–85

Brady, Henry 亨利·布雷迪, 191

Brundtland Gro Harlem 格罗·哈莱姆·布伦特兰, 139

Burns, James MacGregor 詹姆斯·麦格雷戈·伯恩斯: "the Burns paradox" on leaders/followers 有关领导者与追随者的"伯恩斯悖论", 51, 66; on executive decision making 论行政决策, 25; on FDR's complex personality 论罗斯福的复杂性格, 117; on FDR's lack of guided vision 论罗斯福缺乏指导愿景, 114; on FDR's need for people 论罗斯福需要人民, 108–109; on leadership as form of power 论领导力是一种权力形式, 27; leadership scholarship by 研究领导力的学者, 4; on leadership traits 论领导力的特点, 149; on leaders vs. power wielders 论领导者与权力行使者, 41; on Lincoln's strategy of compromise 论林肯的妥协策略, 104; on methods of ideal leader 论理想类领导者的方法, 30; on need to be appreciated 论需要得到欣赏, 71; rejection of statesman's expertise notion by 反对政治家具备专业知识的概念, 183; on transformational leadership 变革型领导力, 43–45

Bush, George H. W. 乔治·H. W. 布什: good judgment of, in handling Cold War 应对冷战的良好判断力, 91; nonfollower critics of 人们批评~没有追随者, 78; on the "vision thing" 对"见识一事"的评价, 114

Bush, George W. 乔治·W. 布什: imagining Gore's presidency instead of 想象戈尔取代~就任总统, 12–13; information gathering approach by ~获取信息的方法, 95; nonfollower critics of 人们批评~没有追随者, 78

Camara, Moussa Dadis 穆萨·达迪斯·卡马拉, 196

Campbell, John 约翰·坎贝尔, 64, 86, 134

Camp Runamuck 罗纳马科营（homeless camp 流浪者之家，Providence 普罗维登斯，RI 罗德岛州），1，18，37

Carli, Linda L. 琳达·L. 卡莉：gender differences leadership studies by 研究领导力中的性别差异，145；"labyrinth" image of barriers to women leaders by 用"迷宫"比喻女性领导者遇到的障碍，126，232；on "mixed style" of female leadership 论女性领导力的"复杂风格"，139；on number of modern women leaders 论现代女性领导者的人数，125

Carlyle, Thomas 托马斯·卡莱尔，12

Caro, Robert A. 罗伯特·A. 卡罗，26，35，195

Carter, Jimmy 吉米·卡特，128

Catherine Ⅱ 凯萨琳二世（Czarina of Russia 俄国沙皇），123-124，138

Catholicism 天主教义，104

Cecil, Sir William 威廉·塞西尔爵士，63

Chafe, William 威廉·蔡菲，142

character 性格：of Abraham Lincoln 亚伯拉罕·林肯的性格，221-222；and the "dirty hands" dilemma ～与"脏手"的两难之境，4-19；interaction of, with ethics and leadership ～及道德与领导力的互相影响，15，208-223，233-234；keeping faith and honoring one's word as sign of 守信重诺由～决定，219-221；Mohamed Aden's leadership and his 默罕默德·艾登的领导和他的～，196-197；public and private morality of ～中存在的公德与私德，211-214；as revealed by power revealing 权力展现～，195

charismatic authority 魅力型权威，55，56-57，82

Cheney, Dick 迪克·切尼，78

China 中国，contemporary democratic system in ～现今的民主制度，161-162

Churchill, Winston 温斯顿·丘吉尔：Battle of Britain speech by 发表不列颠之战的演讲，117；decision to bomb French fleet by 决定炸毁法国舰队，218；famous observation about democracy by 对民主制度的观察非常有名，187；leadership qualities of ～的领导素质，223；mixed character of ～的复杂性格，117-118；rhetorical gifts of ～的演讲天赋，98，117

Cicero (Marcus Tullius) 马库斯·图留斯·西塞罗：on fear and love of leader 论追随者对领导者的畏惧与爱戴，74，75；on leadership and fortune 论领导力与命运，85；on motivations of followers 论追随者的动机，54；writings on leadership by 论述领导力的著述，6

Cincinnatus (Lucius Quinctius) 卢修斯·昆克提斯·辛辛纳图斯，84

citizens 公民：collective exercise of judgment by ～集体决策，185-186；curbing privilege by optimal participation of ~的最优参与限制领导者特权, 190 – 192; "deliberative polling" of ~的商议式民意调查, 191; equality of democratic 民主制度中~的平等, 173 – 187; jury participation and civic engagement by 陪审团参与和~参与, 191; "ruling and being ruled in turn" of ~的"轮流统治与被统治", 184 – 187; social networking technology's impact on 社会网络技术对~的影响, 190, 231; tackling perpetuation of power 解决领导力长期占据权位的问题, 187 – 190; technical innovations for communication among 促进~交流的技术创新, 190. See also democracy; political action 又见民主制度; 政治活动

civil rights movement 民权运动, 43, 99, 100

Clapper, Raymond 雷蒙德·克拉珀, 144

classical democracy 古典民主: Athenian prevention of abuses of 雅典~防止权力滥用, 188; attributing initiative to the electorate 赋予全体选民公民创制权, 179 – 173; historic examples of ~的史例, 161; popular sovereignty and popular participation of ~的人民主权和人民参与, 158; procedures and mechanisms of ~的程序和机制, 163 – 164

Cleopatra 克里奥帕特拉, 122, 123

Clinton, Bill 比尔·克林顿, 12, 108, 109

Clinton, Hillary Rodham 希拉里·罗德姆·克林顿, 129 – 130, 133

Cohen, Michael 迈克尔·科恩, 70

Cold Mountain（Frazier）《冷山》（弗雷泽尔）, 230

Coles, Robert 罗伯特·科尔斯, 34

collective action problems 集体行动问题, leadership defined as solutions/mobilizing action for 领导力被定义为是~的解决办法或动员追随者为~而采取行动, 19 – 20, 22 – 23

Commager, Henry Steele 亨利·斯蒂尔·康马杰, 109

communication 交流: leadership development by teaching how to use 通过教授如何学会~来培养领导力, 228; listening skills and 倾听技巧与~, 99 – 100; power of symbolism used in ~中使用的权力的象征物, 100 – 103, 134; rhetorical skills of ~的演讲技巧, 97 – 100; storytelling skills 讲故事的技巧, 98 – 99; technical innovations for citizen 为公民而做的技术创新, 190

compromise 妥协: leader ability to 领导者~的能力, 102 – 104; as Leadership strategy 作为一种领导策略, 25 – 26; Woodrow Wilson's opposition to 伍德罗·威尔逊反对~, 102 – 103. See also leadership strategies 又见领导策略

Condorcet, Marquis de 马奎斯·孔多赛, 185

conflict 冲突: empathy as barrier to dealing

with 同情心是处理～的障碍，111；leader's course of action during 领导者在～中的行动方案，110；social protest movements leading to 导致～的社会抗议运动，80-81；studies on mayors' attitudes toward 调查市长对待～的态度，146

conflict management 冲突管理：leader's abilily to adjudicate 领导者裁定冲突的能力，261；leadership seminar model limitations for 领导力～研讨会模式的局限性，65-66

Congress Party (India) 国大党（印度），104

Conkin, Paul 保罗·康金，34，64，100

consensus decision making 决策时达成一致，39

Conservative Party (Britain) 保守党（英国），86

contentious politics 有争议的政治，80-81

Conway, Jill Ker 吉尔·克尔·康威，140

Cook, Blanche Wiesen 布兰奇·威森·库克，28，116

counterfactuals of Gore's possible presidency 戈尔可能当选总统的反设事实，12-13；U. S. presidential election (2000) 美国总统大选（2000年），12

courage 勇气，111-112

Couzin, Iain 伊恩·库辛，23

Critique of Judgment (Kant)《判断力批判》（康德），89-90

Croly, Herbert 赫伯特·克罗利，222

Cromwell, Sir Oliver 奥利佛·克伦威尔伯爵，46

Cronin, Thomas 托马斯·克罗宁，226

Cuban missile crisis (1962) 古巴导弹危机（1962年），43，85，91，223

Cyrus 赛勒斯，86

Dahl, Robert 罗伯特·达尔，173

Dalgleish, Adam (fictional character) 亚当·代格里斯（虚构人物），88

Dallek, Robert 罗伯特·达莱克，34，65，76，115

Darrow, Clarence 克拉伦斯·达罗，129

deception 欺骗：as response by followers to broken trust 会打破追随者对领导者的信任，219-220；Machiavelli's advice on 马基雅维利有关～的建议，219

decision making 决策：collective exercise of judgment in ～决策中集体判断，185-186；compromise strategy used in ～中使用妥协策略，25-26；consensus approach to 协商一致做出～，39；egalitarian 平等～，163；in higher education vs. for-profit institutions 高等教育机构与非营利组织中，39；imagining a leaderless community approach 想象无领导社会中的～方法，167-170；Jury Theorem of ～的陪审团定理，185；leader reliance on close subordinate role in 领导者在～

索引

中仰仗亲信, 60 – 61; and leadership skills ~与领导能力, 101 – 102; process of executive 行政过程, 25; rationality used in ~中的理性, 89 – 91

de Gaulle, Charles 夏尔·戴高乐, 112

De Klerk, Frederik Willem 弗雷德里克·威廉·德克勒克, 28, 116

Delegation 委任, leadership approach to 通向领导力的途径, 62 – 63

deliberative democracy 协商民主, 169 – 170

"deliberative polling," "商议式民意调查", 191

Demagoguery 煽动, 178 – 179

Democracy 民主制度: Abraham Lincoln's contributions to U. S. 亚伯拉罕·林肯对美国~的贡献, 222; Athenian Assembly (ho houlomenos) 雅典大会(演说家), 163 – 64; Churchill's famous statement on 丘吉尔有关~的著名论断, 187; civic engagement in ~中的公民参与, 191; deliberative 协商~, 169 – 170; Dewey on essential conditions for 杜威论~的重要条件, 167 – 169; equality connections to 平等与~的关系, 173 – 187; examining the concept and meaning of 研究~的概念与意义, 156 – 157; leadership as essential in 领导力在~中至关重要, 155 – 56, 164 – 173; three different types of 三种不同类型的~, 157 – 164. See also citizens 又见公民

Democracy-leadership tensions 民主制度与领导力之间的矛盾: conundrum of democratic leadership as 即民主制度中领导力的难题, 164 – 166, 233; and hypothetical community without leadership ~与没有领导力的假想社会, 167 – 170; tendency toward oligarchy as 走向寡头政治的趋势, 170 – 173; fundamental reasons for ~的根源, 155 – 156

democratic community leadership 民主社会领导力: accountability of ~的责任, 164 – 166, 189 – 190, 219 – 221, 223; conundrum of power and privilege of ~中权力与特权的难题, 164 – 166, 233; creating bipartisan cooperation in 促成~中的两党合作, 79; opposition party's role in ~中反对派的作用, 78; political expertise of 政治方面的专业知识, 181 – 184; tensions inherent in ~中固有的矛盾, 155 – 156, 164 – 173. See also political action; political leaders 又见政治活动; 政治领导者

democratic governance 民主统治: classical or direct 古典或直接~, 158, 161, 163 – 164, 172 – 173, 188; deliberative 协商~, 169 – 170; leadership in systems of ~制度中的领导力, 162 – 164; representative or liberal 代议制或自由制~, 157, 158; traditional participatory 传统参与制~, 157 – 162. See also nation-states 又

见国家

Depression 萧条, 43, 144

desert island scenario 荒岛情节, 18-22, 54-55

detachment 客观独立, 107, 110, 202

Dewey, John 约翰·杜威, 167-169, 170

direct democracy 直接民主: Athenian prevention of abuses of 雅典防止权力滥用, 188; attributing initiative to the electorate 赋予全体选民公民创制权, 172-173; historic examples of ~ 的史例, 161; popular participation in ~ 的人民参与, 158; procedures and mechanisms of ~ 的程序和机制, 163-164

"dirty hands" dilemma "脏手"的两难之境, 214-219

Discourse on the Origins of Inequality (Rousseau)《论人类不平等的起源和基础》(卢梭), 178

Discourse on Voluntary Servitude (la Boétie)《自愿奴役论》(拉波哀西)

Dix, Dorothea 多萝西娅·迪克斯, 140

Domination-leadership boundary 统治与领导的界限, 29, 230

Donald, David Herbert 戴维·赫伯特·唐纳德, 221

Douglass, Frederick 弗雷德里克·道格拉斯, 221

Duke University 杜克大学, 5, 40, 71, 76, 153, 154

Durga (Hindu goddess) 杜尔迦 (印度女神), 134

Eagly, Alice 艾丽斯·伊格利: gender differences leadership studies by 研究领导力中的性别差异, 145; and "labyrinth" image of harriers to women leaders 用"迷宫"比喻女性领导者遇到的障碍, 126, 232; on "mixed style" of female leadership 论女性领导力的"复杂风格", 139; on number of modern women leaders 论现代女性领导者的人数, 125; on sex behavior tendencies and leadership 论性别行为倾向与领导力, 147

Eddy, Mary Baker 玛丽·贝克·埃迪, 140

Edwards, George 乔治·爱德华兹, 45

egalitarian decision making 平等决策, 163

Eisenhower, Dwight D. 德怀特·D.艾森豪威尔, 65, 95-96

Eliot, George 乔治·艾略特, 141

Eliot, T. S. T. S.艾略特, 199

Elizabeth I (Queen of England) 伊丽莎白一世 (英国女王): ability to compromise by 善于妥协, 103-104; complex personality of 性格复杂, 115-116; as event-making leader 造时势的领导者, 124, 125; femininity, use of 运用女性特质, 130-131; as Gloriana cult in later reign of 统治晚期推行荣光女王的个人崇拜, 131; leadership example 领导力案

例，16；moderation exhibited by 体现出温和节制的品质，112，113；notorious procrastination of 出了名地拖延，101；popular affection as key to sovereignty of 人民的爱戴是其统治的关键，75；power of symbolism used by 运用权力象征物，100 - 101；selection and treatment of advisors by ～挑选顾问和对待顾问的方式，63

Elizabeth II（Queen of England）伊丽莎白二世（英国女王），108

Ellison, Larry 拉里·埃里森，75

Elshtain, Jean Bethke 简·贝思克·爱尔希坦，141

Elton, G. R. G. R. 埃尔顿，63，75，86，130

Emancipation Proclamation《解放奴隶宣言》，221

Empathy 同情之心：evidence of Lincoln's 林肯富有～，108，222；as leadership motivation 领导力的动机之一，107 - 111；energy mobilization 调动追随者的力量 See group energies 见群体力量

Equality 平等：asymmetry of leader/follower influence and 领导者与追随者影响的不对称和～，53，174 - 175；connections between democracy and 民主制度与～之间的关系，173 - 177；demagoguery as perverting 煽动群众破坏～，178 - 179；impact of power 权力对～的影响，176；leadership expertise role in ～中领导专业知识的作用，181 - 184；supporting "ruling and being ruled in turn,"支持"轮流统治与被统治"184 - 187. See also inequality 又见不平等

Erasmus 伊拉斯谟，41

Erikson, Erik 爱利克·埃里克森，149

Estlund, David 大卫·伊斯特兰德，184

ethic of responsibility 责任伦理，212 - 214

ethics 道德标准：of Abraham Lincoln 亚伯拉罕·林肯的～，221 - 222；"dirty hands" dilemma and "脏手"的两难之境与～，214 - 219；ethic of ultimate ends 终极目标的伦理，215；examining interaction of character, leadership, and 研究性格、领导力与～的相互影响，15，208 - 223，233 - 234；on keeping faith and honoring one's word 论守信重诺，219 - 221；and politics of responsibility ～与政治责任，212 - 213；Weber on relationship of politics and 韦伯论政治与～的关系，212 - 213. See also morality 又见道德

event-making leadership 造时势型领导力，45 - 46

Falkland War 福克兰群岛（马尔维纳斯群岛）战争，86，134

"family resemblances"（Wittgenstein）"家族相似"（维根斯坦）：description of ～的描述，9 - 10；of leadership across contexts and cultures 不同环境与不同文化

中领导力的~,24

female leadership 女性领导力. See women's leadership 参见女人的领导力

The Feminine Mystique(Friedan)《女性的奥秘》(弗里丹),127

femininity strategy 温柔策略,130-132,134

feminist movement 女权运动,122

feminist standpoint theory 女权主义立场论,147-148

Feminist Studies curriculum 女权主义研究课程,153

Finnbogadottir, Vigdis 维格迪丝·芬博阿多蒂尔,139

Fiorina, Carly 卡莉·菲奥莉娜,75

Fiorina, Morris 莫里斯·菲奥瑞纳,48-49

The First Blast of the Trumpet against the Monstrous Regiment of Women(Knox)《反对女权的荒唐统治》(诺克斯),123

Fishkin, James 詹姆斯·菲什金,179-180,191

Flattery 奉承,96-97,206-207

flotilla metaphor for complex organizations 用舰队比喻复杂组织,58,59

followers 追随者:acceptance of leaders by ~认可领导者,54-57; asymmetry of influence between leaders and 领导者与~之间影响的不对称,53,174-175; attitudes and degrees of involvement of ~参与的态度和程度,49; "the Burns paradox" on leaders and 论领导者与~的"伯恩斯悖论",51,66; "chronic," "习惯性~",51; Civil War novel on power of 讲述美国内战时期~权力的小说,230; connections between leaders and 领导者与~之间的关系,13-14,51-57; constraints on conveying information impacting goals by 限制~传播影响目标的信息,72-74; decision making by citizen/followers 公民或追随者的决策,186; distinctions between leaders and 领导者与~的区分,50-51,52-53; factors driving 激励~的因素,53-54; good judgment of ~的准确判断,94; impact on leaders by ~对领导者的影响,74-77; "leading from the middle" "居于中间发挥领导",49-50; legitimate authority over 对~具有合法权威,55-57; love vs. fear of leaders by ~对领导者的爱戴与惧怕,74-77; motivations to achieve goals by ~实现目标的动机,31-33; need for appreciation by 需要~的欣赏,71; as requirement for leaders ~为领导者所需要,48-49; responding to broken trust with deception 发现领导者欺骗信任破碎后~的反应,219-220. See also resistance; subordinates 又见反抗;下属

foresight 先见:disease analogy of 以疾病作比喻,93; Joseph in Egypt 埃及的约瑟夫,93-94

formal leadership 正式领导力：distinctions of management, government, and 管理、统治与~的区分, 36 – 37；informal vs. 非正式领导力与~, 3；legitimate authority over followers by 对追随者具有合法权威, 55 – 57. See also authority；political leaders 又见权威；政治领导者

fortuna 命运女神福尔图娜, Machiavelli, on 马基雅维利曾做有关~的论述, 85 – 86, 119

Freidel, Frank 弗兰克·弗莱德尔, 98, 101

Freitas, John 约翰·弗雷塔斯, 1

French Revolution (1789) 法国大革命 (1789年), 80, 122, 206

Friedan, Betty 贝蒂·弗里丹, 127

Friedrich, Carl 卡尔·弗雷德里克, 41 – 42

Gandhi, Indira 英迪拉·甘地, 133, 134, 135

Gandhi, Mahatma 圣雄甘地：ability to compromise by 善于妥协, 104；Erikson's account of the life of 埃里克森描述~生平, 149；guiding vision of ~的愿景 114；leadership style of ~的领导风格, 128；nonviolent resistance advocated by 提倡非暴力不合作, 80；successful leadership of ~的成功领导, 44

Gardner, Howard 霍华德·加德纳：on "chronic followers" 论"习惯性追随者" 51；on empathy and detachment of leaders 论领导者的同情之心与客观独立, 107, 110；on leadership development 论培养领导力, 227 – 28；on leaders' lack of privacy 论领导者隐私的丧失, 203；on Margaret Thatcher's leadership 论玛格丽特·撒切尔的领导, 133, 205 – 206

Gardner, John 约翰·加德纳, 2, 10 – 11, 42, 201.

gender differences 性别差异：differences in goals as 目标差异, 131 – 132；examining leadership and 研究领导力与~；, 14 – 15；femininity advantage used by women 女性使用女性特质的优势, 130 – 132, 134；gender imbalance in formal positions of authority 正式权力职位上的性别失衡, 125 – 127；leadership styles and 领导风格与~, 127 – 145, 232 – 233；organizational roles impacting more than 组织作用的影响胜过~的影响, 145 – 146；socialization impact on 对~的社会化影响, 148 – 154；studies on male/female leader ratio 对男女领导者比例的研究, 145；use of power and 权力的运用与~, 128 – 129；women leaders' adoption of "mixed style" of 女性领导者采用"复杂的领导风格", 139. See also leadership；women leader 又见领导力；女性领导者

General Motors 通用汽车公司, 39

Genghis Khan 成吉思汗, 128

Gerstner, Louis 路易斯·郭士纳, 39－40, 114

Gilligan, Carol 卡罗尔·吉利根, 147

glass ceiling 玻璃天花板, 125－127; federal commission on 美国联邦~委员会, 125

goals 目标: ability to compromise to reach 为达~善于妥协的能力, 25－26, 102－104; follower rejection and resistance to 追随者对~的反对与抵抗, 33; gender differences in setting of 设定~中的性别差异, 131－132; leader' ability to articulate 领导者阐明~的能力, 26; leadership context of shared 分享~的领导环境, 32; leadership defined as ability to mobilize achievement of 领导力被定义为动员他人完成~的能力, 19－20, 22－23, 26, 34, 40－41; leader strategies used to achieve their 领导者为完成~而采用的策略, 25－26, 29－31; motivations of the followers to achieve 追随者实现~的动机, 31－33; motivations of the leader to achieve 领导者实现~的动机, 34－35; resistance to 对~的反对, 33, 37－82; social networking and "spontaneous" action toward 社交网络与实现某个~的"自发"行动, 231; subordinates who pursue their own 追求个人~的下属, 59－60; transparency of public leaders on 公共领导者~透明, 39. See also group energies; political action 又见集体力量；政治活动

golden mean 中庸之道, 106

Golding, William 威廉·高汀, 21

Goodwin, Doris Kearns 多丽丝·卡恩斯·古德温, 108, 221－222

Gordon, Deborah 黛博拉·高登, 23

Gore, Al 艾尔·戈尔, 12－13

Gorgias (Plato)《高尔吉亚篇》(柏拉图), 24

Gouges, Olympe de 奥兰普·德古热, 122

Graham, Katharine 凯瑟琳·格雷厄姆: Pentagon Papers and Watergate account by 描述五角大楼文件和水门事件, 136, 189; Personal History on her uncertainty as leader 讲述初为领导者时茫然无助的《个人历史：~自传》, 135－136, 143; on weight of a leader's voice 论领导者话语的分量, 203

Gramsci, Antonio 安东尼奥·葛兰西, 180

Grant Park symbolism 格兰特公园的象征意义, 100

Great Depression 经济大萧条, 43, 144

The Great Intimidators (Kramer)《伟大的强势领导者》(克雷默), 74～75

"Great Man" theory "伟人"理论, 12

Great Society 伟大社会, 34－35

Greed 贪婪: power leading to financial corruption and 权力导致经济腐败和~, 209－210; public vs. private leadership and 公私领导力与~, 38－39

Greenstein, Fred I. 弗雷德·I. 格林斯坦: on Eisenhower's approach to gathering information 论艾森豪威尔收集信息的途径, 95 – 96; on FDR's approach to subordinates 论罗斯福对待下属的方式, 64; on FDR's gifts of rhetoric 论罗斯福的演讲天赋, 98; interest in how personality can impact leadership 对个性如何能影响领导力很感兴趣, 46; on LBJ's personality 论林登·约翰逊的性格, 115; leadership scholarship of 研究领导力的学者, 4

group energies 集体力量: good and bad leadership mobilizing 调动 ~ 的好坏领导力, 41 – 43; leadership defined as mobilization of 领导力被定义为是动员 ~, 19 – 20, 22 – 23, 26; leader strategies used to engage 领导力用于吸引 ~ 的策略, 25 – 26, 29 – 31. See also goals; political action 又见目标；政治活动

Grove, Andy 安迪·格鲁夫, 75

Gutmann, Amy 阿米·古特曼, 169

Haass, Richard 理查德·哈斯, 50

Hackman, J. Richard J. 理查德·哈克曼, 58 – 59

Halonen, Tarja 塔里娅·哈洛宁, 139

Hannibal 汉尼拔, 16

Hareven, Tamara 塔玛拉·哈利文, 143

Harmel, Robert 罗伯特·哈默尔, 172

Harrison Bergeron (Vonnegut)《哈里森·布吉朗》(冯古内特), 175 – 176

Hatshepsut 哈特谢普苏特, 124 – 125

Havel, Vaclav 瓦茨拉夫·哈维尔, 105

Hegel, George Wilhelm Friedrich 格奥尔格·威廉·弗里德里希·黑格尔, 11

Heifetz, Ronald 罗纳德·海菲兹, 202 – 203

"helpless" (or femininity) card "柔弱无助"（女性温柔）牌, 130 – 132, 134

Henry II (King of England) 亨利二世（英国国王）, 200

Heresthetics 操控游说, 25

Heroes and Hero-Worship (Carlyle)《论英雄、英雄崇拜和历史上的英雄业绩》（卡莱尔）, 12

Hildegard of Bingen 宾根的修道院长希德嘉, 122

Hindu-Muslim conflicts 印度教徒和穆斯林的冲突, 81

Hitler, Adolf 阿道夫·希特勒, 41, 42, 117

Hobbes, Thomas 托马斯·霍布斯, 231

Hollis, Martin 马丁·霍利斯, 217

Hoogensen, Gunhild 贡希尔·霍根森, 135

Hook, Sidney 西德尼·胡克, 28, 45, 94, 107, 123, 178, 202

Hoover, Herbert 赫伯特·胡佛, 2

Horton, Mildred McAfee 米尔德里德·迈克菲·霍顿, 48

Hull-House (Chicago) 赫尔之家（芝加哥）, 109, 140 – 141. See also Jane Addams 又

见简·亚当斯

Hutchinson, Anne 安妮·哈钦森, 124

IBM 美国国际商用机器公司, 39–40, 94, 114

Incentives 激励: attractions of power as 权力的吸引, 197–201; leadership deployment of 领导部署, 26; privilege of leadership as 领导力的特权, 175, 179–180, 190–192

Industrial Areas Foundation (IAF) 工业区基金会 (IAF), 188, 189, 190

Inequality 不平等: asymmetry of leader-follower influence as 领导者与追随者影响的不对称, 53, 174–175; ceremonial trappings as symbols of 象征~的礼仪服饰, 175; democracy and growth of 民主制度与~的增加, 177–181; measures designed to reduce 设计用于消除~的措施, 175–176. See also equality 又见平等

informal leadership 非正式领导力: distinctions of management, government, and 管理、统治与~的区分, 36–37; formal vs. 正式领导力与~, 3

information 信息: accountability as requiring access to 获取~时有解释责任, 190; demagoguery as distorting 散布谣言以歪曲~, 178–179; flattery vs. truthful 奉承与~真实, 96–97, 206–207; inequality of privileged access to 享有获取~的特权的不平等, 179–180; judgment accommodating new 顺应最新~的判断, 93; leadership ability to gather and use 收集使用~的领导能力, 95–97; technological innovations for spread of ~传播的技术革新, 190

institutions 机构: decision making in higher education vs. for-profit 高等教育~与营利~中的决策, 39–40; efforts to develop leadership by 努力培养领导人才的~, 226–229; importance of context to leadership in ~中领导环境的重要性, 146; leaders and association with 领导者与~的结合, 37–38; women leaders in nongovernmental 非政府~中的女性领导者, 139–145. See also organizations 又见组织

Internet 网络, 190

Intuition 直觉, 90–91

Iranian elections (2009) 伊朗大选 (2009年), 112

It's Up to the Women (Eleanor Roosevelt)《由女人决定》(埃莉诺·罗斯福), 144

James, P. D. P. D. 詹姆斯, 88

James, William 威廉·詹姆斯, 71

Janda, Kenneth 肯尼思·让达, 27, 55

Jefferson, Thomas 托马斯·杰弗逊, 6

Jinnah, Muhammad Ali 穆罕默德·阿里·真

纳, 194

Joan of Arc 圣女贞德, 124

Jobs, Steve 史蒂夫·乔伯斯, 75

John Paul II 教皇约翰·保罗二世, 67-68

Johnson, Blair 布莱尔·约翰逊, 145

Johnson, Lyndon B. 林登·B. 约翰逊: ability to compromise by 善于妥协, 26; complex personality of ~的复杂性格, 115; democratic breaches evidenced by career of ~的政治生涯有破坏民主的迹象, 158; dubious business practices of ~可疑的商业操作, 209-210; good and bad leadership exhibited by ~呈现的良好领导力和不良领导力, 43; information gathering skills of ~收集信息的能力, 97; as leadership example 作为领导案例, 16; leadership style of ~的领导风格, 128; listening skills of ~的倾听技巧, 99-100; need to be both liked and overpower 既想要赢得爱戴又想要征服他人, 75-76; story-telling skills of ~讲故事的能力, 99; transforming and transactional approach of ~的变革型与交易型领导方式, 44; treatment of subordinates by ~对待下属的方式, 64-65; two motivations for Great Society social action by ~"伟大社会"社会改革的两大动机, 34-35

Johnson Sirleaf, Ellen 埃伦·约翰逊·瑟利夫, 137-138

Jones, Bryan 布莱恩·琼斯, 28

Joseph in Egypt 约瑟夫在埃及, 93-94

Jouvenel, Bertrand de 贝特朗·德·儒维内尔, 19, 198-199

"Judging" (Arendt) "判断"(阿伦特), 89-90

Judgment 判断: Aristotle on (phronesis) 亚里士多德论~(实践智慧), 89; description of quality of ~才能的描述, 87-91; dimensions of ~的各个方面, 91-94; as essence of leadership 是领导力的精髓, 87, 231-232; foresight component of ~包含远见, 93-94; peripheral vision component of ~包含边缘视觉, 92-93; rational and intuition components of ~包含理性与直觉, 89-91; of subordinates ~选择下属, 94; timing and priorities component of ~包含时间选择和分清轻重缓急, 94

Julius Caesar 尤利乌斯·恺撒, 46

Jury Theorem 陪审团定理, 185

Kahneman, Daniel 丹尼尔·卡纳曼, 90

Kanter, Rosabeth Moss 罗莎贝斯·莫斯·坎特, 145-146

Kant, Immanuel 伊曼努尔·康德, 89-90, 92, 231

Kellerman, Barbara 芭芭拉·凯勒曼, 4, 42, 49

Kelly, Florence 佛罗伦斯·凯利, 141

Kennedy, John F. 约翰·F. 肯尼迪: Bay of Pigs leadership of 猪湾事件中～的领导力, 43, 91, 223; and Commission on the Status of Women ～与有关妇女地位的委员会, 144; Cuban missile crisis leadership ～应对古巴导弹危机时的领导力, 43, 91, 223; leadership qualities of ～的领导素质, 223; leadership style of ～的领导风格, 128; rhetorical gifts of ～演讲天赋, 98, 223; treatment of subordinates by ～对待下属的方式, 65

Khrushchev, Nikita 尼基塔·赫鲁晓夫, 91

King, Martin Luther, Jr. 马丁·路德·金: guiding vision of ～的指导愿景, 114; nonviolent resistance advocated by ～提倡非暴力抵抗, 80; rhetorical skills of ～的演讲技巧, 98; successful leadership of ～的成功领导, 44

Klaus, Peggy 佩姬·克劳斯, 130

Klein, Gary 加里·克莱恩, 90

Knox, John 约翰·诺克斯, 123

Kollontai, Alexandra 亚历山德拉·柯伦泰, 122

Kramer, Roderick 罗德里克·克雷默, 74

Kremlinology 苏俄政体研究, 64

Kunin, Madeline 玛德琳·库宁, 14–25, 132

Kutuzov, Mikhail 米哈伊尔·库图佐夫, 11

la Boétie, Etienne de 埃蒂安·德·拉波哀西, 31

"labyrinth" challenge "迷宫"难题, 126, 232

Lao-tzu 老子, 30

Lash, Joseph 约瑟夫·拉什, 144

Lasswell, Harold 哈罗德·拉斯韦尔, 209, 221

Lathrop, Julia 茱莉亚·莱斯罗普, 141

leader compass metaphor 以罗盘比喻领导者, 50

leader evaluation 对领导者的评价: good and bad leaders 好领导者与坏领导者, 41–43; transformational and event-making leadership 变革型领导力与造时势型领导力, 43–46

leader/follower relationship 领导者与追随者的关系: appropriate warmth/distance balance 在温暖与疏离之间取得适当的平衡, 69–71; asymmetry of influence in ～中影响的不对称, 53, 174–175; connections between 两者之间的关系, 13–14, 51–57; defining the nature of 确定～的类型, 66–69; fear vs. love of leaders in ～中追随者对领导者的畏惧与爱戴, 74–77; follower attitudes and involvement in ～中追随者的态度与参与, 49; impact of followers on the 追随者对～的影响, 71–74; symbolic linkages in ～中象征性的联系, 69

Leaders 领导者: asymmetry of influence over

follower by 对追随者的影响的不对称, 53, 174–175; "the Burns paradox" on followers and 追随者与～之间的"伯恩斯悖论", 51, 66; complex personalities of ～的复杂性格, 115–120; connections between followers and 追随者与～的关系, 13–14, 51–57; desert island scenario on selection of 选择～的荒岛情节, 18–22, 54–55; distinctions between followers and 追随者与～之间的区分, 50–51, 52–53; examining actual difference made by individual 研究领导者之间实际的个体差异, 11–13; exercise of power as enjoyable by 享受权力的行使, 27–28; "Great Man" theory of 有关～的"伟人"理论, 12; interaction of ethics, leadership, and character in 道德标准、领导力与～性格之间的相互影响, 15, 208–223, 233–234; keeping faith and honoring their word 守信重诺, 219–221; lack of privacy for 缺乏隐私, 203–204; love vs. fear of 追随者对～的爱戴与畏惧, 74–77; motivations to achieve goals by ～完成目标的动机, 34–35; narcissistic 自恋型～, 205; power wielders vs. 行使权力者与～, 41–42; social or institutional structures limiting power of 社会结构或组织机构限制～的权力, 28; strategies used to achieve their goals ～为达成目标而使用的策略, 25–26, 29–31, 102–104; sustaining appearance of virtues by 维持德行高尚的外表, 220–221. See also leadership characteristics; leadership skills; political leaders; women leaders 又见领导力的特点; 领导才能; 政治领导者; 女性领导者

Leadership 领导力: benefits of studying about 研究～的意义, 230–234; boundary between domination and 统治与～之间的界限, 29, 230; can it be taught? 能否教授～?, 16, 226–229; desert island scenario as core of 荒岛情节是～的核心, 18–22, 54–55; drawbacks associated with 影响～的不利条件, 201–204; examining different definitions of 考察～的不同定义, 22–24; "family resemblances" concept of ～概念的"家族相似", 9–10, 22, 24; good judgment component of ～包含良好的判断力, 87–94, 231–232; idealization vs. abuse of ～的理想化与滥用, 2–3; informal vs. formal 正式～与非正式～, 3, 36–37; interaction of ethics, character, and 道德标准、性格与～之间的相互影响, 15, 208–223, 233–234; "origin story" of ～的"起源故事", 19; other definitions of ～的其他定义, 19–20, 22–24; power association with 权力与～的联系, 2, 3, 26–28; as providing solutions to problem/mobilizing others as 为问题提供解决办法或动员其他人, 19 – 20, 22 – 23, 26, 34, 40 – 41; questioning the path of 有关~道路的提问, 234 – 236; systematic thinking about 对~的系统思考, 2 – 4; understood at most basic level 从最基本的层面了解~, 18 – 19; where and how women have provided 女性何处如何发挥~, 122 – 125. See also, gender differences; power 又见性别差异；权力

leadership characteristics 领导力的特点: born to leadership 生而具有领导力, 83 – 85; complex personalities as 领导者具有复杂的性格, 115 – 120; courage and moderation as 勇气与节制, 111 – 113; empathy and detachment as 同情之心与客观独立, 107 – 111, 202; lists of "traits," 列举出的各种"特质," 84; overview of purposes and 目的与~的概述, 8 – 11; passion and proportion as 激情与恰如其分的判断, 105 – 107, 205; rhetorical and communication skills as 演讲能力与交流能力, 97 – 100; vision as 远见, 111 – 115. See also leaders 又见领导者

Leadership development 培养领导力: examining the possibility of 探究~的可能性, 16, 226 – 229; learned through experience vs. programs 通过经验积累与领导力课程学习~, 226 – 229; mentoring for 他人的指导, 61, 229; need for political theory study on 急需有关~方面的政治理论研究, 233

Leadership failure 领导失败: Bay of Pigs as example of 以猪湾事件为例, 43, 91, 223; the meaning of charges of 加罪于~的意义, 1 – 2

Leadership skills 领导能力: ability to compromise as 善于妥协的能力, 25 – 26, 102 – 105; ability to use power of symbols as 使用权力象征物的能力, 100 – 101; can they be taught? 能否教授~?, 16, 226 – 29; decision making 决策, 101 – 2; getting and using information as 获取和运用信息, 95 – 97; good judgment as 良好的判断力, 87 – 94. See also leaders 又见领导者

Leadership strategies 领导策略: compromise as 妥协, 25 – 26; femininity 女性特质, 130 – 132, 134; goals reached through 使用~以达成目标, 25 – 26, 29 – 31; good vs. bad leadership use of 好坏领导力中对~的运用, 41 – 43; "heresthetics" strategy of decision 决策中的"操控游说"策略, 25. See also compromise 又见妥协

Leadership studies 领导力研究: insights provided through 提供有关领导力的见解, 7 – 8; limitations of ~的不足, 7; on teaching leadership 论如何教授领导力,

226–229; what should studied about leadership in 应该研究领导力的哪些内容, 230–234

Leadership thinking 领导力的思考: as "black box" in political philosophy 作为政治学中的"黑匣子", 7; "family resemblances" concept of ～的"家族相似"概念, 9–10, 22, 24; Machiavelli's influence on 马基雅维利对～的影响, 5, 6

League of Nations 国际联盟, 102

League of Women Voters 女选民联盟, 140, 142

Lee, Robert E. 罗伯特·爱德华·李, 63

Legitimate authority 合法权威: charismatic 魅力型～, 55, 56–57; rational 理性的～, 55–56; resistance movements leading to loss of 导致～丧失的抵抗运动, 81–82; traditional 传统的～, 55, 56

Lenin, Vladimir 弗拉基米尔·列宁, 28, 46, 94, 107, 202

Letters from Two Jima (film)《硫磺岛来信》(电影), 88–89

Levin, Simon 西蒙·莱文, 23

liberal democracy 自由民主, 157, 158

Lincoln, Abraham 亚伯拉罕·林肯: ability to compromise, by 善于妥协, 104; courage demonstrated by ～呈现出的勇气, 112; decisions related to slavery by 做出解放奴隶的决策, 104, 221, 222; emergency dictatorial power used by 非常时刻使用独裁权, 179; empathy of ～的同情心, 108, 222; ethics, morality, and character of ～的道德标准、德行和性格, 221–222; as leadership example 作为领导案例, 16; reputation for keeping his word 享有信守诺言的美誉, 221; selection of cabinet members by ～挑选内阁成员, 62; story-telling skills of ～善于讲故事的能力, 98–99; treatment of subordinates by ～对待下属的方式, 65

Link, Arthur 亚瑟·林克, 102

Lipman-Blumen, Jean 琼·李普曼-布鲁门, 42, 53

Lipset, Seymour Martin 西摩·马丁·李普塞特, 164

Listening skills 倾听技巧, 99–100

Locke, John 约翰·洛克, 8

Lord of the Flies (Golding)《苍蝇之王》(高汀), 21–22

Louis XII (France) 路易十二（法国）, 16

Lukes, Steven 史蒂文·卢克斯, 180

Luther, Martin 马丁·路德, 42, 149

McAdam, Doug 道格·麦克亚当, 80

Maccoby, Eleanor 埃莉诺·麦科比, 147

Maccoby, Michael 迈克尔·麦科比, 205

Macedo, Stephen 斯蒂芬·马塞多, 191

Machiavelli, Niccolo 尼可罗·马基雅维利:

analogy of disease of used by 用疾病来打比方, 93; on changing conditions of leadership 论不断变化的领导环境, 85; on choosing subordinates 论挑选下属, 61; on fortuna 论命运, 85–86; on glory as motivation 论荣誉是领导动机之一, 200–201; on keeping respect of subordinates 论维持下属的敬畏, 97; on leader pretence of virtues 论领导者假装具有德行, 220; on leaders being feared or loved 论领导者为追随者所畏惧或爱戴, 74; on need for deception to keep power 论为了维持权力而欺骗他人, 211–212; on not keeping promises without advantage 论没有好处可不信守承诺, 219; on protecting oneself from flattery 论不受奉承的影响, 96, 206–207; on sense of proportion 论恰如其分的判断, 106; on subordinates who pursue their own goals 论追寻个人目标的下属, 59–60; on traditional form of legitimate authority 论传统形式的合法权威, 56; on virtue 论美德, 86; on the wisdom of the multitude 论群众的智慧, 185

McKinley, William 威廉·麦金莱, 141

McNamara, Robert 罗伯特·麦克纳马拉, 75

Madison, James 詹姆斯·麦迪逊, 6

male leadership 男性领导力: examining gender differences in 探究~中的性别差异, 128–133, 232–233; perception of gender differences of 有关~中性别差异的认识, 127–128

manager-leader distinction 管理者与领导者的区分, 36–37

Mandela, Nelson 纳尔逊·曼德拉: complex personality of ~的复杂性格, 116; courage shown by ~展现出的勇气, 111; on the exercise of power 论权力的行使, 28; guiding vision of ~的指导愿景, 114; inclusion of former rivals in cabinet by 将竞争对手纳入内阁, 62; lack of vanity by 没有虚荣心, 205, 208; as leadership example 作为领导案例, 16, 223; leadership methods used by ~使用的领导方法, 30–31; moderation of ~的温和节制, 113; participatory democracy described by ~描述的参与制民主, 159–61; passionate commitment of ~的热衷与执着, 105; personal sacrifices made by ~做出的个人牺牲, 204; power of symbolism used by ~使用权力象征物, 100

Manin, Bernard 伯纳德·曼宁, 182, 186

Mansbridge, Jane 简·曼斯布里奇, 163, 176, 178

March, James G. 詹姆斯·G. 马奇, 4, 70

Marcus Aurelius 马可·奥勒留, 209

Marshall, George 乔治·马歇尔, 110

Marx, Karl 卡尔·马克思, 11, 141

Mary Tudor (Queen of England) 玛丽·都铎

（英国女王），112

Medici, Lorenzo de' 洛伦佐·德·美第奇，5

Megawathi Sukarnoputri 梅加瓦蒂·苏加诺普特丽，135

Meir, Golda 果尔达·梅厄，128，133，134

Mennartz, Ludmilla 露德米拉·曼纳兹，139

Mentoring 指导：leadership development through 培养领导力的方式之一，229；in organizations 组织中的～，61

Mercer, Lucy 露西·默瑟，143

Merkel, Angela 安格拉·默克尔，125，138 – 139

Michels, Robert 罗伯特·米歇尔斯：on impact of power on character 论权力对性格的影响，194；on inequalities in democracy 论民主制度中的不平等，177；on inevitability of oligarchy 论寡头政治的不可避免，170 – 172，173；on pitfall of vanity 论虚荣心的陷阱，204，205

Micromanaging 微管理：delegation vs. 委派与～，62 – 63；limitations of ～的局限性，62

Mill, John Stuart 约翰·斯图亚特·穆勒，182，191，208 – 209

Miroff, Bruce 布鲁斯·米洛夫，48

"mixed style" of leadership for women 女性领导的"复杂风格"，139

Moderation 适度，112 – 113

Moley, Raymond 雷蒙德·莫利，103

Monahan, Barry 巴里·莫纳汉，216

Montaigne, Michel de 米歇尔·德·蒙泰涅，31

Montgomery boycott (1955) 蒙哥马利城市巴士抵制运动（1955年），80

Moore, Don 唐·摩尔，90 – 91

moral dilemmas 道德两难之境："dirty hands 脏手～，"214 – 219；how leaders should keep faith during 领导者如何在～中忠于信仰，219 – 221；scale, frequency, and responsibility factors of ～的范围、频率和责任因素，218 – 219

morality 道德：of Abraham Lincoln 亚伯拉罕·林肯的～，221 – 222；corrupting effects of power on 权力对～的腐败影响，15，208 – 211；"dirty hands" dilemma of "脏手"中～的两难之境，214 – 219；ethic of responsibility form of consequentialist 结果论的责任形式，212 – 214；Kantian deontological 康德的道义论～，213；of keeping faith and honoring one's word ～中的守信重诺，219 – 221；public and private 公德与私德，211 – 214. See also ethics 又见道德标准

Morrill, Richard 理查德·莫里尔，29，66，77

Moses 摩西，86

Motivation 动机：attractions of power as 权力的吸引，197 – 201；empathy as leadership 同情之心是一种领导～，107 – 111；of the follower to achieve goals 追随

273

者完成目标的~，31-33；glory as 荣耀是一种~，200-201；of the leader to achieve goals 领导者完成目标的~，34-35；Max Weber on 马克斯·韦伯论~，33

Mountbatten, Lord 蒙巴顿伯爵，104

Moyers, Bill 比尔·莫耶斯，64-65

Murder in the Cathedral（Eliot）《大教堂中的谋杀》（艾略特），199

Murdoch, Rupert 鲁伯特·默多克，75

Myanmar regime resistance 反抗缅甸政权，112

NAACP 美国有色人种协进会，144

Nader, Ralph 拉尔夫·纳德，12

Napoleon Bonaparte 拿破仑·波拿巴，11，46，124，199

narcissistic leaders 自恋型领导者，205

nation-states 民族国家：impossibility of direct continuing citizen involvement in 公民连续直接参与~管理的不可能性，164-165；monopoly on legitimate use of violence by 垄断暴力的合法使用权，214，217-218；as representative or liberal democracies 代议制民主~或自由民主~，158. See also democratic governance 又见民主施政

Nero 尼禄，209

Neustadt, Richard E. 理查德·E. 诺伊施塔特，4，59，95

New Deal 新政，103

New York Times《纽约时报》：on "accidental warlord" Mohamed Aden 报道"偶然崛起的军阀"穆罕默德·艾登，196-197；on Camp Runamuck 报道罗纳马克营，1；on the few female world leaders (2008) 报道一些世界知名的女性领导者（2008年），125；Klaus column on female leaders 克劳斯讨论女性领导者的专栏，130；on Guinea warlord Camara 报道几内亚军阀卡马拉，196

Nicolay, John 约翰·尼古拉，108

Nicomachean Ethics（Aristotle）《尼各马可伦理学》（亚里士多德），89

Nightingale, Florence 弗洛伦斯·南丁格尔，140

Nixon, Richard 理查德·尼克松，197

Noddings, Nel 内尔·诺丁斯，147

non-followers 非追随者，77-79

nongovernmental organizations 非政府组织：decision making in education vs. for-profit 教育~与营利~中的决策，39-40；followers "leading from the middle" in complex 复杂~中领导者"居于中间领导"追随者，49-50；women leaders in ~中的女性领导者，139-145

nonviolent passive resistance 非暴力的消极抵抗，80

nurturing leaders 培育领导者，129-130，132

Nye, Joseph S. 约瑟夫·S. 奈, 4, 36, 42, 50

Obama, Barack 巴拉克·奥巴马: embrace of power by ～接受权力, 28; information gathering approach by ～收集信息的方法, 95; non-follower attacks against 非追随者对～的攻击, 78; power of symbolism used by ～使用的权力象征物, 100; rumors about 有关～的谣言, 76; successful campaign electronic and physical outreach by ～使用电子设备并亲自接触追随者成功竞选, 68

O'Connor, Sandra Day 桑德拉·戴·奥康纳, 129, 149

Oligarchy 寡头政治: natural tendency toward 走向寡头政治的自然趋势, 170–171; nature of organization as promoting 推动～的组织的类型, 171–172; political competition as counteracting 制约～的政治竞争, 172–173. See also power 又见权力

oppositional activities 反对活动, 77–79

Orange Revolution 橘色革命, 122

Organizations 组织: efforts to develop leadership by ～努力发展领导力, 226–229; flotilla metaphor for complex 用舰队比喻复杂～, 58, 59; how leaders choose and treat subordinates in ～中领导者如何挑选和对待下属, 61–66; leader reliance on close subordinates in ～中领导者依靠亲信, 60–61; leadership in ～中的领导力, 57–66; women leader in nongovernmental 非政府～中的女性领导者, 139–145. Sea also institutions 又见机构

"origin story" of leadership 领导力的"起源故事", 19

Orwell, George 乔治·奥威尔, 177

Osterman, Paul 保罗·奥斯特曼, 188

parliamentary monarchies 议会君主制, 158

participatory democracy 参与制民主: critics of 批判～的批评家, 161–162; description of 对～的描述, 157–158; Mandela's description of 曼德拉对～的描述, 159–161

Pascal, Blaise 布莱士·帕斯卡, 207

passion and proportion (Weber) 激情与恰如其分的判断(韦伯), 105–107, 205

Pateman, Carole 卡罗尔·帕特曼, 191

Patron, George 乔治·巴顿, 75

Pearl Harbor 珍珠港, 102

Pelosi, Nancy 南希·佩洛西, 133

Pentagon Papers 五角大楼文件, 136, 189

Pericles 伯利克里, 89

peripheral vision 边缘视觉, 92–93

Pettit, Philip 菲利普·佩蒂特, 156

Philp, Mark 马克·菲尔普, 105, 180, 194–195

Pinochet, Augusto 奥古斯托·皮诺切特, 136

Plamenatz, John 约翰·普拉蒙纳兹, 36,

50 – 51

Plato 柏拉图: conception of leadership in ~的领导力概念, 24; on expertise of political leaders 论政治领导者的专业知识, 182 – 183; on political art as controlling art 论政治艺术即控制艺术, 180; Republic by 著有《理想国》, 165, 198; Ring of Gyges parable of 讲述裘格斯戒指的寓言, 211; Statesman by 著有《政治家篇》, 183

Pocock, John 约翰·波科克, 198

political action 政治活动: compromise required for 需要妥协, 25 – 26; contentious 有争议的~, 80 – 81; creating bipartisan cooperation in 在~中促成两党合作, 79; leadership ability to persuade others to 要求具有说服他人的领导能力, 19 – 20, 22 – 23, 26; social networking and "spontaneous," 社交网络和 "自发的~," 231; subversive resistance and revolution 破坏性反抗与革命, 79 – 82. See also citizens; democratic community leadership; goals; group energies 又见公民; 民主社会的领导力; 集体力量

political leaders 政治领导者: accountability of ~的责任, 189 – 190, 219 – 221; avoiding "the esteem trap," 避免 "崇拜的陷阱" 70 – 71; becoming more equal than others 变得较之其他人更为平等, 180 – 181; control over instruments of violence by 控制着暴力工具, 214, 217 – 218; ethic of responsibility for ~的责任伦理, 212 – 213; expertise of democratic 民主~的专业知识, 181 – 184; oligarchy promoted by competition of ~的竞争推进寡头政治, 172 – 173; partisan opponents of ~的政敌, 78; responsibility factor of moral dilemmas faced by 面临的道德两难之境的责任因素, 218 – 219; sustaining appearance of virtues 维持表面的德行, 220 – 221; symbolic linkages between followers and 追随者与~之间象征性的联系, 68 – 69; tackling perpetuation of power of 防止~长期占据权位, 187 – 190; term limits of ~的任期限制, 188; treatment of subordinates by ~对待下属的方式, 61～66. See also democratic community leadership; formal leadership; leaders; public leadership 又见民主社会领导力; 正式领导力; 领导者; 公共领导力

political theory 政治理论: on nature of politics 论政治的本质, 194 – 195; need for leadership development study by ~研究满足培养领导力的需要, 233; "origin story" device of "起源故事" 是~研究工具, 19

politics 政治: complexity of ~的复杂性, 194 – 195; Weber on relationship of ethics and 韦伯论伦理与~的关系, 212 – 214

"Politics as a Vocation"（Weber）"以政治为业"（韦伯）, 105, 106 – 107, 212 – 214

Pol Pot 波尔布特, 42

Pompadour, Madame de 蓬帕杜夫人, 123

Power 权力: the attractions of ~的吸引力, 197 – 201; ceremonial trappings as symbols of 礼仪服饰是~的象征物, 175; character revealed by ~揭露性格, 195; corruption effects of ~的腐败影响, 15, 208 – 211; current focus on barriers to abuse of 目前的关注都是防止~滥用的措施, 4; diffused responsibility by equalizing 平衡~以分散责任, 176; emergency dictatorial 非常时刻的独裁~, 179; gender differences in use of ~使用中的性别差异, 128 – 129; as intoxicating and absorbing 让人陶醉痴迷, 27 – 28; leadership association with 领导力与~的联系, 2, 3, 26 – 28; limitations to a leader's 对领导者~的限制, 28; tackling perpetuation of 防止领导者长期占据权位, 187 – 190; temptations of ~的诱惑, 204 – 208; term limits to prevent perpetuation of 限制任期以防止领导者久居权位, 188; Weber's distinction between Herrschaft (authority) and Macht (power) 韦伯对权威与权力进行的区分, 27. See also authority; leadership; oligarchy; privilege 又见权威; 领导力; 寡头政治; 特权

power wielders 权力行使者, 41 – 42

Presidential Power（Neustadt）《总统的权力》（纽斯达特）, 59

The Prince（Machiavelli）《君主论》（马基雅维利）, 5, 16

privacy issues 隐私问题, 203 – 204

privilege 特权: of access to information 获得信息的~, 179 – 180; ceremonial trappings as symbols of 礼仪服饰是~的象征物, 175; democratic participation curbing acquisition of 民主参与限制~的攫取, 190 – 192. See also power 又见权力

problem solving 解决问题: democratic engagement in ~时的民主参与, 79; leader reliance on close subordinate role in ~过程中领导者依靠亲信的作用, 60 – 61

Progressive Party 美国进步党, 142

proportion（sense of）恰如其分的判断, 106 – 107, 205

proposals 建议: democratic engagement in problem-solving 民主参与为解决问题提供~, 79; leader's attention to 领导者对~的关注, 26

Protestantism 新教, 104, 112 – 113

The Public and Its Problems（Dewey）《公众及其他问题》（杜威）, 167 – 168

public leadership 公共领导力: "dirty hands"

dilemma and "脏手"两难之境和~, 214-219; ethic of responsibility and 责任伦理与~, 212-214; particular characteristic of ~的特殊特点, 38-40; stewardship element of ~的工作内容, 39. See also political leaders 又见政治领导者

Putnam, Robert 罗伯特·帕特曼, 191

Quaker meetings 贵格会议, 163

questioning leadership 询问领导力, 234-236

rationality 理性: as judgment component 判断力的一部分, 89-90; "System 1" vs. "System 2" "体系1"与"体系2"~, 90

Reagan, Ronald 罗纳德·里根, 98, 111

representative government 代议制政府, 157

Republic (Plato)《理想国》(柏拉图), 165, 198

Resistance 反抗: to leader goals ~领导者的目标, 33; loss of legitimacy through 追随者的~导致领导权力合法性的丧失, 81-82; non-followers and oppositional activities 非追随者和反对活动, 77-79; nonviolent passive 非暴力消极~, 80; revolution and subversive 革命与破坏性~, 79-82. See also followers 又见追随者

respect of subordinates 下属的尊重, 97

responsibility 责任: ethic of ~伦理, 212-214; how leaders should keep faith with their 领导者如何负~地忠于信仰, 219-221; political and public leadership 政治领导力与公共领导力, 218-219; stewardship element of 管理~, 39, See also accountability 又见责任

revolution 革命, 79-82

rhetoricalskills 演讲技巧: definition of ~的定义, 97; as leadership skill 一种领导能力, 97-100

Rhode, Deborah 黛博拉·罗德, 125-126

Rice, Condoleezza 康多莉扎·赖斯, 133

Riker, William 威廉·赖克, 25

Ring of Gyges parable 裘格斯戒指的寓言, 211

Robespierre, Maximilien 马克西米连·罗伯斯庇尔, 206

Rodin, Judith 朱迪·罗丹, 132

Rogow, Arnold 阿诺德·罗高, 209, 221

Romulus 罗穆卢斯, 86

A Room of One's Own (Woolf)《自己的房间》(伍尔芙), 150

Roosevelt, Eleanor 埃莉诺·罗斯福: complex personality of ~的复杂性格, 116; FDR's reliance on 富兰克林·罗斯福对~的依靠, 109, 142-143; feminine style of leadership by ~的女性领导风格, 128; It's Up to the Women (collection of essays by)《由女人决定》(~的散

文集），144；leadership mission of ~ 的领导使命，144 - 145；reform leadership of 变革领导力，140，142 - 145；understanding of power by ~ 对权力的理解，28

Roosevelt, Franklin D. 富兰克林·D. 罗斯福：ability to compromise of 善于妥协，103；attacks on Hoover's lack of leadership by 攻击胡佛缺乏领导力，2；avoidance of unpleasant confrontation by 避免不愉快的冲突，111；complex personality of ~ 的复杂性格，117；and deliberate pitting subordinates against each other 有意让下属之间相互竞争，64；information gathering approach of ~ 收集信息的方法，95，96，108 - 109；lack of guided vision in 缺乏指导愿景，114；as leadership example 作为领导案例，16；listening skills of ~ 的倾听技巧，99；"packing the Court" by "填塞法院"，43；reliance on Eleanor by 依靠埃莉诺，109，142 - 143；rhetorical skills during fireside chats of 炉边谈话的演讲能力，98；tendency to procrastinate by 喜欢拖延，101 - 102；transforming and transactional approach of ~ 的变革型与交易型领导方式，44，46

Roosevelt, Theodore 西奥多·罗斯福，142，185

Root, Elihu 伊莱休·鲁特，222

Rost, Joseph 约瑟夫·罗斯特，10

Rousseau, Jean-Jacques 让·雅克·卢梭，74，161，170，174，178

Ruddick, Sara 萨拉·拉迪克，147

Russian Revolution 俄国革命，94，107，202

Sabl, Andrew 安德鲁·萨博，7

Sandinista revolution 尼加拉瓜桑地诺革命，81

Sanford, Terry 特里·桑福德，93

Sanger, Margaret 玛格丽特·桑格，140

Sartre, Jean-Paul 让-保罗·萨特，214

Schlozman, Kay 凯·施洛兹曼，191

Schumpeter, Joseph 约瑟夫·熊彼特，31 - 32，172 - 173

Scott, James C. 詹姆斯·C. 斯科特，71，74，79，80，81，230

Searle, John 约翰·塞尔，55 - 56

The Second Sex（de Beauvoir）《第二性》（波伏娃），150，151

"the second shift" "第二轮班"，126

Selznick, Philip 菲利普·塞尔兹尼克，24，37

Sennemut 森穆特，124

sense of proportion 恰如其分的判断，106 - 7，205

September 11 9·11 事件，2001，52

Seuss, Dr. 苏斯博士，5

sexual division of labor 基于性别的劳动分工，147 - 148

Shackleton, Ernest 欧内斯特·沙克尔顿，118 – 120

Shakespeare, William 威廉·莎士比亚，3

Shanley, Molly 莫利·尚利，198

Shepsle, Kenneth 肯尼斯·让达，48 – 49

shipwrecked man（Pascal）遭遇海难的人（帕斯卡），207

Silent Spring（Carson）《寂静的春天》（蕾切尔·卡逊），79

Simon, Herbert 赫伯特·西蒙，90，106

Singer, Tania 塔尼亚·辛格，146

situated knowledge thesis 境遇知识论点，148

slavery 奴隶制，33；abolitionist movement's opposition to 反对~的废奴运动，81，140；Emancipation Proclamation on《解放奴隶宣言》，221；Lincoln's commitment to abolition of 林肯致力于废除~，221，222；Lincoln's compromises over 林肯在~上所做的妥协，104

Sleeper（film）《傻瓜大闹科学馆》（电影），231

Sloan, Alfred P. 艾尔弗雷德·P. 斯隆，39

Smith, Adam 亚当·斯密，165

social activity 社会活动：leadership as central to 领导力是~的中心，3 – 4；social networking producing "spontaneous," 社交网络推动"自发性~"231

Social Contract（Rousseau）《社会契约论》（卢梭），74，170

Socialization 社会化：feminist standpoint theory on 女权主义立场论对~的理解，147 – 148；leadership, gender, and 领导力、性别与~，148 – 154；leadership studies on organizational and gender 探究组织的~和性别的领导力研究，148 – 146；situated knowledge thesis on 探究境遇知识论点的~，148

social networking 社交网络：information spread through 以~为途径的信息传播，190；"spontaneous" activities through ~推动的"自发性"活动，231

social protest movements 社会抗议运动，80 – 81

Socrates 苏格拉底，8

Solheim, Bruce O. 布鲁斯·O. 苏尔黑姆，135

Sorenson, Theodore C. 西奥多·C. 索伦森，25

South Africa 南非：Mandela's description of participatory democracy in 曼德拉描述~的参与制民主，159 – 161；Mandela's leadership in 曼德拉在~的领导，16，28，30 – 31，62；Wellesley College student protest of financial holdings with 卫尔斯利女子学院的学生抗议学校与~在金融资金上的联系，215 – 216

Spanish Armada（1588）西班牙无敌舰队（1588），131

Spencer, Herbert 赫伯特·斯宾塞，11

Spielberg, Steven 史蒂文·斯皮尔伯格，88

Stalin, Joseph 约瑟夫·斯大林, 41, 42

Standpoint theory 立场论, 147–48

Starkey, David 戴维·斯塔基, 101, 131

Starr, Ellen Gates 埃伦·盖茨·斯塔尔, 140

State 国家. See nation-states 见民族国家

Statesman（Plato）《政治家篇》（柏拉图）, 183

Steinberg, Blema S. 布莱玛·S. 斯坦伯格, 134

Stengel, Richard 理查德·施腾格尔, 30, 62, 116

Stevenson, Adlai 阿德莱·史蒂文森, 144

Stewart, Potter 波特·斯图尔特, 2

story-telling skills 善于讲故事的能力, 98–99

strategies 策略. See leadership strategies 见领导策略

subordinates 下属:"the Burns paradox" on leaders and 论领导者与~的"伯恩斯悖论", 51, 66; deliberate pitting them against each other 有意让~之间相互竞争, 63–64; good judgment of 对~的准确判断, 94; how leaders choose and treat their 领导者如何挑选和对待~, 61–66; keeping the respect of your 维持~对你的尊敬, 97; mircomanaging vs. delegating to 微管理与委派~, 62–63; organizational leaders and their 组织领导者及其~, 58–61; in pursuit of their own goals 追寻~个人的目标, 59–60. See also followers 又见追随者

subversive resistance 破坏性反抗, 79–82

Sullivan Principles 苏利文原则, 216

Summers, Larry 拉里·萨默斯, 75

Sunstein, Cass 凯斯·桑斯坦, 185, 190

Sun Tzu 孙子, 84, 211

Surowiecki, James 詹姆斯·索罗维基, 184–85

Suzman, Helen 海伦·苏兹曼, 111–12

Swarthmore College 斯沃斯莫尔学院, 153

Symbolism 象征: ceremonial trappings as power 礼仪服饰是权力的~, 175; communicating through power of 利用权力~来沟通交流, 100–103

Tao te Ching（Lao-tzu）《道德经》（老子）, 30

Tarrow, Sidney 西德尼·塔罗, 80

Taylor, Charles 查尔斯·泰勒, 137

Tea Party movement 茶党运动, 78

Technology 技术: information spread through communication 通讯~促进信息传播, 190; "spontaneous" activities through social networking 社交网络~推动"自发性"社会活动, 231

Teresa, Mother 特蕾莎修女, 128

Thatcher, Margaret 玛格丽特·撒切尔: as blessed by fortune 受到命运女神的眷顾, 86; courage of ~的勇气, 111; as event-making leader 造时势型领导者,

124; exclusionary approach taken by 采用排他的领导方针, 205–206; Falkland Islands defense by 捍卫福克兰群岛（马尔维纳斯群岛）的主权, 86, 134; femininity strategy used by 使用的女性策略, 134; guiding vision of ~的指导愿景, 114; "Iron Lady" sobriquet used for 绰号"铁娘子", 137; as leadership example 作为领导案例, 16; leadership style of ~的领导风格, 128, 232; perceived as tough leader 被视为是强硬领导者, 133–135; power as exercised by ~所行使的权力, 27–28; transformational leadership of ~的变革型领导力, 45; treatment of subordinates by 对待下属的方式, 64

Theodora 西奥多拉, 123

Theseus 忒修斯, 86

Thomas, M. Carry M. 凯里·托马斯, 122

Thompson, Dennis 汤普森·丹尼斯, 169, 203–204

Thompson, Mark R. 马克·R. 汤普森, 139

Three Guineas (Woolf)《三个基尼》（伍尔芙）, 150, 151, 234

Tichy, Noel 诺尔·迪奇, 87

Tilly, Charles 查尔斯·蒂利, 80, 180

Tinker, Hugh 休·廷克, 104

Tocqueville, Alexis de 亚利西斯·德·托克维尔, 6, 191

Tolleson-Rinehart, Sue 苏·托利森·莱因哈特, 146

Tolstoy, Leo 列夫·托尔斯泰, 11, 109

toxic leadership (Lipman-Blumen) 有害领导力（琼·李普曼-布鲁门）, 42

traditional authority 传统型权威, 55, 56

traditional participatory democracy 传统的参与制民主: critics of 批判~的批评家, 161–162; description of 对~的描述, 157–158; Mandela's description of 曼德拉对~的描述, 159–161

Trajan 图拉真, 209

transactional leadership 交易型领导力, 43–44

Transformational leadership 变革型领导力: circumstances of ~的细节, 46; transactional vs 交易型领导力与~, 43–44; values component of ~的价值标准, 44–45

Transparency 透明, 39

Tronto, Joan 琼·特伦托, 147

Truman, Harry 哈里·杜鲁门, 144

Tubman, Harrier 哈莉特·塔布曼, 140

Tucker, Robert C. 罗伯特·C. 塔克, 4, 24, 79, 81

Tulis, Jeffrey 杰弗里·图利斯, 179

Twelfth Night (Shakespeare)《第十二夜》（莎士比亚）, 83

Tymoshenko, Yulia 尤利娅·季莫申科, 122

Universal Declaration of Human Rights《世界人权宣言》, 144

University of Pennsylvania 宾夕法尼亚大学, 132

U. S. presidential campaigns 美国总统大选: butterfly ballots (2000) issue during ~ 期间的蝴蝶选票 (2000) 问题, 12; Hillary Clinton's Catch 22 dilemma during ~ 期间希拉里·克林顿遭遇"第22条军规的困境", 129 – 130; primary candidates' "reflected connections" during ~ 期间主要候选人与追随者的"联系", 68

Vanity 虚荣心/自负, 204 – 205

Verba, Sidney 西德尼·维伯, 191

Vietnam War 越南战争, 43

Violence 暴力: "dirty hands" dilemma and use of "脏手"的两难境地和 ~ 的使用, 217 – 218; state monopoly on legitimate use of 国家垄断 ~ 的合法使用权, 214

Virtue 美德, 15, 43, 54

Vision 愿景/远见: leaders giving voice to 领导者掌握 ~ 的话语权, 26; leadership's guiding 领导中的指导 ~, 113 – 115; Margarer Thatcher's exclusionary 玛格丽特·撒切尔排他的 ~, 205 – 206; peripheral 边缘视觉, 92 – 93

Vonnegut, Kurt 库尔特·冯内古特, 175

Wageman, Ruth 鲁思·瓦格曼, 58 – 59

Walzer, Michael 迈克尔·沃尔泽, 214 – 215, 216 – 217, 234

War and Peace (Tolstoy)《战争与和平》(列夫·托尔斯泰), 11

Washington, George 乔治·华盛顿, 84, 112

Washington Post 华盛顿邮报, 135, 189

Watergate scandal 水门事件, 136, 189

The Wealth of Nations (Smith)《国富论》(亚当·斯密), 165

Weber, Max 马克斯·韦伯: on avoiding ethic of ultimate ends 论避免终极目标的伦理道德, 215; on detachment of leaders 论领导者的客观独立, 107, 110, 202; on ethic of responsibility 论责任伦理, 212 – 214; "ideal types" of cluster of motivations 论 "理想类" 领导动机, 35; leadership writings by 领导力著述, 6; on legitimate authority 论合法权威, 55 – 56, 55 – 57, 81; on legitimate use of violence by politicians 论政治家对暴力的合法运用, 214, 217 – 218; on Macht (power) vs. Herrschaft (authority) 论权力与权威, 27; on multiple motives of followers 论追随者的各种动机, 33; on nature of followers 论追随者的特点, 55; on pitfall of vanity 论虚荣心的陷阱, 204 – 205; "politics as a Vocation" "以政治为业", 105, 106 – 107, 212 – 214; protecting oneself from flattery 让自己远离阿谀奉承, 207; on sense of proportion 论恰如其分的判断, 106, 205

Wedgwood, Josiah 乔舒亚·威基伍德, 117

Weill, Sandy 桑迪·威尔, 75

Weir, Alison 艾莉森·韦尔, 63

Wellesley College 威尔斯利女子学院: advisory Administrative Council established at 在~设立咨询管理委员会, 73; author's service as president of 作者就任~的校长, 5; inquiring about gender leadership during reunion 在~同学聚会上询问有关女性领导力的问题, 127–128; leadership lessons from "inside" of 从领导力"内部"学习领导力, 198; leadership style used at 作者在~的领导风格, 153–154; "Mary as follower" legend of "玛丽是追随者"的传说, 48; student protest of financial holding with South Africa 学生抗议学院与南非的经济联系, 215–216; support by faculty of ~职工对作者领导工作的支持, 76

What is to Be Done? (Lenin)《怎么办?》(列宁), 11

White, Walter 沃尔特·怀特, 144

Wikis 维基, 190

Williams, Bernard 伯纳德·威廉斯, 215

Wilson, Woodrow 伍德罗·威尔逊, 102–103

Wittgenstein, Ludwig 路德维希·维特根斯坦, 9–10, 22

woman's suffrage 妇女投票权, 122

women 女人/女性/妇女: organizational vs. gender roles of ~的组织作用与性别角色, 145–146; shared experiences of ~共同的经历, 150–151; socialization experiences of ~的社会经验, 148–152; working 职业~, 125–127, 126, 232

women leaders 女性领导者: Catch 22 dilemma faced by ~面临第22条军规的两难之境, 129–130; circumstances leading to 创造~的环境, 122; examining differences between male and 探究男女领导者之间的差异, 127–145, 232–233; "helpless" card used by ~使用的"柔弱无助"牌, 130–132, 134; increasing presence of ~越来越多, 121; "labyrinth" challenge facing ~面临的"迷宫"困境, 126, 232; leadership context and 领导环境与~, 232–233; "mixed style" adopted by ~采用"复杂的领导风格", 139; modern 现代~, 133–139; nongovernmental settings of 非政府环境中的~, 139–45; perceived as nurturing 认为~都温柔善解人意, 129–130, 132; powerful male relative of 相对于~男性领导者的强大, 135; socialization and 社会化与~, 148–154; social science finding on 有关~的社会学发现, 145–148; where and how leadership has been provided by ~何处如何发挥领导力, 122–125; why there aren't more 为什么没有更多的~, 125–127. See also gender differences; leaders 又见性别

差异；领导者

Women's City Club 妇女俱乐部, 142

Women's International League for Peace and Freedom 国际妇女争取和平与自由联盟, 142

women's leadership 女性领导力: democratic style of 民主制度中～的风格, 146; examples of modern 现代～的案例, 133 – 139; feminist standpoint theory on 关于～的女权主义立场论, 147 – 148; gender differences in ～中的性别差异, 127 – 133, 146 – 147; "helpless" card or femininity used in ～中使用的"柔弱无助"牌或女性温柔牌, 130 – 132, 134; "mixed style" of ～"复杂的领导风格", 139; in nongovernmental settings 非政府环境中的～, 139 – 145; situated knowledge thesis on 关于～的境遇知识论点, 148; socialization impact on 社会化对～的影响, 145 – 152

Women's Trade Union League 妇女工会, 142

Woodcock, George 乔治·伍德科克, 167

Wood, Wendy 温迪·伍德, 147

Woolf, Virginia 弗吉尼亚·伍尔芙: on causal factors of gender differences 论性别差异的影响因素, 152, 154; on corruption of power 论权力的腐败, 202; questioning women's path to leadership 探问女性的领导之路, 234 – 235; *A Room of One's Own* by 著有《自己的房间》, 150; on shared experiences and virtues of women 论女性的共同经历和优点, 150 – 151; *There Guineas* by 《三个基尼》, 150, 151, 234

working women 职业女性: glass ceiling realities for ～面临的玻璃天花板的现实, 125 – 27; "labyrinth" image of challenges facing 用"迷宫"比喻～面临的困境, 126, 232; "the second shift" of ～"第二轮班", 126

World Trade Center attacks (2001) 恐怖组织袭击世贸中心 (2001年), 52

World Wide Web 万维网, 190

Worsley, F. A. F. A. 沃斯利, 119

Wylie, Alison 艾莉森·怀利, 148

Zaleznik, Abraham 阿伯拉罕·索兹尼克, 37, 49

Zelikow, Philip D. 菲利普·D. 泽利科, 85

译后记

翻译《思考领导力》于我是一次奇妙而艰难的旅程。奇妙与艰难,不仅仅指的是翻译活动本身——文字的激撞、瓶颈的突破、思想的提升,还包括穿插在整个过程中的我的人生经历。

2012年5月,蒙中央编译出版社侯天保先生的推荐,我接下了《思考领导力》的翻译。2013年6月,整本书才提交给编译出版社,历时一年零一个月。而在这一年零一个月的时段里,充满了我人生的诸多惊喜与转变。接下这本书时,我已经怀孕五个月。当时考虑的是,特殊时期不能承受高强度的工作,一年时限的《思考领导力》应该堪堪胜任。计划赶不上变化,一月之后,我丈夫李明菲先生就组建了自己的咨询公司。公司初创阶段艰难而忙碌,我又兼顾起了公司的运营和内勤,翻译工作只能见缝插针。及至9月,临近生产,行动日渐笨重,才不得不放下公司的事务,缓慢的翻译进程也因无法久坐而暂停。秋分日,历经23个小时的努力,儿子李卓跞(小名珞珞)出生。这个胖乎乎的小家伙在随后几个月里几乎耗费我全部的心力精力。到2013年春节,珞珞四个多月,整本书的翻译才完成了三分之一,我内心焦急万分,不得不拜托公公婆婆帮忙照料,我则奋力追赶进度,终于赶在5月完成译稿。由衷感谢侯天保先生,在整本翻译完成后,又多延了一月的时间,让我润饰译文。

南纳尔·基欧汉女士是一位博古通今、治学严谨的政治学者,她在《思考领导力》一书中旁征博引,从各个方面阐述了她对领导力,尤其是政治领导力和女性领导力的理解。所以，虽然我在翻译过程中反复斟酌，参考众多相关著述以力求准确，但对于能否准确恰当地呈现出这本学术性论著，我始终心中忐忑。之所以做上述赘述，自省之下，其实是想借由客观原因，减轻内心的不安，同时委婉地祈求读者朋友对我能力有限的原谅。此外，书中参考引用的著述，有的已经有中文译本，诸如马基雅维利《君主论》的程康译本、波伏娃《第二性》的郑克鲁译本等，这些译文达意准确精炼，自愧不如，便直接采纳了。在此，特向这些译者表示感谢！欠妥之处，烦请跟我联系。

侯天保先生希望我能在译后记中，阐述我个人对领导力的理解。其实在本书中，作者已经对领导力做了准确的定义：领导者为一群个体指明目标，并集聚该群体成员的力量完成这些目标。我深以为然。尤其在做了一年的企业顾问，接触各种企业领导者之后，我更加有所感触。以企业管理为例，紧扣南纳尔女士对"领导力"所做的定义，你会发现，企业领导者最核心的工作只有两件事，一是指明企业的目标，二是集聚企业员工的力量完成目标。纵观诸多企业，尤其是中小企业，之所以出现问题，关键就在于企业的领导者，要么是没有明确的企业目标（目标分散也是不明确），无法指明员工努力的方向，要么是有明确目标，却没能集聚员工的力量去完成目标。所以，要想成为一个好的领导者，必须知道领导工作的本质是什么。这是《思考领导力》一书给我的启发，帮助我抽丝剥茧，从纷繁复杂的管理问题中，看到问题的根源。

最后，感谢我的丈夫李明菲先生，感谢他在我翻译过程中给我提供的帮助和修改建议。他是一个很有思想很有学识的人，每每我在工作中遇到难解之题，他总能帮我理清思路和方向。他不仅是我的伴侣和工作伙伴，更是我的知己和导师。再次感谢侯天保先生以及为本书出版付出辛劳的中央编译出版社的同仁们，感谢你们为本书的进一步完善所做出的努力。

马玲

2014 年 3 月 24 日